제 자

너희는 누구인가를 기억하라

인도자 지침서

예언서 ◆ 바울 서신

DISCIPLE: REMEMBER WHO YOU ARE
Teacher Helps
Korean Edition. Copyright © 2000 by Abingdon Press.
All rights reserved.

Translators of DISCIPLE: REMEMBER WHO YOU ARE
Teacher Helps
Jin Hee Han (The Prophets); Ki Jong So (The Letters of Paul)

Scripture quotations in this publication, unless otherwise indicated, are from the HOLY
BIBLE Old and New Testaments, New Korean Revised Version © Korean Bible Society
1998. Used by permission by KOREAN BIBLE SOCIETY.
Pages 11, 12, and 13 are adapted from DISCIPLE: BECOMING DISCIPLE THROUGH
BIBLE STUDY Teacher Helps Youth Edition, copyright © 1988 by Graded Press.

For more information about DISCIPLE or DISCIPLE training events, call toll
free 800-251-8591 or 800-672-1789.

Dal Joon Won, Editor of DISCIPLE; EunRan Um, Production Editor;
Juanita Freudenthal, Unit Assistant; MiYeon Yu, Input Specialist;
Roy Wallace III, Designer

Cover design by Mary M. Johannes

97 98 99 00 01 02 03 04 05—10 9 8 7 6 5 4 3 2

차례

제자훈련 교재를 사용하는 방법

제자훈련 교재의 각 부분은 매일 준비할 내용과 매주 그룹 모임을 위하여 특별하게 준비할 내용이 있다.

주제

주제는 각 과의 제목과 공부할 내용의 단서가 된다.
● 매주 모일 때마다 주제를 전시한다.
● 각 예언자의 독특한 메시지와 바울의 메시지를 사람들에게 상기시켜 주기 위하여, 그 과의 제목과 함께 주제를 외우도록 권장한다.

요절

요절은 각 과의 초점을 말해 주며, 공부를 시작하기 전에 함께 읽거나 암송할 수 있다.

제목

제목은 사건이나 내용을 묘사하고 있으며, 각 과의 제목을 모아 보면 예언서와 바울 서신의 메시지가 함축되어 있다.

인간의 모습

"인간의 모습"은 공동체로서 또 개인으로서 우리는 누구이며 우리의 속성은 무엇인가를 서술하고 있다. "순종하는 공동체의 모습"은 "인간의 모습"에 대한 믿음의 공동체의 반응이다. 사람들이 "인간의 모습"을 그들 자신이 경험한 이야기로 다시 말해 보도록 하라.

성경 읽기

제자: 너희는 누구인가를 기억하라 성경공부의 중심 내용은 성경이다. 매일 성경을 읽으면서 꾸준히 공부하는 것은 제자가 되어 가는 과정에서 중요한 훈련이며, 또한 하나님의 백성으로서 우리의 정체성을 기억하는 과정에 필수적인 일이다.
● "성경 읽기"는 매일 읽어야 할 성경구절, 매주 공부해야 할 내용, 그리고 교재가 지시하는 대로 응할 부분을 가리킨다.
● 매일 성경을 읽을 때마다 노트를 하도록 강조하라. 각 과의 두 번째 쪽에는 노트를 하기 위해 준비되어 있다. 매일의 제목은 그 날 읽어야 할 성경의 내용을 가리킨다. 노트를 하는 주목적은 그 성경본문에서 얻은 정보나 질문이나 느낌을 적는 데 있다. 노트를 하는 것은 성경과 대화하는 한 방법이다. 노트는 그룹에서 토의할 때 요긴하게 사용할 수 있다.
● 반원들로 하여금 매주 이 노트 난을 준비할 것을 서로 약속하게 하라.
● 인도자 스스로가 매일 성경 읽고, 공부하고, 노트를 하는 일에 모범을 보임으로써 반원들로 하여금 도전을 받게 하라.

● 사람들이 읽어 가면서 그들의 성경에 표시하라고 권장하라. (10쪽의 "성경에 표시하기"를 보라.)
● 사람들이 그 주간 공부해서 준비해 온 것을 사용할 수 있게 하라. 인도자가 반원들이 준비해 온 것을 인정하고 사용하는 만큼, 계속해서 그들은 성경 읽기를 완성하는 일에 진지한 태도를 보일 것이다.

기도

교재에 있는 시편의 기도들은 개인기도의 출발점이 된다.
● 반원들이 주중에 하기 원하는 기도 제목들이나 성경공부를 통하여 나오는 기도 제목을 적도록 하라.
● 반원들이 서로를 위하여 기도할 수 있도록 계획을 세우라. 사람들이 매일 시간을 내어 성경공부반 한 사람 한 사람의 모습을 떠올리고 그 사람에 대한 하나님의 사랑에 대하여 생각해 보도록 하라.

하나님의 말씀

이 부분에서는 성경을 해석하고 또 말씀에서 그 의미를 찾아낸다.
● 성경을 읽을 때나 그룹 토의 중에 다른 사람들이 각자 깨달은 것을 서로 나눌 때에 중요한 내용을 빈칸에 적게 하라.
● 사람들이 이 빈칸에 적은 내용을 어떻게 사용할 것인가를 결정하라. 어떤 내용은 둘이나 셋씩 조를 짜서 자발적으로 이야기하기에 적절할 것이고, 어떤 내용은 전체 그룹에서 토의하게 할 수 있을 것이다.

순종하는 공동체의 모습

"순종하는 공동체의 모습"은 순종하는 공동체의 신앙, 태도, 행동을 밝혀준다. "공동체의 모습"은 "인간의 모습"에 대해 믿음으로 응답하는 것이다.
● "순종하는 공동체의 모습"과 "인간의 모습"을 서로 연결시켜 주라.
● 이 부분에서 사람들이 빈칸에 적은 응답들을 각 사람이 나눌 수 있도록 여러 방법으로 접근하라.
● 순종하기 위하여 그룹이 어떤 사역을 해야 하는 경우, 함께 어떻게 할 것인지 결정하라.

추가 연구

이 부분은 성경을 추가해서 읽을 내용과 참고자료를 사용할 수 있는 기회를 제공하며, 그룹에 보충으로 공부한 내용을 발표할 수 있게 하는 부분이다.
● 사람들이 배운 것의 대부분은 소그룹 토의에서 나눌 수 있다. 이따금, 전체 그룹에 간단하게 보고를 하는 것이 좋을 것이다.

매주의 그룹 시간표와 진행과정

서른 두 번의 그룹 모임을 위한 인도자 지침서가 이 포맷을 따르고 있다. 6쪽의 교안 작성서를 복사하여 매주 그룹 계획을 하는 데에 사용하라. 지정된 시간 옆에, 팔호 속에, 그 부분을 시작하는 시간을 정확히 적어라.

개회 기도

(5분)

시간을 맞추어 온 사람들이 소수일지라도 정시에 시작하라. 이 시간은 예배가 될 수도 있고, 주제와 요절, 그리고 기도를 소리내어 같이 읽을 수도 있으며, 찬송을 부를 수도 있다.

토의 시작

(20-25분)

토의 시작 내용은 같은 주제 아래 같은 내용을 전 공부 반원들에게 전달할 수 있는 기회이다.
● 토의 시작의 내용을 잘 이해한 후 요점만 전달해 준다. 처음부터 끝까지 읽지 말라.
● 반원들에게 질문할 수 있는 기회를 준다.
● 이야기하는 도중에 중요하다고 생각하는 내용들을 반원들로 하여금 기록하게 한다.
● "준비는 "토의 시작"의 내용을 요약한 것이다.
● "정보"는 "토의 시작"의 내용을 요약한 것이다.
● "대화"는 "토의 시작"의 내용을 가지고 서로 대화를 나누는 것이다.

토의 후에, 내용 요약 중 하나를 써서 공부 반원들이 토의의 내용과 성경과 교재에서 읽은 것을 연관시킬 수 있도록 도와주라.

성경과 교재

(50분)

사람들이 성경을 읽을 때나 공부하는 과정에서 생기는 질문들과 정보들을 조직적으로 잘 정돈하여 다룰 수 있도록 도와준다.

모임마다 사람들이 읽은 성경에 대하여 이야기할 시간을 주라. 그들의 노트를 토의 시간에 사용하도록 격려하라.

매주 그룹 모임 계획의 이 부분에는 그 주의 성경에 응답하게 해주는 여러 가지 학습 활동이 담겨 있다. 어떤 것에 시간을 얼마만큼 할당할 것이며, 언제 그룹이 둘씩, 셋씩이나 넷씩, 또 이따금 전체 그룹에서 공부하고 토의할 것인지 결정하라.

당신이 이 부분을 준비할 때에, 공부 반원들이 준비한 것을 최대한 활용할 수 있도록 이 학습 활동들을 어떻게 활용할 것인지 스스로 생각하여 보라.

휴식

(10분)

10분만 휴식한다. 이 시간에는 음료수만 준비한다.

말씀과의 만남

(40분)

이 시간에는 지정된 성경구절들 중에서 선택된 구절에 초점을 맞춘다. 공부 반원들은 본문을 읽기는 했어도, 자세히 공부하지 못했을 것이다. 인도자는 어떤 구절을 택할 것인지 반원들에게 미리 말하지 말라. 반원들이 각 과에 있는 내용들을 포괄적으로 공부할 수 있도록 도와준다. 그러나 인도자는 어떤 과정으로 진행할 것인지 분명히 결정한다. 이 부분은 공동체 의식을 더 강화시켜 주는 부분이다.

각 과의 인도자 지침은 선택된 성경구절과 한두 가지 연구 접근 방법을 제시한다. 접근 방법의 대부분은 딕 머리 교수의 "어른과 청소년을 위한 효과적인 성경 교수법"에 자세히 설명되어 있다.
● 제시된 접근 방법을 익혀라.
● 선택된 성경구절을 가지고 그 접근 방법을 시험해 보라.
● 성경공부를 인도할 때 당신이 원하는 절차를 분명하게 생각해 두라.

순종하는 공동체의 모습

(20분)

그룹 모임의 이 시점에 이르렀을 때, 당신은 무엇이 순종하는 공동체의 특징인지 생각하게 될 것이다. 교재 이 부분에서 사람들이 준비한 내용을 사용하라.

각 과에서 순종하는 공동체의 모습은 교재에 또 인도자 지침서에 명시되어 있다. 인도자 지침서는 순종하는 공동체의 모습과, 그리고 그 과의 처음에 나오는 "인간의 모습"을 연관시키는 일이 중요하다는 것을 강조한다.

공동체로 순종하는 일이 **제자: 너희는 누구인가를 기억하라** 성경공부의 요점이다. 그러므로, 이 부분을 위하여 시간이 필요하므로 그룹 모임 동안 계속 주의 깊게 시간을 지켜라.

폐회 기도

(5분)

다음 과의 빈칸에 함께 기도할 제목을 적는다. 이번 주 성경 읽기에 대하여 언급한다. 기도나 찬송으로 정시에 폐회하라.

교안 작성

과 _____   제목 _____

개회 기도

(5분) (   )

토의 시작

(20분) (   )

준비 (강사 소개와 내용에 유의할 점)

휴식

(10분) (   )

정보 (토의 시작의 요점)

말씀과의 만남

(40분) (   )
성경 본문:

대화 (인도자 지침서에 준비되어 있는 질문)

순종하는 공동체의 모습

(20분) (   )

성경과 교재

(50분) (   )

폐회 기도

(5분) (   )

토의 시작 발표자 소개

사회자와 발표자의 소개
다음은 사회자와 발표자에 관한 간략한 소개이다.

사회자
베벌리 라버츠 가벤타—프린스턴 신학교 신약성경 문학과 주석학 교수

발표자들
1과: 엘리즈 D. 프리귀만—뉴저지주 프랭클린 레이크스 바너트 회당 랍비

씨실 D. 죤스, Jr.—밴더빌트대학교 연극학 은퇴 교수

2과: 윌리암 J. A. 파워—남감리대학교, 퍼킨스 신학교 구약학 교수

3과: P. 카일 맥카터, Jr.—쟌스합킨스대학교 근동학 교수

4과와 8과: B. 데이비 내피어—예일대학교, 성서학 은퇴 교수

5과: 캐틀린 A. 파머—오하이오주 데이톤, 유나이티드 신학교 구약학 교수

6과: 윌프갱 M. W. 로트—개럿이밴젤리칼 신학교 구약 해석학 교수

7과: 엘리자베스 악터마이어—버지니아주 리치몬드, 유니온 신학교 성서와 설교학 초빙교수

9과와 32과: 리챠드 B. 윌키—연합감리교회 은퇴 감독

9과: 제임스 플레밍—이스라엘 예루살렘 성서 자료원 원장; 텍사스 휴스톤 제일연합감리교회 성경 사역 책임자

10과와 11과: 캐더린 피스터러 다르—보스턴대학교 신학교 구약학 부교수

12과: 휴 C. 화이트—럿거스대학교 켐든 인문 자연 대학 종교학과 교수

13과: 한 진회—뉴욕 신학교 성서학 교수

14과: 데빗 L. 피터슨—아일리프 신학교 구약학 교수

15과: 토마스 L. 호이트, Jr.—루이지아나주와 미시시피주 기독교감독감리교회 감독

16과: 데빗 노엘 프리드만—쌘디에고 캘리포니아대학교 구약학 교수

17과와 25과: 리엔더 E. 켁—예일 신학교 신약학 교수

18과: 데빗 E. 어니—시카고 로욜라대학교 신약과 기독교의 기원학 교수

19과와 20과: 빅토 폴 퍼니쉬—남감리대학교 퍼키슨 신학교 신약학 교수

21과: 윌리암 말라드—에모리대학교 캔들러 신학교 교회사 교수

22과: 후스토 L. 곤잘레즈—에모리대학교 히스패닉 신학 연구소 소장

23과: 수잔 R. 개럿—루이빌 장로신학교 신약학 교수

24과: 리챠드 B. 헤이스—듀크신학부 신약학 교수

26과: 토마스 E. 부머샤인—오하이오주 데이톤, 유나이티드 신학교 신약학 교수 및 방송 사역 소장

27과: 베벌리 라버츠 가벤타—프린스턴 신학교 신약학과 주석학 교수

28과: 윌 콜만—죠지아주 디케이터, 콜럼비아 신학교 신학과 해석학 부교수

29과: 댄 P. 콜—일리노이주 레이크 포레스트대학교 종교와 지중해 고고학과 은퇴 교수

30과: 맥시 D. 던넘—켄터키주 윌모아, 에스베리 신학교 총장

31과: 젠 W. 홈즈, Jr.—텍사스주 달라스 성누가콤뮤니티연합감리교회 목사; 남감리대학교 퍼키슨 신학교 설교학 초빙교수

인도자 지침서에 있는 지도와 연대표

예언서에 관한 자료
지도:
지리와 교통로
선지자들: 사무엘, 엘리야, 엘리사
왕국들의 영토 범위
선지자들: 주전 8, 7, 6세기
선지자들의 예언에 나오는 나라와 도시들
앗수르 제국
바벨론 제국
바사 (페르시아) 제국
포로와 귀향

연대표:
이스라엘과 유다의 통치자들과 선지자들,
주변 나라의 통치자들

바울 서신에 관한 자료
지도:
바울의 여행 (1차 여행과 2차 여행)
바울의 여행 (3차 여행과 로마 여행)
기독교의 성장

연대표:
바울 서신 연대표
바울이 인용한 구약성경

예언서와 바울 서신에 관련된 자료
연대표:
성경의 역사적 배경 (예언서와 바울 서신 중심)

지도와 연대표 사용법
이 인도자 지침서의 매주의 그룹 계획에 지도와 연대표를 사용하는 데 필요한 지시가 나와 있다. 지도와 연대표는 그룹 모임에 쓰도록 마련된 것이며, 각 그룹은 매주 지도와 연대표 자료를 사용할 수 있어야 한다. 그러므로 인도자는 그 주에 필요한 지도와 연대표를 미리 복사해 두는 것이 좋다.

어떤 주에는 한 가지 이상의 지도와 포스터가 쓰일 것이며, 모두가 지도나 포스터를 가지고 공부할 수 있도록 준비되어 있어야 한다.

너희는 누구인가를 기억하라 각 과는 모두 성서 인물과 사건을 위한 역사적 배경의 내용 부분과 연관될 것이다. 이 연대표를 연구하면서, 공부 반원들은 그 주에 성경에서 읽은 인물이나 사건이 역사에서 어떤 위치를 차지하는지 확실히 이해하게 될 것이다.

"추가 연구"
교재에서 "추가 연구" 부분에 나오는 많은 제안들은 성경이나 교재에 언급된 특정 인물이나 장소나 사건에 대한 정보를 찾아보라고 한다. 그 연구를 한 사람들은 지도와 연대표 공부를 의미 있게 해 주는 정보를 제공해 줄 수 있을 것이다.

인도자의 준비
당신이 매주의 그룹 모임을 인도하기 위하여 준비하면서, 모임에서 쓸 각 지도나 연대표 하나 하나를 시간을 들여서 철저히 익혀 두라. 그 자료를 쓰는 그룹의 경험이 풍성하고 재미있도록 그 사용 과정에 대하여 분명히 밝혀라.

준비할 때 당신이 인물, 장소, 사건에 대하여 잘 알고, 공부 반원들이 그 배경 자료를 가지고 공부할 때 필요한 연관성을 찾아 줄 수 있도록, "추가 연구"에 제시된 연구를 할 시간을 할당하라. 연구를 한 반원들이 그 자료를 제공해 주도록 하는 것이 중요하지만, 만일 그들이 준비 못했을 경우를 대비하여 인도자인 당신이 준비가 되어 있어야 한다.

순종하는 공동체의 모습

제자 성경공부의 각 과는 순종하는 믿음의 공동체의 특징을 밝혀주고 있다. 서른 두 가지 모습이 모두 여기 나열되어 있다.

1. 순종하는 믿음의 공동체는 신실하신 하나님의 말씀을 신뢰한다.

2. 순종하는 믿음의 공동체는 하나님께 대한 충성을 제일의 의무로 삼는다.

3. 순종하는 믿음의 공동체는 주의 말씀에 의지하여 살며, 주의 말씀 안에서 살며, 주의 말씀으로 산다.

4. 순종하는 믿음의 공동체는 하나님 안에서 승리하는 삶과, 하나님의 용서와 구속하시는 사랑을 선포하면서 사람들로 하여금 하나님께로 돌아오게 한다.

5. 순종하는 믿음의 공동체는 개인과 집단의 행동이나 결정이 분리될 수 없다는 것과 하나님께 대한 순종은 의로운 행동이나 결단을 요구한다는 것을 깨닫는다.

6. 순종하는 믿음의 공동체는 정의와 공의를 위한 하나님의 간청을 듣고 응답하지 못한 것에 대하여 회개한다.

7. 순종하는 믿음의 공동체는 하나님이 그의 목적을 이루신다는 것을 기억하고 확신하며 하나님의 목적에 상반되는 자기 행위에 대하여 회개한다.

8. 순종하는 믿음의 공동체는, 긍휼한 마음을 가지고, 경거망동하는 절망적인 세상 때문에 운다.

9. 순종하는 믿음의 공동체는 하나님의 말씀을 듣기를 원하는 마음과, 그리고 하나님은 당신의 백성을 버리시지 않을 것이라는 확신 때문에 소망이 솟아난다는 것을 알고 있다.

10. 순종하는 믿음의 공동체는 세상 속에 나타난 깊은 도덕적 종교적 경고에 귀를 기울인다.

11. 순종하는 믿음의 공동체는 포로생활을 기억하게끔 도와준다. 우리는 우리의 전통을 반복하여 연습한다. 우리는 우리의 정체성을 찾는다. 우리는 우리가 하나님께 속해 있다고 선포한다.

12. 순종하는 믿음의 공동체는 하나님은 모든 것이 가능하신 분이라는 것을 알고 위로를 찾으며, 그러한 가능성을 기다리는 동안에도 그분을 믿고 의지한다.

13. 순종하는 믿음의 공동체는 비전을 가지고 소망을 잃지 않으며, 먼 안목을 가지고 미래를 대비하면서 현재에도 충실하다.

14. 순종하는 믿음의 공동체는 오늘 하나님이 우리에게 주시는 사명을 믿음으로 응답하면서 곧 받아들인다.

15. 하나님은 신실한 분이시기 때문에 순종하는 믿음의 공동체는 소망에 차고, 성령이 충만하고, 비전을 가지고 사는 삶을 산다.

16. 순종하는 믿음의 공동체는 모든 사람에게 하나님의 자비롭고 용서하는 사랑을 베풀고, 심판하는 일은 하나님께 맡긴다.

17. 순종하는 믿음의 공동체는 정열을 가지고 생명의 말씀을 받아들이며 그것을 다른 사람들에게 신속히 전달한다.

18. 순종하는 믿음의 공동체는 사람들을 사랑으로 초대하며, 도와주고, 권면하며, 설득하면서 전도한다.

19. 순종하는 믿음의 공동체는 언제나 주님의 재림을 대비하며 산다.

20. 순종하는 믿음의 공동체는 노동자들을 존중하며 노동이 꼭 필요한 은혜로운 것이라는 사실을 안다.

21. 순종하는 믿음의 공동체는 모든 체험과 상황을 하나님의 변화시키는 능력이 역사하는 기회라고 생각한다.

22. 순종하는 믿음의 공동체는 복음을 위하여 다양한 가운데 일치를 추구한다.

23. 순종하는 믿음의 공동체는 연약함 가운데서 복음을 증거하며, 그 약함을 극복하기 위해서 하나님의 능력을 의지해야 한다는 것을 안다.

24. 순종하는 믿음의 공동체는 믿음을 통하여 하나님과의 관계가 올바르게 될 수 있다는 것을 주장하며 다른 사람들이 그것을 경험하도록 초대한다.

25. 순종하는 믿음의 공동체는 하나님이 자신의 뜻에 따라 목적을 이루어 가시는 자유로운 분이라는 사실을 인정한다.

26. 마음을 새롭게 하고 목표의식이 달라진 순종하는 믿음의 공동체는 다른 사람들을 매일 기쁨으로 섬기며 그리스도께 순종의 향기 나는 제사를 드린다.

27. 순종하는 믿음의 공동체는 성령께서 그 공동체 안에서 마음껏 역사할 수 있도록 모든 것을 개방한다.

28. 순종하는 믿음의 공동체는 하나님의 지혜인 그리스도에게 영적인 중심을 두며 모든 일에 있어서 그리스도에게 우선권을 준다.

29. 순종하는 믿음의 공동체는 진리와 의, 평화, 신앙, 구원, 그리고 하나님의 말씀으로 무장하여 악에 대항하여 싸운다.

30. 순종하는 믿음의 공동체는 그 지도자들을 존경하고, 책임감을 갖게 하며, 격려하고, 양육한다.

31. 순종하는 믿음의 공동체는 복음의 보화를 간직하고 있으며, 그 복음을 자녀들과 후손들에게 가르친다.

32. 순종하는 믿음의 공동체는 하나님이 우리의 삶에 개입하시기 때문에 확신을 가지고 증거한다.

구체적인 준비 사항들

성경에 표시하기

전에 달아 놓은 주나 표시에 영향을 받지 않고 성경을 새롭게 접하기 위하여 표시가 되어 있지 않은 새 성경을 가지고 **너희는 누구인가를 기억하라** 성경공부를 시작하라.

당신의 성경을 개인적으로 공부하는 성경으로 만들기 위하여 표시를 하라.

● 왜 어떤 부분에 표시를 했는지 알아 두라. 당신이 표시를 해 놓은 것이 성경 내용에 따라 다를 수도 있다. 당신은 성서 기자의 메시지의 단서가 되는 단어나 구절, 인명과 지명, 사건의 진행 순서, 그리고 당신에게 특별한 의미를 주는 구절 등을 표시하고 싶어할 것이다.

● 단순히 친근하다는 이유로 낯익은 구절을 표시하고 싶은 유혹을 받지 말라.

● 새로 깨달은 점이나 질문하고 싶은 부분을 표시하라.

● 외울 구절을 표시하라.

제자 성경공부에 참여하는 반원들도 매일 성경을 읽으면서 그들의 성경에 표시하라고 격려하라.

모임 장소와 기구

매주 모여 공부할 장소를 선택하고 준비하는 데 있어서 다음 사항들을 고려하라.

● 모든 공부 반원들이 다 쉽게 모일 수 있는 곳;

● 방해를 받지 않고 공부할 수 있는 조용한 곳;

● 학습 활동을 위하여 그룹으로 앉았다 일어났다 할 수 있는 충분한 공간;

● 책을 펼쳐 놓고 필기를 할 수 있기에 충분한 만큼 큰 테이블을 포함하여 적절하고 편안한 가구들;

● 탁아의 배려;

● 냉/난방시설이 잘된 곳;

● 칠판이나 다른 학습보조 자료를 전시할 만한 충분한 공간이 있는 곳.

친교

사람들이 매주 그룹 모임 외의 시간과 장소에서 서로 잘 알게 되면서 친교와 신뢰와 사랑이 깊어질 것이다.

● 공부 반원들의 배우자, 다른 식구들, 친구들을 초대하여 마음 놓고 방문하고 놀고 함께 식사하는 기회를 가져라.

● 공휴일이나 공부 반원들에게 특별한 날이나 사건을 축하하는 것도 좋을 것이다.

● 이러한 모임의 취지는 함께 여가 시간을 가지는 것이다. 가능한 한 검소하고 자유롭게 하라.

수료 예배

제자: **너희는 누구인가를 기억하라** 성경공부를 끝낸 사람들과 교사를 전 교인이 치하하고, 축하하는 기회를 가지는 것이 좋다. 보통 주일 예배나 주일 저녁 예배시간에 이러한 기회를 가져라.

● 임원회나 교회의 대표되는 사람들을 초청해서 공부하고 사역에 헌신하는 사람들에게 감사를 표시하게 하라.

● 공부 반원들에게 공부했던 경험을 나누게 하라.

● 다음에는 무엇을 하려고 결심했는가를 보고하게 하라.

● 다시 비슷한 모임을 가지려고 하는 장년 그룹이나 청년 그룹을 위해 기도하게 하라.

● **너희는 누구인가를 기억하라** 성경공부를 마친 사람들을 치하하는 수료증을 전달하라.

제자훈련 교재를 가르치기 위한 준비

● 배우는 자로서, 그룹의 한 참석자로서, 그리고 그룹의 인도자로서 준비하라.

● 과거에 배운 지식이나 익숙한 성경구절에 너무 의존하지 말라. 매일 성경 읽기와 각 과에서 공부할 성경구절들을 마치 처음으로 그 성경구절을 읽듯이 초보자의 자세로 임하라.

● 공부 반원들로 하여금 제자훈련 교재 전체의 내용을 한꺼번에 준비해 두지 말고, 한 주에 할당된 내용을 그 주간 동안에 성실하게 준비하도록 권장하라. 또 그룹 진행도 그와 같은 방법으로 계획하라.

● 그룹 모임에서 당신의 역할은 정보를 제공해 주는 사람이 아니라, 토의과정이 잘 진행되도록 하는 일이다. 물론, 공부 반원들이 어떤 새로운 정보나 또 추가 정보를 얻기 위하여 당신에게 의존할 것이지만, 권위자로서나 전문가로서의 위치에 있지 말라. 한 사람에게 부여되는 권위를 피하기 위하여 당신이 앉는 자리를 정규적으로 바꾸어라.

● 토의 시작, 매주의 성경 읽기, 그리고 본 교재의 성경 내용들을 할당된 시간 내에 다루도록 노력하라.

● 공부시간 내에 학습 활동이 필요할 때에는 그룹 전체가 같이 하는 것이 더 효과적인지, 아니면 혼자서 하는 것이 효과적인지를 미리 계획하라. 학습 활동이나 학습 방법의 선택은 각 과의 성경구절에 따라 차이가 날 것이다.

● 성경 읽기에서 제시된 성경구절과 제자훈련 교재를 읽을 때마다 복습하여야 할 내용과 그룹에서 다루어야 할 내용의 방안에 유의하라.

● 사람들이 매일 기록한 내용들을 어떤 순서로 어떻게 발표하도록 진행시킬 것인지 결정하라. 여기 몇 가지 가능한 방법이 있다.
  1. 매일 할당된 성경구절들과 공란에 기록한 내용들을 그룹에서 같이 이야기하든가 혹은 소그룹에서 서로 그 내용들을 이야기하게 하라.

  2. 사람들이 성경을 읽고 연구하면서 준비하는 동안에 제기된 모든 질문을 큰 종이에다 목록을 만들라. 어떤 질문들은 공부 반원들이 대답해 줄 것이고, 어떤 질문들은 그룹이 함께 더 연구하고 토의할 문제일 수도 있다.
  3. 공부 반원들이 공부하는 동안 수집한 모든 정보를 함께 찾아내고 잘 정리하라:
     연대표를 만들라;
     용어 해설표를 만들라;
     주요 인물들과 사건들을 나열하라;
     성경 개념과 신학 개념을 찾아내고 토의하라;
     공부하는 성경구절의 배경을 살펴 보라;
     성경 말씀과 삶을 연결시켜라;
     깨달은 바, 경험한 바, 느낀 바를 토의하라.
  4. 원래 의도되었던 성경본문을 해석하라.

● 공부 반원들이 당신이 대답할 수 없는 질문을 던지거나 또는 많은 신학적인 의견을 이끌어 낼 수 있는 질문을 던짐으로써 당신이 미리 준비한 방향으로 진행되지 않을 때가 있음을 예상하라. 그러한 상황에 대응할 준비를 하라.

● 공부 반원들 중에서 주어진 과제 이상으로 더 연구 조사한 내용이 있으면 보고할 수 있는 기회를 주라. 만일 여러 사람이 같은 주제를 연구 조사하였으면, 한 사람이 보고하고 다른 사람들이 추가로 내용을 첨가하게 하거나, 소그룹에서 보고를 하게 하는 형식으로 하라.

● 그룹 활동으로서 반원들이 같이 큰 소리로 성경구절들을 읽을 수 있는 기회를 주라.

● 불분명한 내용을 좀더 분명하게 알기를 원하거나 혹은 추가 내용이 필요할 때는 공부 반원들로 하여금 이따금 성서주석이나, 성서지도, 혹은 성서대사전 등을 사용할 수 있는 기회를 주라.

그룹 강화와 유지를 위하여

좋은 그룹의 분위기

좋은 학습 분위기는 따뜻하고, 서로 신뢰하고, 의욕적이며, 서로 참고, 마음 문을 열고, 서로 돌보고, 서로 용납하며, 민감하고, 유머가 있으며, 마음을 탁 터놓고 이야기할 수 있는 분위기이다.

건전한 학습 분위기는 개인과 그룹이 동시에 존경을 받는 분위기이다. 사람들은 서로의 생각과 느낌에 대하여 주의를 기울이고 자상하며, 서로 마음놓고 자기들의 생각과 느낌을 솔직하게 표현할 수 있다고 느낀다.

말없는 사람들을 끌어들이기

● 말하지 않고도 다른 방법으로 그룹에 참여할 수 있다는 사실과 말하지 않아도 괜찮다는 사실을 인정한다. 사람들이 특정 질문이나 특정 학습 활동에 대답하지 않고 다음 사람에게 순서를 넘길 수도 있게 하라.

● 크든지 작든지 모든 공헌이 가치가 있다는 것을 강조하라. 말하기를 주저하는 이유는 잘못 대답하여 조롱의 대상이 될까봐 두려워하기 때문일 수도 있다.

● 말없이 조용한 사람이 말하고 싶어할 때 교사는 특히 민감하여야 한다. 교사의 격려가 필요하다. 몸짓을 지켜본다. 직선적인 질문을 던져 당황하지 않도록 조심한다. "말하고 싶은 것이 있으십니까?" 하는 식으로 본인이 말하도록 유도한다.

● 소그룹 토의와 활동을 계획한다. 대그룹에 참여하기를 주저하는 사람들 중에는 소그룹에 참여하는 것을 편안하게 생각하는 사람들이 있다. 처음에는 조용한 사람들끼리, 그리고 말이 많은 사람들끼리 그룹을 만들어 주라. 그런 다음에 점차로 서로 같이 일할 수 있는 기회를 가지도록 그룹을 섞어 준다.

토의를 독차지하는 사람들을 위하여

그룹에서 대화를 독차지하는 사람을 잘 다루기 위해서는 재치가 있어야 하고 또 신경을 많이 써야 한다.

● 사람들이 말뿐 아니라 행동을 통하여 무엇을 말하고 있는지 빨리 파악한다.

● 음성이나 행동, 그리고 얼굴 표정이나 말투로 토의를 독차지하는 사람에게 인도자의 태도를 분명하게 한다.

● 한 가지 방법은 그 사람이 말한 내용을 교사가 종합한 후 다른 사람들로 하여금 그 사람이 말한 내용을 더 보충하도록 인도한다.

● 소그룹 활동이나 소그룹의 각 반원들로 하여금 돌아가면서 말할 수 있는 기회를 줌으로써 한 사람이 토의를 독차지하는 것을 방지할 수 있다.

● 그룹을 진행하는 일에 다른 반원들이 돕도록 하라. 그룹이 기능을 잘 발휘할 때에는 모든 사람들이 참여하는 기회를 가지게 되고, 그렇게 함으로써 한 사람이 독차지하는 가능성이 줄어들게 된다.

그룹 강화와 유지를 위하여 그룹이 처음 모일 때 앞으로 지킬 기본원칙들을 같이 이야기하는 것도 좋은 방법이다. 기본원칙들을 같이 나눌 때는 반원들이 여러 모로 참여하기를 바라는 것과 공부가 끝날 때까지 어떻게 서로 보살펴 주는 것이 좋을까를 나누도록 한다.

제자훈련반에서 의견충돌을 해결하기 위하여

건전한 그룹의 분위기는 자기와 다른 의견들을 얼마나 존중하고 또 어떻게 받아들이냐에 달려있고, 사람들로 하여금 자기 나름대로 자기 의견을 개발하도록 권장하는 데 있으며, 더 나아가서는 인도자나 혹은 반원 서로간에 의견을 달리할지라도 반원들로 하여금 편안한 마음을 갖게 하여 주는 데 달려있다.

자기자신의 의견과 상충되는 견해에 개인적으로 위협을 받지 않는 교사는 신뢰와 용납의 그룹 분위기를 빨리 조성할 수 있다. 의견충돌이 일어날 때에는 자연스럽게 처리한다.

● 각 과의 방향을 잘 유지한다.

● 논제에 초점을 두고 의견을 나누게 도와주고 논쟁자들에게 초점을 두지 않도록 조심한다.

● 적절하게 논점을 종합하고 의견차이와 의견일치를 명확하게 말하여 준다.

● 계속해서 논쟁의 초점이 논제에서 떠나지 못하게 한다.

● 논쟁 내용을 반원들로 하여금 성서사전이나 성서주석을 참고하여 더 연구 조사하도록 한다.

● 의견차이를 일치시킬 필요도 없고, 또 가능하지도 않다는 생각이 들 때에는 의견차이를 그대로 인정한다.

● 만약 논쟁 내용이 그룹 반원들에게 적합하지 않다는 생각이 들 때에는 공부가 끝난 후에 서로 논쟁하도록 한다.

● 학습을 계획한 대로 이끌기 위해서 언제, 어디서 토의를 중단시킬 것인가를 항상 생각한다.

● 사람들이 열렬히 토의할 때는 칭찬해 준다.

● 의견 충돌하는 토의 도중이나 토의하고 난 후에도 계속 그 사람들을 돌보고 용납한다는 것을 보여주라.

토의를 인도하기 위하여

개인의 편견이나 피상적인 대답을 나누는 토의를 방지하기 위하여 인도자나 공부 반원들이 조심스럽게 준비할 필요가 있다. 건설적인 토의를 위해서는 목적과 훈련을 겸비해야 한다는 것을 기억하라.

질문 준비하기

당신이 준비하는 질문을 통하여 무엇을 성취하려고 하는가를 분명히 하라.
- 질문은 사람들을 생각하게 도와준다.
- 질문은 새로운 통찰력이나 지식으로의 마음을 열게 한다.
- 질문은 어떤 생각이나 이해, 또는 가정들을 조사할 수 있게 한다.
- 질문은 가끔 한 주제를 더 깊이 조사하도록 요구한다.

여러 질문들이 서로 다른 목적을 위해 사용된다. 특별한 의도를 염두에 두고 질문을 작성하라.
- 당신의 의도가 어떤 정보를 모으거나 기억나게 하는 것이라면, 기억나게 해주고, 사실에 대하여 묻고, 특별히 정확한 답을 요구하는 질문을 하라.
- 만일 질문의 의도가 자료를 수집하는 데 있다면, 공부 반원들로 하여금 그 자료를 정리하고, 비교하고, 또 대조할 수 있도록 질문한다.
- 만일 질문의 의도가 어떤 상황이나 활동을 분석하기 위한 것이라면, 그 상황이나 활동에 관련된 해설이나 이유를 말하도록 질문한다.
- 만일 결론을 내리기 위한 질문이라면, 사람들로 하여금 요약 정리하도록 질문하고, 상호 관계와 관련성에 관하여 말하도록 질문한다.
- 만일 비평과 평가를 위한 질문이라면, 특별한 기준에 의하여 어떤 것이 최선의 선택인지 언급하도록 질문한다.
- 만일 어떤 결과와 상황에 대하여 더 깊이 생각하도록 던지는 질문이라면, 상상력과 모든 가능성을 총동원할 수 있도록 질문한다.

당신이 하는 질문의 내용을 알고 있어야 하며, 공부 반원들에게 질문하는 이유를 가르쳐 준다.

질문을 할 때에는 다음과 같은 사항을 고려한다:
- 일반적으로 "예" 또는 "아니요"의 대답을 요구하는 질문은 너무 지엽적 토의를 단절시킨다.
- 질문의 대답이 너무 자명하거나, 대답을 할 수 없거나, 논쟁에 너무 말려들게 하거나, 너무 막연한 대답을 요구하면 좋은 질문이 될 수 없다.
- 좋은 질문은 정보와 느낌과 경험을 고루 갖춘다.
- 간단명료하고 하나의 초점을 갖는 질문이 좋다.
- 좋은 질문은 사람들로 하여금 준비하게 하고, 전에 공부한 내용을 생각나게 하며, 또 더 깊은 연구를 하게 한다.
- 사실적인 질문을 위한 중요한 단어들은 언제, 누가, 어디서, 무엇을, 어떻게, 왜 등이다.
- 토의를 인도하기 위하여 준비한 질문들에 대하여 실제로 당신 스스로에게 질문하고 대답해 보라.

토의 인도하기

- 토의할 질문을 적는다. 공부 반원들이 무엇을 왜 토의하고 있는지 알 수 있게 도와준다.
- 토의가 어떻게 전개되어야 하는지 미리 생각해 둔다.
- 생각할 수 있는 시간을 준다. 침묵이 반드시 헛된 것이 아니므로 침묵을 두려워하지 말라. 침묵은 생각할 수 있는 기회를 준다. 질문을 너무 성급하게 다른 말로 표현하지 말라. 잘 준비된 질문은 궁극적으로 대답에 이르게 한다. 당신이 던진 질문에 스스로 대답하지 말라. 공부 반원들은 당신이 곧 대답하게 될 것이라는 것을 알게 되고, 결국 당신에게 의존하게 될 것이다.
- 귀를 기울이라. 말뿐 아니라 감정에 민감하라. 듣는다는 것은 말하는 사람의 뜻을 알아들을 뿐만 아니라 실제로 그 내용을 듣는 것을 의미한다. 공부 반원이 말한 내용을 가끔 평가나 비평 없이 요약해 주어라.
- 시선을 마주치거나 머리를 끄덕임으로, 또는 한두 마디를 말함으로써 교사가 듣고 있다는 사실을 보여주라.
- 당신이 어떻게 대답할 것인가를 생각하는 순간 당신은 듣지 않고 있다는 사실을 기억하라.
- 어떤 사람이 말하고 있는 동안에는 (사실이 틀리지 않다면) 동의한다거나 반대한다는 언급을 피하라.
- 사람을 용납한다고 해서 그 사람의 생각이나 해설, 또는 태도를 용납해야 하는 것은 아니다.
- 모든 사람이 다 참여하여 어떤 개인이 토의를 독차지하지 않게 하라.
- 토의가 어디로 가고 있는지를 잘 파악하여 당신이 처음 정한 방향에서 이탈하지 않도록 하라.

성경공부의 기본 원리

1 하나님의 말씀은 예수 그리스도이시다. 성경 말씀은 예수 그리스도와 관계된 하나님의 말씀에 대하여 우리들에게 말하여 주고 있다. 그러므로 우리는 성경 말씀을 공부할 때에 그 말씀의 배경을 조사하고, 그 말씀을 들여다보고, 그 말씀을 충분히 조사하는 과정에서 예수 그리스도를 바라보게 된다.

2 성서학자나 성경을 배우지 못한 사람이나 누구를 막론하고 하나님의 말씀이나 성경 말씀을 이해하기 위하여 전매특허를 받은 사람은 아무도 없다. 하나님께서 주시는 풍부한 선물을 이해하려고 노력하는 과정에서 우리 모두는 서로가 서로를 들으려고 노력하여야 한다.

3 누구든지 기독교인이면 그 사람 나름대로의 건전한 의견을 소유하고 있다고 우리는 생각하여야 하고 그 사람의 의견이 아무리 나와 다르다고 하더라도 기독교적인 의견이다, 비기독교적인 의견이다를 가지고 비난하여서는 안 된다.

4 사람마다 성경을 다르게 이해할 수 있다는 사실을 우리는 인정하여야 하고 그러한 태도는 우리의 마음을 어지럽힐 수 있을는지는 몰라도 하나님의 마음을 어지럽히지 못한다는 것을 인정하여야 한다.

5 많은 사람들이 성경의 원어인 히브리어와 희랍어를 이해할 수 없기 때문에 우리들은 여러 가지 다른 성경 번역판들을 읽을 필요가 있다.

6 사람마다 서로 다르다는 사실을 우리가 인정할 때에 그 다른 점들이 중요하지 않다고 생각한다든가, 무시한다든가, 또는 문제가 되지 않기 때문에 인정한다는 느낌을 가져서는 안 된다.

7 서로 다른 성경 이해가 우리 중에 있어도 우리는 좋은 믿음의 친구가 될 수 있다. 우리는 서로의 차이점을 충분히 이해할 수 있을 때에 서로가 서로를 존중하게 되는 태도가 늘게 된다.

Adapted from *Strengthening the Adult Sunday School Class*, by Dick Murray. Copyright © 1981 by Abingdon Press. Permission is granted to copy this page for DISCIPLE use.

성경공부를 위한 준비 모임

제자훈련을 위한 공부 반원이 확보되었으면 공부를 시작하기 한 주일 전에 준비 모임을 가져라.

준비 모임의 목적은 다음과 같다.

● 9개월 동안 같이 공부하게 될 시간표에 대하여 의견을 나누고 또 합의를 본다.

● 교재를 나누어주고 교재의 구성 요소들에 익숙하게 한다.

● 공부 반원들이 할 헌신의 성격을 이해시켜 준다.

● 개방적이고 신뢰가 담긴 인간 관계를 이루기 시작하라. 왜냐하면 그룹에는 몇몇 다른 제자 성경공부반에서 온 사람들이 섞여 있을지 모르며, 사람들이 이전의 제자 성경공부로 함께 모였던 사람들이라 하더라도 시간이 지남에 따라 변화되었을 수도 있기 때문이다.

소그룹 진행과정과 인도자도 배우는 자요 참여자라는 것을 설명하여 주라. 인도자는 주제 강사나 정보를 제공해 주는 사람이 아니다.

모든 사람의 의견이 존중되는 개방적이고 신뢰감이 가는 학습 분위기를 설명해 주라.

시간이 흘러가면서 반원들간에 우정과 이해심이 두터워지기 때문에 그룹에서 이야기된 신상문제를 남에게 공개하여서는 안된다는 사실을 강조하라. 인도자가 빠지게 되는 경우에는 외부 강사를 초빙하지 말고 반원 중에 하나가 인도하도록 하라.

매주 모임에서 시간에 민감할 것이며, 교재에 있는 모든 부분을 매주 다루게 될 것이라고 강조하라.

정시에 시작해서 정시에 끝날 것이라는 사실을 강조하라.

32주 동안에 공부 반원들이 몇 개월 후에 할 사역에 대한 결정을 하게 된다는 것을 설명하라. 32과는 수양회로 진행하는 것이 좋다. 수양회의 시일을 잠정적으로 정하라.

모든 사람이 성경공부를 위한 자료들을 사용할 줄 안다고 가정하지 말라. 연습할 기회를 계획하라.

교회에 성경공부에 필요한 보조 자료(성서주석, 성서사전)들이 있는지 조사하여 보라.

모임 동안에 32주 동안의 계획, 학생용 교재, 안내서, 인도자 지침서 14쪽에 있는 "성경공부의 기본원리"를 나누어주라.

준비 모임의 순서

오후 7:00 기도

오후 7:05 공부 반원 소개

오후 7:10 9개월 모임 계획표를 확인하라.
   ● 언제 휴게를 하면 좋을지 미리 상의하라. (여름 휴가? 성탄절?)

오후 7:20 학생용 교재가 어떻게 구성되어 있는지 검토하여 보라 (학생용 4쪽과 인도자 지침서 4쪽을 보라).
   ● 좋은 주석이 있는 성경이 필요하다는 것을 설명하라.
   ● 매일 노트 할 것을 강조하라. 보충 자료집을 (정규적으로 사용할 성서주석이나 성서사전이 있으면) 소개하라.
   ● 그 자료들은 그룹에서 직접 다루면서 쓰게 될 것이라고 설명하라.

오후 7:35 매주 시간표와 포맷을 한번 더 설명하라 (인도자 지침서 5쪽을 보라)
   ● 모임 장소, 어린 아이들 문제를 어떻게 해결할지 의논하라.

오후 7:50 "성경공부의 기본원리"를 읽어라.
   ● 변화되는 생활이 **제자** 성경공부의 열쇠라는 것을 강조하라.

오후 7:55 교회의 후원이 필요하다는 것을 강조하고 수료식에 대하여 논의하라.

오후 8:00 1과를 예습하라
   ● 성경 읽기를 보라.
   ● 주중에 서로 중보기도로 지원할 수 있는 길을 모색하라.

오후 8:10 성경공부 보조 자료가 얼마나 있는지 이야기하여 보라.
   ● 추가 자료를 알려 주라.

오후 8:25 폐회 서약
   ● 성경공부에 충실할 것을 다짐하라.
   ● 서로를 위하여 기도할 것을 약속하라.
   ● 매일 성경을 읽을 것을 약속하라.
   ● 최대한으로 빠지지 않고 출석할 것을 약속하라.
   ● 적극적으로 공부에 참여할 것을 약속하라.
   ● 제자가 되기 위하여 헌신할 것을 약속하라.

오후 8:30 폐회 기도

비고란

제자

예언서

1 하나님의 백성이 울고 있다

개회 기도

(5분)

모인 사람들과 정시에 시작하라. 교재에 나오는 주제, 요절, 제목, "인간의 모습"과 기도를 사용하라.

토의 시작

(20분)

(주: 영어 교재에는 이 부분이 비디오로 되어 있다. 영어로 이해할 수 있는 그룹은 Cokesbury를 통하여 영어 비디오를 구입하여 신청할 수 있다. 그렇지 않은 그룹을 위해서는 여기에 번역되어 실린 비디오 내용을 교사가 자세히 읽고 요약하여 줌으로써 토의를 시작할 수 있다.)

준비

발표자: 엘리즈 D. 프리쉬만과 씨실 D. 죤스, Jr.

이 토의 시작에는 말씀과 시의 축제가 담겨 있다. 기억한다는 것이 얼마나 중요한가에 주의를 집중하라.

프리쉬만: 예루살렘은 언덕진 도시이다. 그 기초는 금이요, 금이 그 관이라. 이는 한때 거기서 하나님의 선견자들이 걸었고, 레위인들이 의기양양하게 거닐었음이라. 귀인들이 다니더니, 마치 거룩한 예배에 넋이 나간 것 같도다.

죤스: 어찌 그대의 아름다운 곳곳이 황폐되었고 그 귀한 처소가 극심히 약탈을 당하였는가. 오 성서의 도시여, 자그마한 탑으로 지어진, 평화의 집이여.

프리쉬만: 오 하나님, 우리의 삶을 계명으로 거룩하게 하시고 우리에게 이 두루마리를 읽으라고 명하신 존재의 주재여, 당신을 찬양합니다.

죤스: 슬프다 이 성이여 본래 거민이 많더니! 이제는 어찌 그리 적막히 앉았는고. 본래는 열국 중에 크던 자가 이제는 과부같고 본래는 열방 중에 공주 되었던 자가 이제는 강제노동을 하는 자가 되었도다. 밤새에는 슬피 우니, 눈물이 뺨에 흐름이여 사랑하던 자들 중에 그에게 위로를 하는 자가 없고, 친구들도 다 배반하여 원수들이 되었도다 (1:1-2).

프리쉬만: 저 바알 쉠 토브는 말했다: "기억은 구속에 이르게 한다."

죤스: 그 성현의 말과 같이, 오 하나님, 우리가 예루살렘을 기억함으로 구속에 이르게 하옵시고, 시온에서 다시 율법이 나오며, 하나님의 말씀이 예루살렘에서 나오게 하여주소서.

죤스: 예루살렘이 환난과 유리하는 고통을 당하는 날에 옛날의 모든 즐거움을 기억하였음이여 그의 백성이 대적의 손에 넘어졌으나 그를 돕는 자가 없고 대적들은 그의 멸망을 비웃는도다 (1:7).

프리쉬만: 일렀으되: 아브달 구일에 이 일들이 일어났다; 기억하고 잊지 말라.

죤스: 우리가 기억하고 잊지 않게 도와주소서.

프리쉬만: 솔로몬의 성전이 불에 탔도다.

죤스: 우리가 기억하고 잊지 않겠나이다.

죤스: 주께서 원수같이 되어 이스라엘을 삼키셨음이여 그 모든 궁궐들을 삼키셨고 견고한 성들을 무너뜨리사 딸 유다에 근심과 애통을 더하셨도다 (2:5). 여호와께서 또 자기 제단을 버리시며 자기 성소를 미워하시며 궁전의 성벽들을 원수의 손에 넘기셨으매 그들이 여호와의 전에서 떠들기를 절기의 날과 같이 하였도다 여호와께서 딸 시온의 성벽을 헐기로 결심하시고 줄을 띠고 무너뜨리는 일에서 손을 거두지 아니하사 성벽과 성곽으로 통곡하게 하셨으매 그들이 함께 쇠하였도다 성문이 땅에 묻히며 빗장이 부서져 파괴되고 왕과 지도자들이 율법 없는 이방인들 가운데 있으며 그 성의 선지자들은 여호와의 묵시를 받지 못하는도다 (2:7-9).

프리쉬만: 제2성전이 파괴되고 성전 산이 경작지가 되었도다. "시온은 밭 같이 경작지가 될 것이며…"라고 한 예레미야의 말이 이루어졌도다.

죤스: 오 하나님, 우리를 당신에게 돌아오게 하소서. 우리가 돌아오겠나이다.

프리쉬만: 기억하매, 우리 백성이 기쁨과 음악과 노래의 충만한 소리를 멈추었도다.

죤스: 우리가 바벨론의 여러 강변 거기에 앉아서 시온을 기억하며 울었도다.

프리쉬만: 아브달 구일 이날에 무엇보다 우리가 기억하나이다. 우리는 황폐를 본 사람들입니다. 예술적으로 다듬어 놓은 돌들이 산산조각이 나고, 성소는 쓰레기로 가득 차고, 거룩한 기물들은 밀고자의 삯으로 전락하고, 하늘이 내린 장인의 사랑의 수고는 창기의 화대로 녹여지고, 유린된 처녀, 구타당한 아기들, 짓밟힌 노인들, 성전은 승냥이와 도적의 소굴이 되고, 사슬에 묶인 유다의 왕자들은 바벨론의 타오르는 평야에 무거운 발걸음을 하염없이 옮기며, 토라 두루마리의 조각을 엮은 부대에 돌덩이와 바위의 짐을 지고 갑니다.

죤스: 여호와께서 그의 분을 내시며 그의 맹렬한 진노를 쏟으심이여 시온에 불을 지르사 그 터를 사르셨도다 대적과 원수가 예루살렘 성문으로 들어갈 줄은 세상의 모든 왕들과 천하 모든 백성이 믿지 못하였었도다 그의 선지자들의 죄들과 제사장들의 죄악들 때문이니 그들의 성읍 안에서 의인들의 피를 흘렸도다 (4:11-13).

프리쉬만: 우리가 예루살렘 성벽의 파괴를 기억합니다. 솔로몬의 성전을 기억합니다. 에스라와 레위인들과 유다의 왕자들과 이스라엘의 선지자들을 기억합니다. 예루살렘의 지혜로운 자들을 기억합니다. 예루살렘의 제단을 기억합니다. 예루살렘, 이는 부서진 화음이 회복될 수 있는 중심이요, 무서운 추

위로 생긴 혼돈에 항거하여 불을 다시 피우고, 새로운 빛을 비출 불꽃을 보존하는 곳이라.

존스: 성전의 파괴에서 우리는 다른 부서짐을 기억하며, 다른 폐허를 세어봅니다.

프리쉬만: 성전의 파괴에서, 하늘을 향한 대단한 진출이 허사가 되고 부서진 인간의 언어가 혼돈이 된 속에서부터 바벨탑의 폐허를 세어봅니다.

존스: 성전의 파괴에서, 유황으로 먼지와 재로 시들어 버린 소돔과 고모라의 비옥한 풀밭과 열매 찬 골짜기를 세어봅니다.

프리쉬만: 성전의 파괴에서, 언약의 파괴와 믿음의 무너짐을 세어봅니다.

존스: 성전의 파괴에서, 하나님의 나라의 깃발이 찢어지고, 온전한 삶에 간 비극적 균열을 세어봅니다.

(나머지 비디오 내용은 84쪽에서 계속됩니다)

정보 (내용 요약)

기억은 구속에 이르게 한다.
솔로몬의 성전은 불에 탔다.
제2의 성전이 파괴되었다.
기억으로 우리는 고난에 담긴 슬픔과 연민의 가치를 되찾는다.
우리는 하나님께 나아가는 길을 잊지 않기 위하여 기억한다.
우리는 우리의 소망을 새롭게 하기 위하여 기억한다.

대화

무엇을 기억하는가? 왜 기억하는 것이 필요한가? 어떤 의미에서 기억이 구속에 이르게 하는가?

성경과 교재

(50분)

예레미야애가에는 하나님과 유다 백성의 모습이 명확히 여러 모양으로 묘사되어 있다. 두 사람씩 조가 되어서 매일 성경 읽기에서 노트 해둔 것을 생각하면서 하나님과 그의 백성에 대한 여러 가지 묘사로 인하여 생기는 생각과 느낌과 질문들을 서로 나누게 하라. 왜 그 묘사들이 변하고 있다고 생각하는가?

예레미야애가에 나오는 많은 주제와 개념들은 예언서 전체에 거듭 나타난다. 둘이나 셋이 그룹이 되어 한 그룹이 한 장씩 맡아서 다음과 같은 개념들을 찾아보도록 하라: *자기들이 받는 고통에 대하여 책임을 져야 하는 사람들, 하나님의 심판/징벌, 하나님에 대한 비난, 회개하라는 말씀, 소망과 회복의 가능성, 역사의 주가 되시는 하나님.* 그 다음 두 그룹이 함께 모여서 그들이 발견한 것과 다음의 질문에 대하여 토의하도록 하라: 이러한 주제들이 어떻게 하나님과 그의 백성의 언약 관계를 나타내 주고 있는가?

신명기의 중심 개념인 *기억과 순종*에 대하여 생각하라. 세 그룹으로 나누어서 기억과 순종에 대한 성구를 찾아 보라. 다음과 같은 과제를 나누어 주라: 첫째 그룹: 신명기 5-11과 셋째 날의 노트; 둘째 그룹: 신명기 12-18과 넷째 날의 노트; 셋째 그룹: 신명기 23, 25-28과 다섯째 날의 노트. 처음에는 각자, 그 다음에는 함께 공부하라. 그 후에 다음 질문에 관하여 토의하라: 하나님은 무엇을 요구하시는가? 두 사람씩 짝을 짓고, 여기 나오는 가르침 중에서 후세에 전해주면서 잊지 말라고 일러 줄 것은 무엇인가를 토의하라.

휴식

(10분)

말씀과의 만남

(40분)

성경 본문: 예레미야애가 3

세 그룹을 만들라. 각 그룹에게 다음의 성경구절을 배정하라: 예레미야애가 3:1-18; 3:19-39; 3:40-66

말씀을 조용히 읽으면서 각자 다음 문제들에 대하여 연구하라: 저자가 전하고자 하는 뜻은 무엇인가? 본문이 하고 있는 말씀은 무엇인가? 각자의 대답에 대하여 소그룹에서 토의하라. 이제 각자 다음 문제에 대하여 연구하라: 이 본문에 대하여 나는 어떻게 생각하는가? 하나님이 나에게 하시는 말씀은 무엇인가? 소그룹에서 대답하라. 그리고 전체 그룹에서 다음 질문에 대하여 토의하라: 여러분들은 이 사람들 가운데서 고난에 임하는 어떤 자세를 배울 수 있는가? (딕 머리 교수의 *효과적인 성경 교수법* 41-47쪽을 보라.)

순종하는 공동체의 모습

(20분)

순종하는 믿음의 공동체는 신실하신 하나님의 말씀을 신뢰한다.

"인간의 모습"과 "순종하는 공동체의 모습"을 소리내서 읽어라. 다음 질문에 대하여 토의하라: 무슨 의미에서 회개가 이 둘 사이에 다리 역할을 하는가? "순종하는 공동체의 모습"에 나오는 질문들에 대하여 토의하라.

폐회 기도

(5분)

2과를 열고 금주의 기도제목을 적어라. 다음을 함께 말하라 —우리는 기억하는 공동체다; 우리가 기억하는 것이 이것이다—그리고 각자 응답하라.
기도로 폐회하라.

2 하나님께서 사자들을 보내셨다

개회 기도

(5분)

토의 시작

(20분)

준비

발표자: 윌리암 J. A. 파워 박사

세 가지 서로 연결된 개념에 귀 기울여 보라: 사무엘서와 열왕기서에 끼친 신명기의 영향, 포로 시대에 대한 선지자들의 설명, 그리고 바벨론의 승리에서 배운 점.

주전 586년에 일어난 사건들은 구약성경 문서의 대부분을 이해하는 데 대단히 중요하다. 그 해에 느부갓네살이 이끄는 바벨론 군대는 예루살렘을 포위 공격하여 함락시키는데 성공한다. 그리고 그에 이어 그들은 어느 정도 정치적, 경제적, 사회적, 종교적 위치에 있는 유다 사람 거의 모두를 오늘날 남부 이라크로 포로로 끌고 간다. 그들은 거기서 포로생활을 하면서 50년 이상 고향을 그리워하며 살았다.

비극적 사건과 아울러 포로생활을 하는 동안 유다 백성은 고통스러운 자기 성찰을 많이 해야 했다. 그들은 스스로 수긍이 갈 때까지 여러 가지 어려운 질문들에 대한 답을 구해야 했다. 그들은 한때 아브라함에게 약속된 땅, 그들이 하나님의 선물로 그들에게 주셨다고 믿었던 땅을 잃어버렸다. 그리고 하나님과의 영원한 언약에 기초하였다고 생각하였던 다윗 왕국이 수치스러운 종국을 맞았다. 유래를 추적하여 보면, 거룩한 산에서 주신 설계로 지어졌던 성전은 하나님이 명하신 예배와 함께 폐허에 놓이게 되었다. 당연히 꼭 대답해야 했던 질문은: 왜 이런 일들이 우리에게 일어났는가? 무엇이 잘못되었는가? 하나님은 지난 날에 그토록 우리 조상에게 자주 하셨던 약속을 잊으셨는가? 아니면 우리가 믿었던 그 한 분이신 이보다 바벨론의 신들이 더 힘이 세었기 때문에 그들이 승리한 것일까?

말할 필요도 없이, 이 질문들에 대하여 여러 가지 다른 대답들이 제시되었다. 그 중에 한 대답은 백성이 "이스라엘아 들으라 우리 하나님 여호와는 오직 유일한 여호와시니"라고 말한 모세의 쉐마를 기억하지 못하고 그 쉐마에 주의를 기울이지 않았다는 것이었다. 그런 대답이 신명기로부터 시작하여 열왕기하에 이르기까지 구약의 역사서라고 불리는 책에서 구체적으로 묘사되어 있다. 몇 왕을 제외하고는 왕들의 행실을 검토한 결과 이 바알과 앗수르의 신을 숭배하는 일을 저질렀다는 견지에서 쉐마에 주의를 기울이지 않았다는 것이다. 그리고 주전 586년에 바벨론의 신들이 하나님을 이겼던 것이 아니라, 그들이 승리한 것은 바로 하나님이 그의 백성의 극악한 배역 때문에 그들을 심판하신 것이다! 히브리 백성의 배역의 긴 역사는 므

낫세 시대에 절정에 오르게 되는데, 그에 대하여 열왕기하에 기록되기를: "므낫세가 여호와 보시기에 악을 행하여 여호와께서 이스라엘 자손 앞에서 쫓아내신 이방 사람의 가증한 일을 따라서 그의 아버지 히스기야가 헐어버린 산당을 다시 세우며 이스라엘 왕 아합의 행위를 따라 바알을 위하여 제단을 쌓으며 아세라 목상을 만들며 하늘의 일월 성신을 숭배하여 섬기며…

여호와께서 그 종 선지자들을 통하여 말씀하여 이르시되 유다 왕 므낫세가 이 가증한 일과 악을 행함이… 또 그들의 우상으로 유다를 범죄하게 하였도다. 그러므로 이스라엘의 하나님 여호와가 말하노니… 내가 사마리아를 잰 줄과 아합의 집을 다림 보던 추를 예루살렘에 베풀고 또 사람이 그릇을 씻어 엎음 같이 예루살렘을 씻어 버릴지라 내가 나의 기업에서 남은 자를 버려 그들의 원수의 손에 넘긴즉… 이는 애굽에서 나온 그의 조상 때부터 오늘까지 내가 보기에 악을 행하여 나의 진노를 일으켰음이니라 하셨더라."

그러므로 바벨론의 승리는 절대로 바벨론 신들의 힘의 증거가 아니라, 오히려 선지자들의 신실함과 히브리 하나님이 역사를 통제하는 힘이 있으시다는 것을 한층 더 증명하였다! 선지자들은 바로 이러한 결과를 예언했었다. 그러나 유다 백성은 그들의 경고에 전혀 주의를 기울이려고 하지 않았고, 결국 그들의 배역한 행위의 결과를 맞게 될 수밖에 없었다.

그리고 정말 선지자들은 열방의 신들이 이스라엘과 유다를 애굽의 종살이에서 해방시키고 시내에서 그들과 언약을 맺으신 한 분이신 이와 동등한 위치에 있는 것처럼 이스라엘과 유다가 계속 행동한다면 이런 결과가 올 것이라고 정확히 예언하였다. 우리는 종종 선지자들은 주로 정의와 공의에 관심이 있다고 생각한다. 그러나 그것이 그들의 주요 관심사 중에 하나인 반면, 기본적인 선지자의 소명은 충성과 관계가 있다는 것을 기억할 필요가 있다. 한 분 하나님과 그의 언약에 충성하는 일이다. 예언서들 중에서 호세아는 언약에 대한 충성을 강조한 첫 번 인물이었다. 그러나 그가 마지막이 아니었다. 8세기에서부터 계속 선지자마다 배역을 비난하고 회개하고 주님에 대한 믿음을 쇄신하라고 설득하였다. 호세아의 말을 들어 보라:

"너희 어미와 논쟁하고 논쟁하라 그는 내 아내가 아니요 나는 그의 남편이 아니라 그가 그 얼굴에서 음란을 제하게 하고 그 유방 사이에서 음행을 제하게 하라 그렇지 아니하면 내가 그를 벌거벗겨서 그 나던 날과 같게 할 것이요 그로 광야 같이 되게 하며 마른 땅 같이 되게 하여 목말라 죽게 할 것이"라 (호세아 2:2-3).

그리고 나서 회개에로의 초대가 나온다.

"이스라엘아 네 하나님 여호와께로 돌아오라 네가 불의함으로 말미암아 엎드러졌느니라. 너는 말씀을 가지고 여호와께로 돌아와서 아뢰기를 모든 불의를 제거하시고… 내가 그들의 반역을 고치고 기쁘게 그들을 사랑하리니 나의 진노가 그에게서 떠났음이니라" (호세아 14:1-2, 4).

이와 같이 유다와 이스라엘의 포로에 대한 선지자의 설명에서 가장 강조된 부분은 바로 배역이었다. 그러나 포로 시대 기자들은 그들의 불운한 환경의 원인에 대하여만 관심이 있었던 것이 아니라, 또한 "미래에 대한 소망은 있는가?"라는 질문을 다루는 데도 관심이 있었다. 다시 한번 선지자들은 그들에게 회개하라고 명하면서 그 길을 제시하였다. 히브리어에 "회개한다"는 동사는 행위의 동사이다. 그것은 자기의 삶이 잘못된 방향을 향하여 가고 있다는 것을 알고, 그 사실을 인정하고, 그리고 나서 자기의 길을 방향 전환할 결정을 하고, 주님의 뜻을 자기 삶의 목표와 목적으로 삼는 것을 의미한다. 간단히 말해서, 히브리인들에게 회개의 진수는 솔직한 자기 반성에 토대한 의지의 행위이다. 물론 감정이 많이 관련되어 있을 수 있지만, 눈물이 그 진수는 아니다.

(나머지 비디오 내용은 84쪽에서 계속됩니다)

정보 (내용 요약)

주전 586년 느부갓네살이 이끄는 바벨론 군대가 예루살렘을 점령하였다.

포로 시대에 유대인들은 다음과 같은 질문을 해야 했다: 왜 이런 일들이 우리에게 일어났는가?

한 가지 대답은 백성들이 "이스라엘아 들으라 우리 하나님 여호와는 오직 유일한 여호와시니"라는 모세의 쉐마를 기억하지 못했기 때문이라는 것이다.

바벨론의 승리는 하나님을 배반한 백성에 대한 하나님의 심판이다.

선지자가 외친 말씀은 근본적으로 한 분 하나님과 그의 언약에 충성해야 한다는 것이다.

대화

선지자들과 포로로 잡혀간 사람들은 다음 문제를 어떻게 대답하였는가: 왜 이런 일이 우리에게 일어났는가? 바벨론의 승리에 담긴 메시지는 무엇인가? 선지자가 제시하는 소망은 무엇인가?

성경과 교재

(50분)

한 분이신 하나님과 그의 언약에 충성하라는 선지자의 말씀에 대하여 생각하라. 3-4명이 그룹이 되어 신명기 6장을 읽고 이 말씀이 충성과 기억과 어떻게 연관되는지 보라. 매일 성경 읽기를 하면서 노트한 것도 사용하라. 우리 자신의 신앙의 정체성을 상기시켜 주기 위하여 우리가 할 수 있는 일은 무엇인가? 다음 세대에게 신앙의 정체성을 심어주기 위하여 우리가 할 수 있는 일은 무엇인가?

선지자의 지리적 역사적 배경을 연구하기 위하여 인도자 지침서에 있는 지도와 연대표를 사용하라. 세 그룹을 만들라. 첫째 그룹은 선지자들: 사무엘, 엘리야, 엘리사 지도를 가지고 사무엘과 관련된 지리적 장소들을 찾는다. 둘째 그룹은 이스라엘과 유다의 통치자들과 선지자들 연대표를 가지고 성경과 교재에 나오는 인물들을 찾는다. 셋째 그룹은 역사적 배경 연대표를 가지고 이번 주 성경공부에 나오는 인물들을 찾는다. 그리고 나서 다시 한번 인물을 찾아본 그룹은 장소를, 장소를 찾아본 그룹은 인물을 찾아보도록 한다.

선지자들은 하나님이 역사를 주관하시며, 인간의 행위에는 결과가 따르며, 우리가 겪는 고난은 하나님의 심판과 죄에 대한 징벌이라고 이해했다. 이러한 이해에서 마음에 걸리는 부분은 무엇인가? 위로가 되는 부분은 무엇인가? 먼저 둘씩 이야기하고 다음에 또 다른 조와 이야기하라.

그룹 반원들이 학생용 교재 20쪽 마지막 두 문단을 읽고 토의하게 하라.

휴식

(10분)

말씀과의 만남

(40분)

성경 본문: 열왕기상 18:17-40

열왕기상 18:17-40을 소리내서 읽어라. 서너 명이 그룹이 되어 다음과 같은 질문을 가지고 성경과 대화하라: 엘리야가 백성에게 도전한 말씀은 무엇인가? 이와 같은 기적은 그 곳에 모인 사람들에게 무엇을 의미하였는가? 우리에게는 무슨 의미가 있는가? 이 이야기에서 하나님이 우리에게 하시는 말씀은 무엇인가? 그리고 학생용 교재 19쪽에 나오는 질문에 답하라. (효과적인 성경 교수법 41-47쪽을 보라.)

순종하는 공동체의 모습

(20분)

순종하는 믿음의 공동체는 하나님께 대한 충성을 제일의 의무로 삼는다.

"인간의 모습"을 조용히 묵상하라. 순종하는 믿음의 공동체는 "인간의 모습"에 대하여 어떻게 응답하는가? 둘이나 셋씩 "순종하는 공동체의 모습"의 질문에 대하여 답하라. 전체 그룹에서 마지막 질문에 대하여 토의하라.

폐회 기도

(5분)

3과를 열고 금주의 기도제목을 적어라. 기도로 폐회하라.

3 주 여호와의 말씀을 갈망했다

개회 기도

(5분)

토의 시작

(20분)

준비

발표자: P. 카일 맥카터, Jr. 박사

8세기의 이스라엘과 유다의 문서가 아모스 시대와 예언에 어떤 영향을 주는지 귀를 기울여 보라.

주전 8세기의 그리스는 시가 글로 보전된 첫 시인들, 호머와 헤시오드의 시대였다. 주전 8세기 이스라엘은 아모스, 호세아, 이사야, 미가 등, 그들의 예언이 처음으로 글로 쓰여진 시대였다. 이러한 우연의 일치는 우발적인 것이 아니었다. 그리스의 시나 이스라엘의 예언은 8세기에 새로 나온 것이 아니었다. 새로운 것은 그것을 기록하는 데 쓰인 문자의 사용이었다.

알파벳 자체는 그것이 8세기 선지자의 말씀을 글로 적는데 쓰였을 때는 이미 천년이 넘었을 것이며, 오래된 것이었다. 그 이전에는 알파벳의 사용이 소수의 개인이나 한정된 문화 중심지에 국한되어 있던 것으로 보인다. 그러나 고고학적인 기록에 의하면, 8세기 이스라엘과 유다의 모든 곳에 글이 보편화되어 있었다. 새겨진 질그릇 조각과 패편들이 나타나기 시작한다. 이전에는 표시가 되지 않았던 무덤들에 이제는 비문이 새겨져 있다. 이름과 직함이 새겨져 있는 개인의 인장이 통용되기 시작하였다.

인장은 대개 준보석으로 만드는데 우아하게 새겨져 있다. 대부분 인장은 사회에서 가장 부요하고 가장 강력한 사람들의 것이다. 그것을 가지고 있었던 사람은 대개 귀족이나 왕족의 직함을 가지고 있다. "왕의 아들"이라고 불리는 몇몇 사람들의 인장이 있다. 이러한 직함은 왕족임을 나타낼지 모르지만, 설령 존칭에 불과하다 해도, 그것은 분명히 높은 위치를 가리키고 있다. 다른 인장을 소유한 이들 중 "왕의 종"이라는 이들이 있는데, 이는 성경에서 잘 알려진 직함으로, 궁정의 고위직을 가리킨다. 가장 아름다운 인장 중의 하나가 "여로보암의 종, 쉐마"라는 이름에다 울부짖는 사자의 그림이 새겨진 것이다. 이 인장은 8세기에 40년 동안 이스라엘을 통치한 여로보암 2세의 장관 것이었다. 최근에 발굴된 또 하나의 정교한 인장은 "호세아의 종 압다이"라고 불리는 사람의 것이다. 그는 722년 사마리아가 함락되기 전 이스라엘의 마지막 왕의 장관이었다. 또한 "시장," "잔 드는 이," "관리인," 또 물론 "서기관" 등과 같은 고위 직분을 나타내는 직함이 담긴 인장들이 있다.

이러한 종류의 인장을 소유한 이들은 8세기 사회에서 지도층에 속한 사람들이었다. 그들은 부와 특권을 누렸다. 대부분이 사마리아의 이스라엘 궁정이나 예루살렘의 유다 궁정과 연관되어 있었다. 이들은 성경에서 잘 알려진 사람들이다. 아모스와 이사야 같은 선지자들은 그들을 불신하였고, 그들의 손에 집중된 사회적 경제적 권력을 지적하고 그것이 남용될 수 있다는 것을 경고하였다.

그러한 사람들이 가진 고위직을 감안할 때, 선지자의 비판이 관용되었다는 것은 놀라운 일로 생각들지만 사실 그러하였다. 우리가 알 수 있는 한, 아모스 7장에 보면 아마샤가 아모스에게 왕의 성소 벧엘을 떠나라고 명령하였지만 질책 이상의 위협을 받은 적이 없다. 왕과 그의 신하들이 선지자의 말씀을 제지하는 일을 꺼려한 것은 때때로 하나님의 말씀의 권위에 대한 존경이나 경외심의 결과로 설명되곤 한다. 하나님의 사자의 입에서는 나라에 대한 배신 죄라도 관용될 수 있었을 것이다.

이러한 설명에 일리가 있으나, 우리는 이스라엘과 유다 왕권이 절대적이거나 임의적인 권세를 부릴 수 있을 만큼 깊이 뿌리 내린 적이 없었다는 것을 기억하여야 할 것이다. 중앙 산지는 베두인과 촌락 농부들의 땅으로 전통적으로 시골이었다. 도시화와 그에 따른 권력의 집중은 8세기에는 아직은 비교적 새로운 것이었다. 아모스와 이사야가 비난한 사회 계층화는 그 지역에서 일반화된 생활방식의 일부가 아니었다. 사무엘상 8장에 왕권이 소개되었을 때, 인간의 통치는 이스라엘의 왕이신 하나님의 주권과 배치되는 것처럼 거의 전적으로 부정적인 면으로 왕권이 제시된다. 사무엘은 백성들에게 그들이 원한다고 하는 왕이 그들의 자식들을 그의 종으로 만들고, 그들의 소유를 자기 것으로 취하여 그들을 이용만 할 것이라고 경고한다.

이 시점에서 문서적 증거가 또 도움이 된다. 앞서 나는 패편, 비문, 인장 같은 8세기부터 나오는 새겨진 유품의 형태를 언급하였지만, 왕의 기념비는 언급하지 않았다. 고대 이스라엘과 유다 왕국에서 공적인 비문의 전통이 없었다. 우리는 유다의 동쪽 이웃인 모압 왕, 메사가 주전 9세기에 세운 웅장한 석비에 비교할 만한 것이 없다. 예루살렘에서 나온 저 유명한 실로암 굴의 비문은 대중을 위해 전시하기 위하여 마련된 왕의 비문이 아니었다. 그것은 8세기 말에 히스기야 왕이 위임한 사업을 기념하기 위한 것이다. 히스기야의 이름이 언급되지 않고, 비문은 만인이 보는 공공 장소가 아니라 도시의 아래에 있는 굴 안에 새겨졌다. 그것은 왕이 아니라, 기술자의 비문이다. 그리고 이와 같이 왕의 비문이 발굴되지 않는다는 것은 우연한 일이 아닐 것이다. 이스라엘의 이웃이 사용한 글과는 달리, 비문을 위한 공적인 히브리 문체가 없고, 다만 패편이나 벽에 그림을 그리는 데 적당하지만, 우아한 석비문을 새기는데 사용할 수 없는 흘려 쓰는 문체가 있을 뿐이다.

8세기에 알파벳 문자가 그리스에 나타났을 때, 그리스 도시 국가의 군주들은 거기에 잠재하여 있는 정치적인 중요성을 즉시 알아보았다. 즉시 공적인 법조문과 국가의 조서가 공공 장소에 전시된다. 그러나 이러한 일은 전혀 이스라엘과 유다 왕국에 벌어지지 않았던 것 같다. 글은 왕을 섬기는 일에 사용되지 않았다. 내 생각에, 이것은 왕정의 뿌리가 이스라엘에 깊이 내려진 적이 없었다는 것을 증명해 주는 또 하나의 증거이다.

이스라엘과 유다 왕국이 그 권력의 절정에 이른 8세기의 상황에서 왕정의 유약함에 대하여 이야기한다는 것은 이상하게 보일지 모른다. 여로보암 2세 때, 이스라엘은 북쪽으로는 중앙 수리아까지 남쪽으로는 사해에 이르는 영토를 통치하고 있고, 아사랴 곧 웃시야 때 유다는 블레셋인들을 누르고 지중해 연안까지, 남으로는 아카바 만의 엘랏에 이르기까지 영토를 확장하였다. 이 시대에 속한 지층을 발굴하던 고고학자들은 강력한 요새와 상당한 공공 건물의 유적을 발견한다. 그리고 그들은 한때 사마리아의 부요한 시민들의 목조 가구를 장식하였던 정교하게 만들어진 상아 세공판과 같은 호화 품목을 발견한다.
(나머지 비디오 내용은 84쪽에서 계속됩니다)

정보 (내용 요약)

주전 8세기는 아모스, 호세아, 이사야, 미가의 시대였으며, 선지자들의 예언이 처음으로 글로 쓰여진 시대였다.

왕들이 선지자의 말씀을 제지하기를 꺼려했던 것은 하나님의 말씀의 권위에 대한 두려움 때문이었다고 설명하기도 한다.

왕정 체제는 절대 권력을 행세할 수 있을 만큼 이스라엘과 유다에 깊이 뿌리 내린 적이 없다.

아모스는 다가오는 파멸을 이스라엘에 대한 하나님의 심판으로 이해하였다.

대화

문서의 유래와 그것이 8세기 이스라엘과 유다에서 사용된 것이라는 사실을 알게 될 때 아모스의 시대와 예언에 대하여 우리가 얻을 수 있는 단서는 무엇인가? 8세기 왕과 선지자에 대한 이해에 대하여 이러한 문서가 우리에게 말해 주는 것은 무엇인가?

성경과 교재

(50분)

사람들이 공부한 것과 지도와 역사 도표에 나오는 정보를 연결하면서 아모스 세대의 상황을 정리하라. *선지자들: 주전 8, 7, 6세기, 지리적 구분과 교통로, 왕국들의 영토 범위* 세 지도와 성서 인물과 사건에 대한 *역사적 배경 연대표*를 사용하라.

이방나라들에 대한 예언에서 아모스는 하나님이 모든 나라를 심판하신다는 사실을 지적하고 있다. 3-4명이 그룹이 되어 둘째 날의 노트와 아모스 1-2를 사용하여서 다른 나라에 대한 심판의 이유와 징벌의 성격을 밝히라. 유다와 이스라엘을 심판하는 이유는 다른 나라들에 대한 심판의 이유와 어떻게 다른가? 여기서 인간의 행위가 미래에 대한 결과를 낳는다는 증거는 무엇인가? *선지자들의 예언에 나오는 나라와 도시들* 지도를 찾게 하라. "추가 연구" 부분을 공부한 사람에게서 관련된 내용을 들어라.

사람들이 자신들의 모습을 볼 수 있도록 아모스가 거울을 들고 있는 것을 상상해 보라. 아모스 3-6과 세째 날의 노트를 이스라엘 백성의 참 모습을 비추어주는 거울로 사용하라. 사람들을 대하고 하나님을 예배하는 데 있어서 그러한 참 모습이 부족한 부분은 어디인가?

휴식

(10분)

말씀과의 만남

(40분)

성경 본문: 아모스 5

아모스 5장을 소리내서 읽어라. 각자 두 질문에 답해 보라: 이 말씀은 하나님에 대하여 무엇을 말하여 주는가? 인간에 대하여 무엇을 말하는가? 2-3명씩 짝지어 그 질문들에 답하라. 본문을 다시 읽고 다음 질문에 대답하라: 이 말씀은 하나님과 인간에 대하여 무엇을 말하여 주는가? (*효과적인 성경 교수법* 29-33쪽을 보라.)

순종하는 공동체의 모습

(20분)

순종하는 믿음의 공동체는 주의 말씀에 의지하여 살며, 주의 말씀 안에서 살며, 주의 말씀으로 산다.

"인간의 모습"을 함께 읽어라. 그리고 아모스 8:11-12를 조용히 읽어라. 우리가 성경을 통하여 "인간의 모습"을 본다면 무엇을 볼 수 있는가? 순종하는 공동체의 모습과 "인간의 모습"과 연결시켜 보라.

3명씩 짝을 지어 교재 27쪽과 "순종하는 공동체의 모습"에 있는 질문들에 대하여 토의하라. 마지막 질문을 전체 그룹에서 토의하라.

폐회 기도

(5분)

4과를 열고 금주의 기도제목을 적어라. 기도로 폐회하라.

4 하나님의 진실하심

개회 기도

(5분)

토의 시작

(20분)

준비

발표자: B. 데이비 내피어 박사

하나님/이스라엘, 호세아/고멜 등 평행으로 진행되는 줄거리에서 언약의 위치, *하나님을 아는 지식*, *앎*, *하나님의 말씀* 등의 단어에 주의를 기울이라.

호세아는 얼마나 놀라운 인물이요 선지자인가! (아모스, 이사야, 미가와 함께) 그는 비교할 수 없는 이 네 명의 8세기 히브리 선지자 중의 하나로, 그는 하나님의 고뇌를 자기 스스로 이해했고 경험하였다. 하나님은 그가 택하신 백성, 고대 이스라엘이자 호세아의 친백성과 언약을 맺으신다. 호세아의 백성은 (그의 동역자, 미가의 말대로) 공의를 행하며 인자를 사랑하며 겸손히 네 하나님과 함께 행하라 말씀하신 하나님과의 언약 약속에 대하여 심히 반항하고 또 불성실하게 행동한다. 단적으로 말해서, 호세아에 의하여 선택받은 이와 하나님에 의하여 선택받은 백성들은 둘 다 음행을 하고 다닌다--둘 다 버림받아 마땅하다!

버림받아 마땅하고 그보다 더 심한 것을 받아도 마땅하나—그들은 사랑을 받고 그 사랑으로 용서를 받을 것이다. 그래서 우리는 호세아의 이중의 고뇌를—그 자신의 고뇌와 또한 하나님의 깊이 상처받은 사랑, 아픔, 진노, 격노를 이해한다. 이제 호세아서를 읽을 때, 우리는 그가 그토록 감동적인 말을 하는 것이 그 자신의 고뇌에 대한 것인지, 하나님의 고뇌에 대한 것인지 (또는 둘 다인지) 언제나 확실히 알 수는 없다.

호세아의 부인으로서, 고멜과 호세아의 관계는 이스라엘과 하나님의 관계와 같다. 부인이 지조를 지키지 않는다. 남편의 사랑이 거절당한다. 혼약이 깨어진다. 이제, 결혼생활에서 성행위에 대한 가장 보편적인 히브리 단어가 "안다"라는 동사라는 것을 기억하라. 이 단어는 구약성경에 "누구누구는 그의 부인을 알매, 그가 잉태하여…"라는 표현에 거듭해서 나온다. 호세아는 거듭하여 "앎," "지식"의 개념으로 하나님과 백성의 올바른 관계를 묘사하고 있는데, 이는 물론 좁은 의미에서의 언약 이행보다 훨씬 더 큰 의미를 전해 주고 있다. 고대 이스라엘에서 하나님을 아는 지식은 다른 신이 없으며, 이스라엘의 역사에서, 또 그 역사가 담겨있는 일반 역사에서 하나님, 오직 하나이신 하나님이 통치하신다는 신앙고백이 담겨있다:

"그러나 애굽 땅에 있을 때부터 나는 네 하나님 여호와라 나 밖에 네가 다른 신을 알지 [바로 이 단어] 말 것이라. 나 외에는 구원자가 없느니라" (호세아 13:4).

그러나 호세아의 문맥에서 친근하고 구체적인 느낌을 피할 수 없다. "이 땅에는… 하나님을 아는 지식도 없"다는 (4:1, 6) 탄원시와, 그 지식을 회복하라는 거듭되는 간청은 (2:20; 6:3, 6; 8:2) 이스라엘과 하나님 사이에는 긴밀한 관계가 있다는 의미를 담고 있다. 그래서 그 관계의 유린의 영향은 남편이 갖는 성적 특혜를 부인이 다른 남자에게 마구 제공할 때의 혼인 관계의 유린과 비교해야만 묘사가 된다.

"에브라임[이스라엘]은 마치 길들인 암소 같아서 곡식 밟기를 좋아하나" (호세아 10:11).

덧붙여 말하자면—그런데 다시 생각해 보면, 그렇게 덤으로 붙은 것이 아닌데!—이 모든 것 가운데 호세아는 그가 성도덕에 대하여 일관된 기준을 꾸밈없이 주장하고 있어 우리 모두 기립 박수를 보낼 만하다.

"너희 딸들이 행음하며 너희 며느리들이 간음하여도 내가 벌하지 아니하리니 이는 남자들도 창기와 함께 나가며 음부와 함께 희생을 드림이니라 [이것은 가나안 백성에게서 도입되어, 틀림없이 고대 이스라엘의 성전 예배의 일부가 된 소위 종교 창기를 가리킴] 깨닫지 못하는 [곧, 하나님을 아는 지식, 바로 그 단어] 백성은 패망하리라" (호세아 4:14).

바로 그것이다. 호세아와 고멜의 관계는, 하나님과 에브라임의 관계와 같다. (호세아의 그리고 하나님의—고대 이스라엘의 애정 관계.) "에브라임이여 내가 어찌 너를 놓겠느냐?" 이는 자기도 "고멜이여 내가 어찌 너를 놓겠느냐?" 밤마다 외로이 외쳤던 이에게 그의 사랑과 자비를 알게 하신 하나님의 고뇌의 부르짖음이다. 호세아는 언약 상대자의 불성실은 진노와 징계와 심판을 초래한다는 것과, 고멜이 고통받아야 하듯이, 또 에브라임/이스라엘도 고통받을 것을 알고 있다. 주 여호와께서 말씀하시기를:

"그가 귀고리와 패물로 장식하고 그가 사랑하는 자를 따라서 나를 잊어버리고 향을 살라 바알[가나안의 생산력의 남신]들을 섬긴 시일을 따라 내가 저에게 벌을 주리라"

(호세아 2:13; 4:9-10; 7:11-13; 9:3, 10-17).

그러나 극심히 방탕하고 수치를 모르는 배역이라도 사랑의 줄기를 막지 못하며 또한 상처받은 애정의 고뇌를 없애지 못한다는 것을 호세아도 알고 있다. 하나님과 이스라엘과 같이, 고멜과의 삶에 대한 그의 소망과 목표는 영원히 좌절될 수 없다. 자비는 진노보다 더 강하다. 훈련은 그 관계가 회복되고 구속될 수 있게 하는 데에만 필요한 것이다.

이제 "야훼께서 말씀하시되," "주께서 말씀하시되," "하나님께서 말씀하시되!" 등 특징적인 구절에서 선지자가 이해한 대로 한 마디 하겠다. 선지자의 이름이 붙어 있는 구약성경에 문서는 대개 호세아서에 "호세아에게 임한 여호와의 말씀이라" 한 것같이 어느어느 왕 때에 누구누구의 아들 누구에게라는 말로 시작된다.

선지자가 하나님의 말씀을 대변한다고 할 때, 그들의 강조점은 하나님의 말씀이라는 데 있다. 그들이 그 구절을 쓰는 것은 재래적인 경건을 정중하게 겸손한 뜻에서 표현하는 것도 아니며, 사실 인간의 말이라는 뜻을 담은 세련되고 무해한 거짓말의 변형도 아니다. 그것은 글자 그대로 하나님이 시작하셨고, 움직이게 하는 힘이 있고, 인간의 삶과 인간의 시간을 통하여 인간 역사에 참여하시는 하나님의 말씀이다. 그리고 그렇게 함으로, 그것은 그 말씀을 전달하는 인간 도구의 동의가 있건 없건 스스로 능력을 가지고 그 자체의 능력을 드러낸다.

(나머지 비디오 내용은 84쪽에서 계속됩니다)

정보 (내용 요약)

호세아는 성적으로 심히 문란한 부인과 결혼한다.

하나님은 배역한 백성을 택하여 거룩한 언약을 맺으신다.

호세아는 하나님—성의 관계를 "하나님을 아는 지식" 또는 "앎"이라는 말로 표현하고 있다.

자비는 진노보다 강하고, 더 오래 간다.

관계를 회복하고 구속하는 데는 징계가 꼭 필요하다.

선지자가 하나님의 말씀이라고 대변하는 것은 문자 그대로 하나님의 말씀이다.

대화

하나님/이스라엘—호세아/고멜의 이야기에서 언약의 역할을 묘사하라. 하나님을 아는 지식과 앎이라는 말이 전하는 의미는 무엇인가? 선지자들은 그들이 이야기하는 이 "하나님의 말씀"을 어떻게 이해하고 있는가? 언약 관계는 어떻게 회복되고 구속되는가?

성경과 교재

(50분)

호세아를 그의 역사적 상황에서 보라. 각 그룹이 그들의 공부한 것을 가지고 역사적 배경 연대표와 이스라엘과 유다의 통치자들과 선지자들 연대표와 선지자들: 주전 8, 7, 6세기 지도를 신속히 참조할 수 있도록 도와 주라.

다섯 그룹을 짜서, 각 그룹이 한 과를 하루씩 맡고, 사람들이 성경을 읽으면서 적어 놓았던 새로 배운 것, 질문, 느낌 등에 대하여 토의하게 하라. 바알은 누구였으며 어떤 식으로 숭배되었는가 검토하라. 당신은 사람들이 그들의 우상 숭배, 곧 바알 숭배와 하나님 예배를 혼합하는 일을 어떻게 합리화하였다고 생각하는가?

호세아는 호세아 1-3장과 호세아 11장에서 하나님과 인간의 관계에 대하여 두 가지 묘사를 제시하고 있다. 두 그룹으로 나누어 이 두 묘사를 연구하도록 하라. 다음 질문에 관하여 연구하라: 이 말씀은 이스라엘을 어떻게 묘사하고 있는가? 이스라엘의 미래에 관련하여, 호세아는 과거 하나님의 역사를 어떻게 해석하고 있는가? 어떻게 하나님의 지식이 강조되고 있는가? 배신의 결과는 무엇인가? 구속이 어떻게 제시되고 있는가? 그리고 다른 그룹에게 연구한 성경구절의 메시지를 발표할 준비를 하게 하라. 전체 그룹에서 다음 질문에 답하라: 당신은 사랑과 징벌에 대한 이 묘사들에 대하여 어떻게 반응하는가?

휴식

(10분)

말씀과의 만남

(40분)

성경 본문: 호세아 14

호세아 14장을 조용히 읽으면서 새로 깨닫게 된 것과 비유적 표현 뒤에 담긴 의미를 찾아라. 그리고 2-3명씩 짝지어 대화하라. 본문을 다시 읽고 다음 질문에 관하여 조용히 연구하라: 호세아가 하나님을 대신하여 하는 말이 무엇이라고 생각하는가? 이 말들은 그것을 처음 들었던 사람들에게 무엇을 의미했을까? 다시 둘이나 셋씩 대화하라. 함께 마지막 두 질문을 연구하라: 이 본문은 오늘날 우리 믿음의 공동체에게 무엇을 말하고 있는가? 우리가 이 말씀을 심각히 받아들인다면, 공동체로서 우리는 어떻게 변화할 것인가? (효과적인 성경 교수법 24-28쪽을 보라.)

순종하는 공동체의 모습

(20분)

순종하는 믿음의 공동체는 하나님 안에서 승리하는 삶과, 하나님의 용서와 구속하시는 사랑을 선포하면서 사람들로 하여금 하나님께로 돌아오게 한다.

"인간의 모습"을 읽어라. 3-4명씩 그룹이 되어 "순종하는 공동체의 모습"에 나오는 질문에 답하라. 순종하는 공동체의 모습을 소리내어 읽어라. 이 순종하는 공동체의 모습에 대한 묘사가 어떻게 "인간의 모습"에 대한 답이 되는가?

폐회 기도

(5분)

5과를 열고 금주의 기도제목을 적어라. 기도로 폐회하라.

5 하나님이 요구하시는 것

개회 기도

(5분)

토의 시작

(20분)

준비

발표자: 캐틀린 A. 파머 박사

미래를 구상하는 것과 미래를 예측하는 것의 차이점을 들어보라.

열왕기상하와 역대상하는 다윗 시대부터 주전 586년 유다가 마지막으로 멸망하기까지 이스라엘과 유다의 역사를 상고하고 있다. 남왕국 유다가 북왕국 이스라엘보다 1세기 이상을 더 오래 지속하였으므로, 우리는 이 역사가 유다 사람들에 의하여 쓰여졌다고 확신할 수 있다. 역사가들은 우선 다윗에서부터 솔로몬을 통하여 계승된 남쪽 왕에게 충성을 다했다. 그래서 이 유다의 역사가들이 처음에 다윗과 솔로몬의 왕국을 분단시킨 왕으로 비난받는 느밧의 아들 여로보암에 대하여 지극히 비판적이라는 데는 놀랄 것이 없다.

역사가들은 솔로몬이 죽은 후, 느밧의 아들 여로보암이 솔로몬이 그들에게 지운 억압적인 세금과 강제 노동에 항거하는 북쪽의 열 지파를 이끌었다고 말한다. 솔로몬의 아들 르호보암이 그들과 타협하기를 거절하였을 때, 북쪽 지파들은 그들 자신의 국가를 세우고 여로보암을 초대 임금으로 세운다.

일단 북이 남에서 갈라졌을 때, 북쪽 사람들은 그들의 하나님 여호와를 예배할 공식적인 장소가 없었다. 그들의 세금과 노동으로 솔로몬이 건축한 여호와의 성전은 유다의 수도 예루살렘에 있었다. 그래서 여로보암은 북왕국 벧엘과 단에, 새로운 예배 중심지 둘을 건설하였다. 유다의 백성들은 이것을 우상 숭배에 상응하는 것으로 간주하였고, 느밧의 아들 여로보암의 이름은 남쪽 역사가들이 북왕국 이스라엘의 모든 왕들이 행했다고 보았던 악의 상징이 되었다.

여로보암 1세가 통치한 지 약 1세기 반 후에, 요아스의 아들로 여로보암이라는 이름을 가진 두 번째 왕이 이스라엘을 통치하기 시작하였다. 그는 오랫동안 통치하였고 비교적 평화로운 시기였다. 40년 왕위에 있다가 그가 죽은 후, 앗수르가 세계 강국으로 등장하는 같은 때였다. 그래서 북왕국 이스라엘은 주전 721년에 앗수르에게 망한다. 그러나 이때 유다는 앗수르에 막대한 조공을 바치고 앗수르 왕의 종이나 속국이 되어 살아남는다. 선지자 미가는 이스라엘의 몰락 직후, 앗수르가 아직 남왕국에게 아주 가혹하고 위협적인 존재였었던 시대에 유다에게 말씀을 전하였다.

성경에 선지자들의 이름을 따라 책제목이 붙은 것과 같이, 미가는 자기자신을 그 시대에 백성들에게 보내진 하나님의 사자라고 생각했다. 오늘날의 언어로 우리는 종종 미래를 예측하는 사람을 가리켜서 선지자라는 말을 쓴다. 어떤 이가 재앙을 예측한 후 그 재앙이 일어나면, 사람들이 "그는 선지자"라고 말한다. 구약에서 선지자가 이러한 의미에서 예언을 하는 것을 보이는 경우가 몇 군데 있다. 그러나 대부분의 경우, 미가와 같은 히브리 선지자들은 근본적으로 하나님의 성품과 그 시대의 사람들에 대한 하나님의 뜻에 관심을 두고 있다고 말하는 것이 더 정확할 것이다. 미래는 그것이 현재의 결과라는 데 그 관계가 있다. 사실, 미가 같은 선지자들은 "우리가 우리 땅의 현재 상황에서 보이는 것을 고려하고, 우리가 하나님의 성품과 목적에 대하여 알고 있는 바를 고려하면, 우리가 우리의 길을 바꾸지 않으면 이런 일이 일어날 것이다"라고 말한다. 미래를 예측할 수 있다고 생각하는 사람들과는 달리, 선지자들은 듣는 이들에게 "우리가 회개하고 바꾸지 아니하면, 미래가 이러할 것이다"라고 말한다.

그러므로 나는 성경의 선지자들이 미래를 예측하기보다 미래를 구상한다고 말하는 것이 낫다고 생각한다. 예측과 구상에는 아주 중요한 차이가 있다. 예측은 미래에 대하여 조건부가 없다는 것을 간주한다. 미래는 예정되어 있어서 구체적으로 정해져 있다고 간주한다. 그러나, 미래를 구상할 때는, 만일 현재의 조건과 경향이 똑같이 남아 있다면 어떻게 일이 전개될 것인가에 대한 결론을 내릴 수 있다. 구상은 현재의 상황이 이제 바뀔 수 있다는 가능성을 열어 놓고 있으며, 현재 상황이 변하면, 그러면 미래도 바뀔 수 있을 것이다.

예언에 대한 이러한 이해가 예레미야 18:7-8에 적혀 있는 것을 볼 수 있다. 거기에 하나님이 말씀하시기를 "내가 어느 민족이나 국가를 뽑거나 부수거나 멸하려 할 때에 만일… 그 민족이 그의 악에서 돌이키면 내가 그에게 내리기로 생각하였던 재앙에 대하여 뜻을 돌이키겠고." 이제 어떤 이들은 온 나라에 멸망을 가져오거나 멸망이 일어나게 하는 이로서의 하나님의 모습에 대하여 불편하게 느낀다. 그러나 주전 8세기의 선지자들은 그들의 대적의 손에 패하는 것을 하나님으로부터 온 심판으로 해석하였다.

사랑하는 인간 부모로서 우리는 때때로 꾸짖음과 처벌로 또 때로는 위로와 격려를 하면서 우리의 자녀들에게 사랑을 표현할 필요가 있다는 것을 깨닫게 된다. 우리의 자녀들이 자기자신이나 다른 사람들에게 해를 끼칠 염려가 있는 행위를 하고 있을 때에, 사랑 때문에 우리는 그들에게 경고하고, 그들을 제지하고, 때로는 그들을 처벌할 수밖에 없다. 그러나 그들이 우리의 경고를 무시하거나 우리의 제지를 피하고 그들 자신과 다른 이들에게 악한 결과를 초래하게 할 때, 그때는 우리의 사랑은 다른 형태를 취하게 된다: 우리는 그들을 위로하고 그들이 한 것 때문에 그들을 버리지 않을 것이라는 것을 확신시켜 준다.

이와 똑같이, 미가와 같은 선지자들을 통하여 전달된 하나님의 메시지는 때로는 그들의 잘못된 행동이 악한 결과를 초래하게 될 것을 경고하고, 또 때로는 그들을 위로하고 그들의 깊은 비참함과 절망 속에서 그들에게 소망을 베풀어준다.

하나님으로부터 온 사자로서 미가의 주요한 사명은 주전 8세기의 유다에 사는 사람들에게 그들의 사회에서 정치적 종교적 부패가 그 나라의 도덕성을 아주 약화시켜서 외세의 영향을 조금만 받아도 그들은 안에서부터 붕괴하게 될 것이라고 경고하는 일이었다. 미가는 정치 지도자들에게 그들의 부패한 정책이 나라의 내적 힘을 잡아먹어 가므로 식인종보다 나을 것이 없다고 말하였다. 미가는 또한 자기 입에 들어오는 음식을 차지하기 위하여 이러한 억압적인 정부의 정책을 지지하는 종교 지도자들이었던 선지자와 제사장들을 규탄하였다.

(나머지 비디오 내용은 85쪽에서 계속됩니다)

정보 (내용 요약)

미가와 같은 히브리 선지자들은 하나님의 성품과 하나님의 뜻을 당대의 사람들에게 계시하는 데 관심이 있다.

성경의 선지자는 회개의 가능성을 열어 놓으면서 미래를 *예측하기보다는* 미래를 *구상한다.*

미가는 (침략하는 앗수르 군대의 모양으로) 하나님의 벌을 받을 수밖에 없었던 정치적 종교적 부패에 대하여 사람들에게 경고하였다.

미가는 사람들에게 돌아서서 공의를 행하고 인자를 사랑하며 겸손히 하나님의 길로 행할 것을 간청하였다.

대화

미가의 메시지가 하나님의 성품과 뜻에 관하여 우리에게 무엇을 말해 주는가? 미가는 하나님의 백성을 위하여 어떤 미래를 구상하였는가? 왜?

성경과 교재

(50분)

선지자들: 주전 8, 7, 6세기 지도와 이스라엘과 유다의 통치자들과 선지자들 연대표와 역사적 배경 연대표에서 미가와 또 첫째 날에서 셋째 날까지 읽을 과제에 나오는 왕들을 찾아서 그 지리적 역사적 상황에서 미가를 보라. "추가 연구" 부분을 공부한 사람에게서 관련 정보를 들어라.

2-3명씩 그룹으로 나누어라. 각 그룹이 미가 1:5-7; 2-3과 넷째 날의 노트를 읽게 하고, 그리고 미가가 비난한 구체적 죄의 목록을 만들라. 각 그룹에 오늘날의 사회에 아직도 만연하는 사항들 옆에 체크 (∨) 표시를 하도록 하라. 그리고 교재 43쪽의 질문에 대하여 토의하라.

미가 5:1-5를 소리내어 읽어라. 반원들이 다섯째 날과 주해 성경의 주를 검토하도록 권하라. 그리고 다음 질문에 대하여 토의하면서 함께 본문을 탐구하라: 여기 나오는 회복의 약속이란 무엇인가? 미가의 첫 회중/독자들에게 베들레헴은 무슨 의미를 가졌을까? 그것은 무슨 언약을 기억나게 하였을까? 베들레헴에 대한 언급은 그리스도인 독자들에게 또 무슨 의미를 갖는가? (마태복음 2:1-6과 비교하라.)

휴식

(10분)

말씀과의 만남

(40분)

성경 본문: 미가 6

미가 6장을 소리내어 읽어라. 3-4명씩 짝지어 다음 질문에 답하라: 당신은 미가가 하나님을 대신하여 하려고 하는 말이 무엇이라고 생각하는가? 그가 비난하는 구체적 내용이 무엇인가? 미가는 어떤 종류의 심판을 선포하고 있는가? 하나님의 기준에 관하여 그의 메시지의 핵심이 무엇인가? 이 말씀이 오늘날 그리스도인에게 주는 의미는 무엇인가? 만일 우리가 미가 6을 심각히 받아들인다면 우리는 무엇이 달라져야 하는가? (*효과적인 성경 교수법* 25-28쪽을 보라.)

순종하는 공동체의 모습

(20분)

순종하는 믿음의 공동체는 개인과 집단의 행동이나 결정이 분리될 수 없다는 것과 하나님께 대한 순종은 의로운 행동이나 결단을 요구한다는 것을 깨닫는다.

"인간의 모습"과 순종하는 공동체의 모습과 미가 6:8을 함께 읽어라. 만일 우리가 이 말씀을 통하여 "인간의 모습"을 본다면, 우리는 무엇을 볼 수 있는가? 교재의 "순종하는 공동체의 모습"에 나오는 질문에 대한 대답을 토의하라.

폐회 기도

(5분)

6과를 열고 금주의 기도제목을 적어라. 기도로 폐회하라.

6 하나님이 간청하신다

개회 기도

(5분)

토의 시작

(20분)

준비

발표자: 월프갱 M. W. 로트 교수

하나님의 거룩하심의 중요성과 의미에 주의를 기울이라.

"거룩하다 거룩하다 거룩하다 만군의 여호와여 그 영광이 온 땅에 충만하도다."

우리는 수세기 동안 회당과 교회에서 이 구절을 노래하여 왔기 때문에 이 찬송의 가사 내용을 잘 알고 있다.

예루살렘 성전에서 이것을 처음 들었던 이는 이사야였다. 환상 가운데 그는 하늘의 궁정에서 보좌에 좌정하신 이스라엘의 하나님을 뵈었다. 거기서 그는 날개 달린 스랍 중의 하나가 거룩한 영광을 찬송하는 것을 엿들었다. 그러나 선지자는 공포에 휩싸였다: 죄로 물들은 인간으로서 그가 하나님의 얼굴을 대면하고도 살 수 있을까?

그때 천사 중에 하나가 제단에서 취한 핀 숯을 가지고 이사야의 입술에 대었다. 이제 선지자는 거룩한 소명을 들을 수 있다. 소명은 이상한 사명을 그에게 맡겼다: 그는 백성이 듣기는 해도 이해하려고 애쓰지 않고 있다는 책망의 말씀을 전하라는 명령을 받았다.

"[이사야가] 이르되 주여 어느 때까지이니이까 하였더니 주께서 대답하시되

성읍들은 황폐하여 주민이 없으며 가옥들에는 사람이 없고 이 토지는 황폐하게 되며 여호와께서 사람들을 멀리 옮기셔서 이 땅 가운데 황폐한 곳이 많을 때까지니라."

사람들은 재앙과 포로가 그들에게 닥치는 미래의 어느 시점에 가서야만 이사야의 말씀의 의미를 깨닫게 될 것이다.

이사야서의 정체성은 바로 하나님의 거룩하신 속성에 대한 강조다. 여러분들은 이사야가 "이스라엘의 거룩한 자"의 주권력에 대하여 어떻게 이야기하고 있는가를 보게 될 것이다. 따라서 내란이나 앗수르 황제의 포위가 위협하기 때문에 예루살렘과 그 왕궁이 떨게 될 때, 선지자는 도움과 지원을 받기 위하여 "거룩한 자"에게 돌아 갈 것을 요청한다. 인간의 동맹과 그들의 군대를 의지하는 것은 허사다. 그들은 "사람이요 신이 아니"기 때문이다.

또 그가 어떻게 유다 왕국과 예루살렘의 도시에서, 그 사회의 힘없는 사람들을 착취하는 것이 "거룩한 자"를 거부하는 것이라는 것을 주의해 보라. 이는 이스라엘의 하나님이 "공평하시므로 높임을 받으시"기 때문이다. 다시 말해서, 사람들이 마땅히 겸손하고 긍휼을 받게 하시어, 모든 이가 그 처지가 어떠하여도 "거룩하신 자를 인하여 즐거워"할 것이다.

끝으로, 창조를 통하여 빛나는 이스라엘 하나님의 영광에 대하여 마땅히 보일 반응은 "믿음 안에 굳건히" 서 있는 것이라는 것을 상고하라. "거룩한 자"는 바로 성전에서 또 그 예배에서 임재하시어 나타나신다. 이것이 바로 예루살렘이 가나안 땅 밖에서, 메소포타미아나 애굽에서, 그리고 후에 또한 소아시아, 그리스, 또 서부 지중해 지방에서 새롭게 정착한 이스라엘 조상의 후예들에게도 순례와 성회의 도시가 되는 이유다.

우리는 이스라엘의 하나님의 거룩하심의 이모저모를 이사야의 강력한 언어에서 접하게 된다. 선지자는 놀라운 구절, 창조적인 이미지, 심지어 동음어의 재치 있는 표현까지 쓴다. "가옥에 가옥을 이으며" 그리고 "전토에 전토를 더하여" 부당하게 부동산을 축적하는 이들에 대한 비난을 생각해보라. 또는 이리가 어린 양과 함께 거하며 사자가 소처럼 풀을 먹는 것과 같은, 그 구절이 글로 쓰여진 이래로 계속 귀히 여겨지는 평화의 왕국을 기대하게 하는 잊을 수 없는 이미지를 회상해 보라.

동음어의 재치는 듣는 이가 사용되고 있는 언어를 알 때만 효력이 있다. 한 예만 들면: 5장의 포도원의 노래는 좋은 포도를 추수하지 못하는 데 대한 주님의 실망으로 끝난다. 기대하였던 "공평" 대신에 "포학"이요, "의로움" 대신에 "부르짖음"이 있었다. 이제 히브리어로 대조되는 단어의 쌍은 한 자음을 빼고는 음이 같다. [미슈파트/미슈파흐, 쓰다카/쓰아카]. 확실히, 이사야와 그의 제자들은 "여호와의 말씀"을 전하기 위하여 단어와 이미지를 창조적으로 이용해야 했던 사자들이었다.

이사야서는 예언서 중에서 가장 긴 책 중의 하나이다. 우리는 8세기 말에 유다 왕국의 수도 예루살렘에서 활동한 이사야에게 제자들이 있었다는 것을 안다. 그들은 우리가 이미 언급한 대로 처음에 선포된 멸망과 포로가 성취될 때까지, 그들의 스승의 정신과 말씀을 시대가 바뀔 때마다 전해 주었다. 성전이 불타고 바벨론 포로가 6세기에 일어났다. 마지막 제자들의 음성이 이러한 결정적인 사건을 배경으로 형성되었다는 것은 놀랄 것이 없다. 따라서 40-55장을 "바벨론의 이사야"의 글이라고 한다.

1-39장에 우리가 읽어 온 것을 복습하자. 처음 네 장은 전체 책의 개관이다. 그 주제는 간단하다: 예루살렘의 시민들과 유다의 백성들이 계속하여 그들의 사명을 저버리고 있다. 그들이 거룩한 여호와로부터 떠나서 그들 자신의 힘과 그들의 동맹국의 힘을 믿는 것으로 재앙이 닥칠 것이다. 하나님의 열심이 단호히 그들을 훈련하고 있는 동안, 거룩한 자비가 이미 베풀어지고 있다. 여호와께로 돌아오라는 부르심을 받아들이고 시온은 정의로 구속을 받을 것이다. 간단히 말하자면, 서문은 책 전체를 걸쳐서 점차적으로 펼쳐지는 메시지를 가리키고 있다.

그 다음 5-27장 그리고 28-35/36-39장의 세 개의 대단원은 어떻게 하나님이 개입하셔서 예루살렘에 대한 두 가지 심

한 위협을 극복하게 될 것인가를 보여주고 있다. 처음은 7장에 초점이 되어 어떻게 이스라엘과 아람 왕들의 군대의 위협적인 포위가 실패하는지 기술한다. 한 세대 후에 일어난 두 번째 포위는 36-37장에 기술되어 있다. 이것은 앗수르의 궁중 서기관의 말을 빌리자면, "[히스기야 왕을] 그의 왕국의 수도 예루살렘 안에, 새장에 갇힌 새처럼 가두었"던 당시 세계 강국 앗수르의 군대였기 때문에 첫 번째 것보다 더 심각하였다. 그러나 다시 예루살렘은 하나님의 역사로 기적적으로 구원된다.
(나머지 비디오 내용은 85쪽에서 계속됩니다)

정보 (내용 요약)

이사야는 아하스 왕과 히스기야 왕의 보좌관이었다.

하나님의 *거룩하심*을 강조하는 것이 이사야서의 특징이다.

이사야는 백성들이 군사 정치 동맹을 믿지 말고 하나님을 믿으라고 도전한다.

유다 사회의 약한 자들을 착취하는 것은 "거룩하신 이"를 부인하는 것이다.

거룩하신 하나님은 예루살렘 안의 성전에 계시며 만나 뵐 수 있다.

대화

하나님의 거룩하심은 인간의 행위와 무슨 관계가 있는가? 사람들은 하나님 대신에 무엇을 신뢰하도록 유혹을 받는가?

성경과 교재

(50분)

*이스라엘과 유다의 통치자들과 선지자들 연대표와 선지자들: 주전 8, 7, 6세기 지도와 역사적 배경 연대표*에서 이사야, 웃시야, 요담, 아하스, 히스기야를 찾아 보라.

하나님의 거룩하심은 이사야서 전체에 흐르는 주제이다. 두 그룹으로 나누어라. 한 그룹은 (둘째 날의 노트를 써서) 이사야 6장을 연구하고 다음 질문에 대하여 토의하게 하라: 이 본문은 하나님의 성품을 어떻게 전하는가? 본문은 인간에 대하여 무슨 말을 하는가? 본문은 예배에 관하여 무슨 제안을 하고 있는가? 다른 그룹은 이사야 1장과 3장을 연구하고 첫째 날의 노트를 복습하면서 하나님의 거룩하심이 사회 정의와 무슨 관계가 있는지 숙고하게 하라. 무슨 구체적인 잘못이 언급되고 있는가?

이사야서에 흐르는 또 하나의 주제는 하나님을 절대적으로 신뢰하고 의지하라는 간청이다. 3-4명씩 짝을 지어 (네째 날의 노트를 참조하면서) 이사야 30:1-18을 읽고 토의하라. 유다의 지도자들과 백성들은 누구를 또는 무엇을 신뢰하였는가?

그 결과가 무엇인가? 하나님을 완전히 신뢰할 수 있는 우리의 힘을 빼앗은 것은 무엇인가? 우리는 그런 훼방을 어떻게 극복할 수 있는가?

아마도 그 어떤 예언서보다 더 이사야서는 그리스도인들에게 친근한 감이 있을 것이다. 두 그룹으로 나누어라. 한 그룹은 이사야 7:14를 연구하고, 다른 그룹은 이사야 9:6을 연구하라. 각 그룹이 그 구절의 의미를 본래의 문맥에서 밝히도록 권하라. 그 구절에 대한 기독교의 해석은 어떻게 그 성구의 의미를 넓혀 주는가?

휴식

(10분)

말씀과의 만남

(40분)

성경 본문: 이사야 5:1-24

사랑의 노래이기도 하고 심판의 비유이기도 한 5:1-7을 소리내서 읽어라. 그리고 다음 질문을 함께 숙고하라: 이스라엘을 향한 하나님의 원래 의도에 대하여 본문은 우리에게 무엇을 말해 주는가? 본문은 하나님에 대한 인간의 반응에 대하여 우리에게 무엇을 말해 주는가? 본문은 하나님과 인간의 관계에 대하여 무엇을 말해 주는가? (*효과적인 성경 교수법* 29-33쪽을 보라.)

둘이나 셋씩 짝지어, 유다가 지금까지 잘못하고 있는 일이 무엇인지 구체적 사항들을 발견하기 위하여 이사야 5:8-24에서 "화 있을진저"로 끝나는 절을 찾아 보라. 그 경고는 우리와 무슨 관계가 있는가? 어떤 면에서 우리는 변화될 필요가 있는가?

순종하는 공동체의 모습

(20분)

순종하는 믿음의 공동체는 정의와 공의를 위한 하나님의 간청을 듣고 응답하지 못한 것에 대하여 회개한다.

"인간의 모습"을 읽어라. 3-4명이 짝을 지어, 교재에 나오는 "순종하는 공동체의 모습"의 질문에 답하라.

폐회 기도

(5분)

7과를 열고 금주의 기도제목을 적어라. 기도로 폐회하라.

7 하나님이 세상을 다스리신다

개회 기도

(5분)

토의 시작

(20분)

준비

발표자: 엘리자베스 악터마이어 교수

교만에 대한 심판과 "주의 날"의 개념에 대하여 귀 기울여 보라.

스바냐, 나훔, 하박국, 이 세 예언서는 모두 이스라엘 역사에서 비슷한 시기에 쓰여졌으며, 모두 인간의 자만의 죄에 대한 하나님의 응답을, 즉 하나님이 필요가 없으며 인간은 자기자신의 삶을 꾸려나가고 자기자신의 미래를 좌우할 수 있다고 믿는 교만을 다루고 있다.

스바냐에서, 유다 주민들은 하나님이 선도 악도 행하지 않으시며 따라서 하나님을 무시할 수 있다고 믿었다. 하박국에서는 혼자서도 충분히 자기의 삶을 구축하고 유지할 수 있다고 생각하는 이러한 사람들을 "교만으로 부풀어 오른" 사람들로 묘사하고 있다. 반면 나훔은 열방의 교만을 다루고 있으며, 자기가 세상을 통치할 수 있으며, 따라서 자기가 신이라고 믿었던 한때 강력하였던 앗수르 제국을 다루고 있다.

그러나 하나님은 모든 자연과 역사의 주이시라고 이 예언자들은 공포하고 있으며, 따라서 하나님이 그의 통치에 반항하고 무시하는 이들에 대하여 심판하실 날이 있을 것이요, 그가 세상에서 그러한 악을 제하고 그의 선한 영원한 나라를 가져오시는 날이 있을 것이다.

사도 바울은 로마인에게 보낸 그의 서신 로마서 2장에서 그런 생각을 요약하고 있다: 그는 "네가… 진노의 날 곧 하나님의 의로우신 판단이 나타나는 그 날에 임할 진노를 네게 쌓는도다 하나님께서 각 사람에게 그 행한 대로 보응하시되 참고 선을 행하여 영광과 존귀와 썩지 아니함을 구하는 자에게는 영생으로 하시고 오직 당 지어 진리를 따르지 아니하고 불의를 따르는 자에게는 진노와 분노로 하시리라 악을 행하는 각 사람의 영에는 환난과 곤고가 있으리니… 선을 행하는 각 사람에게는 영광과 존귀와 평강이 있으리니…"라고 적었다.

하나님은 무시당하지 아니하시며, 그의 주권에 도전하는 자들을 다 버리실 것이다. 이와 같이 지금까지 쓰여진 가장 생생한 전쟁시에서, 나훔은 주께서 니느웨의 멸망을 정하셨기 때문에 오만한 니느웨가 바벨로니아의 군대에 패배 당하는 것을 묘사한다. 하박국은 3장에 기록된 그의 환상에서 하나님이 마침내 온 세상에서 승리하시고 하나님 나라가 서는 것을 본다. 그

러나 악한 세상에 대한 하나님의 심판에 관하여는 스바냐의 예언에 묘사되어 있는 것이 가장 분명한 묘사일 것이다. "여호와의 큰 날이 가깝도다"고 스바냐는 외쳤다. 하나님은 그의 악하게 된 세상을 깨끗하게 하시고 그가 뜻하셨던 선함으로 세상을 회복시키기 위하여 오신다.

성경 전체에 나오는 주의 날의 개념은 이스라엘이 약 주전 1220년에 가나안 땅에 처음 들어가던 때부터 시작된다. 사사 시대와 이스라엘의 부족동맹 시대와 사울의 통치 시대에 이르기까지, 이스라엘은 그들을 공격한 이들에 대하여 전투를 치루었는데, 이 전쟁들은 엄격한 예배 의식에 따라서 치루어졌기 때문에 학자들이 "거룩한 전쟁"이라고 부른다. 주께서 그러한 전투에서 이스라엘의 군대를 이끄시며, 정말 그들을 대신하여 우주의 무기로 전투에서 승리를 취하시는 거룩한 용사이셨다. 하나님은 대적에게 천둥과 떨어지는 돌과 어둠과 지진을 보내시거나, 대적의 군대 가운데 공포와 두려움을 보내시곤 하였다. 그 결과, 이스라엘은 주께서 언제나 그들 편이시며, 마지막으로 하나님이 이스라엘의 모든 대적을 멸망시키고 이스라엘을 열국 위에 높은 자리로 올리실 주의 날이 있을 것이라고 믿게 되었다.

그러나, 아모스로부터 시작하여, 이스라엘의 선지자들은 주의 날의 개념을 뒤집어 놓았다. 하나님은 다만 외국의 적을 패망시키실 뿐 아니라 이스라엘이 하나님께 지은 죄 때문에 이스라엘 자체에게도 하나님이 심판을 내리실 것이라고 말하였다. 이렇게 아모스는 백성에게 물었다:

"너희가 어찌하여 여호와의 날을 사모하느냐 그 날은 어둠이요 빛이 아니라."

그리고 스바냐는 그 날이 진노의 날, 환난과 고통의 날, 황무와 황폐의 날, 캄캄한 어둠의 날이라는 것을 선포할 수 있었다.

스바냐는 하나님이 제사를 준비하시고 그의 하늘의 군대를 성별하셨다고, 그의 주의 날에 대한 선포를 시작하고 있는데, 이는 언제나 거룩한 전쟁 전에 행한 예배 의식을 의미한다. 그 후 그는 특히 유다를 포함한 모든 악한 나라에 대한 주의 전쟁이 전쟁 나팔 소리와 주의 전투 호령으로 시작될 것이라고 선포한다. 그리고 하나님은 세상의 모든 악한 자들을 갑자기 멸절하실 것이다. 오로지 신실하게 남은 자만이, 오직 겸손과 믿음으로 주의 이름에 피난처를 찾는 사람들만이 하나님의 질투하시는 진노의 불에서 구원을 받게 될 것이다.

그러므로 다가오는 주의 날에 대한 스바냐의 선포는 유다로 하여금 혼합 종교, 곧 그들이 이스라엘의 신앙을 이방 종교와 혼합하는 일을 회개하고, 그 우상 숭배와 불의를 회개하고, 그들의 하나님께 대한 신실함으로 돌아오고, 그래서 그들이 생명과 평화와 안전을 누릴 수 있는 하나님의 평화의 나라에 들어가도록 명하고 있다.

반면 나훔은 미래 역사의 마지막 때뿐 아니라, 당장 현재 인간의 교만에 대한 하나님의 심판을 이야기하고 있다.

분명히 죄에 대한 하나님의 변함없는 심판의 개념은 신약으로 이어진다. 그러나 최후 심판의 개념은 또한 베드로후서, 요한1서, 유다서뿐 아니라 특히 바울 서신과 요한계시록에 두드러지게 나온다. 거기에도 마지막 심판의 날은 진노의 날이며, 그것은 세상에 하나님의 나라를 세우기 위하여 돌아오시는 그리스도의 재림과 연관되어 있다. 모든 나라들이 주님의 심판을 받을 것이며, 주는 모든 마음의 비밀을 아시므로, 각 사람이 행한 일이 나타날 것이라고 바울은 기록하고 있다. 그 날은 밤의 도적과 같이 급히 올 것이다. 그리고 예수는 그것이 언제 오기 전에는 아무도, 그도 천사도 알지 못하고, 오직 아버지만이 아신다고 가르치신다. 그러므로 예수의 가르침은 이것이다: 인자 그리스도가 그의 영광 가운데 다시 올 때 그를 영접할 준비를 하고 있으라. 끊임없이 깨어 있어서, 올바르게 행동하라. 바울이 그의 교회들을 위하여 계속 기도한 것은 그들이 진실하여 허물없이 주의 날에 이르러 마지막 심판에 생명을 얻게 하려 함이었다. 그리고 바울은 그리스도를 전적으로 신뢰하는 이들만이 주의 날에 심판 받고 영생에 들어갈 수 있는 이들이라고 확신하였다.

(나머지 비디오 내용은 85쪽에서 계속됩니다)

정보 (내용 요약)

스바냐, 나훔, 하박국서는 교만이라는 인간의 죄, 즉 하나님이 필요가 없으며 인간이 자기자신의 삶을 좌우할 수 있다고 믿는 교만에 대한 하나님의 응답을 다루고 있다.

"주의 날"에 개인과 나라의 잘못이 따져질 것이다.

"주의 날"에 이스라엘도 그 대적들과 함께 심판 받을 것이다.

하나님은 업신여김을 받지 않으시며, 그의 주권에 도전하는 자들은 벌을 받을 것이다.

마지막 심판으로서의 "주의 날"의 개념은 신약으로 넘어온다 (바울 서신, 요한계시록, 베드로후서, 요한1서, 유다서).

성경의 하나님은 악인의 죽음을 기뻐하지 않으시는, 자비와 은혜와 용서의 하나님이시다.

성경의 하나님은 그의 통치에 도전하는 이들을 마지막에 멸망시키실 것이다.

대화

교만이 어떻게 죄가 되는가? 이 선지자들은 "주의 날"을 어떻게 이해하는가?

성경과 교재

(50분)

이번 주 성경 읽기에 언급되어 있는 주요 장소의 목록과 함께, 앗수르 제국과 바벨론 제국 지도를 보라. "추가 연구"의 부분을 공부한 사람에게서 관련 정보를 들어라.

나훔서는 (앗수르의 수도) 니느웨가 바벨론에게 멸망당하는 사건이 실제로 일어나기 전에 그 사건을 축하하고 있다. 나훔 2-3은 냉소와 만족을 표현하고 있다. 교재 250-51쪽의 "나훔: 니느웨의 멸망" 부분은 왜 니느웨가 그렇게 멸시를 받았는지 설명하고 있다. 소그룹에서 니느웨의 함락에 대해 그 신학적 배경을 제공해 주는 나훔 1장을 읽고 토의하라. 하나님이 질투하시고 보응하신다고 하는 것은 무엇을 의미하는가? 이 본문은 힘에 대하여 무엇을 말하는가? 나훔서 전체에서 하나님의 선하심에 대하여 무엇이라고 말하는가?

스바냐에 의하면, 죄의 뿌리는 교만이다. 그런 죄가 어떻게 나타나는지 말해 주는 구절을 찾기 위하여, 3-4명이 짝을 지어 스바냐서 전체를 (또 첫째 날의 노트와 둘째 날의 노트를) 살펴 보라. 오늘날 지나친 교만이 우리의 삶에서 어떻게 나타나는가? 우리의 삶에서 교만은 어떤 형태를 취하는가? 건강한 자신감과 죄된 교만 사이에는 어떤 차이가 나는가?

휴식

(10분)

말씀과의 만남

(40분)

성경 본문: 하박국 3:17-19

하박국 3:17-19는 성경에서 하나님에 대한 신앙을 잘 표현해 주는 고백 중 하나다. 각자가 개인적인 말로 또 현대어로 바꿔 쓰도록 하라. 그리고 둘씩 모여서 바꿔 쓴 것을 읽고 토의하라. (효과적인 성경 교수법 63-68쪽을 보라.)

순종하는 공동체의 모습

(20분)

순종하는 믿음의 공동체는 하나님이 그의 목적을 이루신다는 것을 기억하고 확신하며 하나님의 목적에 상반되는 자기 행위에 대하여 회개한다.

"인간의 모습"과 순종하는 공동체의 모습을 읽어라. 하나님이 궁극적으로 다스리신다는 것을 우리에게 확신시켜 줄 수 있는 것은 무엇인가? 교재의 "순종하는 공동체의 모습"에 나오는 질문들을 함께 연구하라.

폐회 기도

(5분)

8과를 열고 금주의 기도제목을 적어라. 기도로 폐회하라.

8 하나님의 고뇌

개회 기도

(5분)

토의 시작

(20분)

준비

발표자: B. 데이비 내피어 박사

예레미야가 하나님의 사자로서 고민하는 *감정*과, 또 돌아서기/*회개*의 개념에 주의를 기울이라.

주전 8, 7, 6세기의 위대한 히브리 선지자들에게는 많은 공통점이 있다—특히 그들은 자유분방한 인간 불의에 대한 고민과, 정의를 요구하는 하나님의 요구에 대한 걷잡을 수 없었던 느낌을 가지고 있었다; 그래서 그들은 돌아서라, 돌아오라, 방향을 바꾸어라, 돌아와서 의, 곧 하나님의 의를 행하라고 함께 열정적으로 말씀하였다. 이것이 구약성경에서 가장 자주 나오는 동사 중 하나에 담겨 있는데, 히브리어로는 슈브이다.

선지자들에게 이러한 공통적인 강조점이 있더라도, 그들은 두드러지게 개성이 뚜렷한 인물들이었다. 각자 놀라우리 만큼 개개인이었다고 말할 수 있다! 예레미야의 경우, 그의 독특한 면은 그가 철저하게 자기자신을 드러내고 있다는 것이다. 그는 자신의 가장 깊은 감정을, 그가 하나님의 아픔 또 분노로 알고 있었던 것을 그의 말을 듣는 사람이나 그의 글을 읽는 사람과 온전히 나눈다. 그래서 그의 마음 깊은 데서 나오는 이 부르짖음을 예레미야의 고백이라고 부르게 된 것은 이상할 것이 없다. 이 중 어떤 것은 예레미야를 통한 하나님의 고백이라고 부를 수 있는데, 예를 들면, 다음과 같은 하나님이 백성에게 하시는 말씀이다.

"그러므로 내가 다시 싸우고 너희 자손과도 싸우리라…

…이 같은 일이 있었는지를 자세히 살펴보라

어느 나라가 그들의 신들을 신 아닌 것과 바꾼 일이 있느냐 그러나 나의 백성은 그 영광을 무익한 것〔바알〕과 바꾸었도다! 너 하늘아 이 일로 말미암아 놀랄지어다 심히 떨지어다 두려워할지어다… 내 백성이 두 가지 악을 행하였나니 곧 그들이 생수의 근원되는 나를 버린 것과 스스로 웅덩이를 판 것인데 그것은 물을 가두지 못할 웅덩이들이라" (예레미야 2:9-13).

"이는 그들이 가장 작은 자로부터 큰 자까지 다 탐욕을 부리며 선지자로부터 제사장까지 다 거짓을 행함이라. 그들이 내 백성의 상처를 가볍게 여기면서 말하기를 평강하다 평강하다 하나 평강이 없도다 그들이 가증한 일을 행할 때에 부끄러워하였느냐 아니라 조금도 부끄러워하지 않을 뿐 아니라 얼굴도 붉어지지 않았느니라" (6:13-15).

그야말로 하나님의 "고백"이다. 그리고 여기 예레미야의 고백의 예가 있다.

"슬프다 나의 근심이여 어떻게 위로를 얻을 수 있을까? 내 마음이 병들었도다. 딸 내 백성의… 부르짖는 소리로다… 추수할 때가 지나고 여름이 다하였으나 우리는 구원을 얻지 못한다… 딸 내 백성이 상하였으므로 나도 상하여 슬퍼하며 놀라움에 잡혔도다 길르앗에는 유향이 있지 아니한가 그 곳에는 의사가 있지 아니한가… 어찌하면 내 머리는 물이 되고 내 눈은 눈물 근원이 될꼬. 죽임을 당한 딸 내 백성을 위하여 주야로 울리로다" (8:18-9:1).

이제 이 가장 열정적인 선지자, 예레미야를 이해하기 위하여, 우리는 다음과 같은 것을 기억할 필요가 있다. 히브리어 표현에 "야훼의 말씀"—"여호와의 말씀"이란 말은 선지자 자신들이 그들의 소명의식에 사로잡히는 듯한 느낌을 갖게 되는 것을 의미하는데 여호와의 말씀에 완전히 압도되는 느낌이 그 특징이다. 보통 포로 심리라고 불리는 경험에 사로잡힌다는 뜻인 것을 기억할 필요가 있다. 예를 들면, 아모스 7:15에서: "양떼를 따를 때에 여호와께서 나를 데려다가 여호와께서 내게 이르시기를 가서 내 백성 이스라엘에게 예언하라 하셨나니."

이 여호와의 말씀에 자기가 사로잡히는 엄청난 감성은 이사야의 소명 기사 (6장), 예레미야의 소명 기사 (1장), 에스겔의 소명 기사(1-2장)에 세 가지 다른 면으로 명철하게 표현되어 있다. 그리고 그것은 예언서 모든 곳에 명확하지만, 예레미야의 고백에—물론 언제나 명시되어 있지 않더라도, 절대로 지나칠 수 없게—아주 표정이 풍부하게 감동적으로 선포되어 있다. 그것은 그 선지자의 격노의 폭발을 보인 것 중 하나에 이렇게 표현되어 있다.

"여호와여 주께서 나를 권유하시므로 내가 그 권유를 받았사오며 주께서 나보다 강하사 이기셨으므로 내가 조롱거리가 되니 사람마다 종일토록 나를 조롱하나이다… 여호와의 말씀으로 말미암아 내가 종일토록 치욕과 모욕 거리가 됨이니다" (예레미야 20:7-8).

선지자 자신은 마음이 내키지 않지만, 거역할 수 없는 여호와의 말씀의 능력에 따라 행동할 수밖에 없다라는 생각은 예레미야를 비롯하여 선지자들이 너무 늦기 전에 멈추라, 돌아서라, 근본적으로 방향을 바꾸라고 열렬하게 외치던 호소의 강도를 잘 설명해 준다. 이와 똑같은 강력한 말씀이 역사와 역사의 사건을 다스리고 인도한다. 고대 이스라엘의 역사는 사실 예레미야가 아직 살아서 슈브, 슈브!—돌아 서서, 돌아 와서, 너희가 거부한 바로 그 여호와의 말씀으로 회복을 받고 고침을 받으라고 외치는 동안 주전 587년 예루살렘의 파괴로 역사가 막을 내린다. 그 말씀에는 너무 늦은 때란 절대로 없다!

여호와의 이름으로, 그리고 "여호와의 말씀에"라는 표현을 사용하면서 다가오는 재난에 대하여 말하는 것은, 부정적이고,

강력하고, 스스로 성취하고, 거스릴 수 없는 하나님의 말씀으로 선지자는 이해한다. 우리는 부정적인 말씀을 선포하는 선지자의 역할 속에서 그 말씀 안에 선포된 사건이나 사건들을 실행시키는 데 참여하는 선지자들의 고통을—누구보다 더 강렬한 예레미야의 고통을 이해할 수 있다.

그러나 이러한 부정적인 여호와의 말씀은 그 말씀 자체 안에 가능성을 지니고 있으며 종종 그러하다. 파괴는 언약 백성이 현재 배역하고 반역하고 방탕한 삶의 구조 속에서 살고 있음을 단정해 주는 것이다. 파괴의 말씀은 취소될 수도 있고, 또는 부정적인 사건이라 할지라도 결정적이고 근본적인 돌아섬으로 궁극에는 구속될 수도 있다. 여기서 우리는 회개하라!는 신약성경의 동사에 근접하게 된다.

(나머지 비디오 내용은 85쪽에서 계속됩니다)

정보 (내용 요약)

예레미야 선지자는 주의 말씀에 자신이 사로잡혀 있다는 엄청난 느낌을 가졌다.

예레미야가 말해야 했던 무서운 메시지는 유다가 그들의 잘못 때문에 멸망당하고 그의 백성은 사로잡히게 될 것이라는 내용이었다.

예레미야서의 중심 주제 중 하나는 회개, 자기의 죄에서 돌아서서 하나님께 돌아오는 것이다.

만일 백성이 회개하고 근본적인 방향 전환을 한다면, 임박한 파괴는 취소될지 모르고, 어떻게 해서든지 적어도 그 의미는 찾을 수 있을 것이다.

대화

왜 예레미야는 그의 역할에 대하여 그런 강한 느낌을 가지는가? 그가 말하는 *회개*는 무엇을 의미하는가?

성경과 교재

(50분)

예레미야를 지리적 역사적 배경에 비춰 보기 위하여 *선지자들: 주전 8, 7, 6세기 지도와 이스라엘과 유다의 통치자들과 선지자들 연대표*를 사용하라.

3-4명씩 짝을 지어, 예레미야 7:1-15의 예레미야의 "성전 설교"를 다음 질문들에 비추어 읽고 토의하라. 예레미야 시대에 성전에 관한 지배적인 견해는 무엇이었나? 왜 예레미야는 그것을 거부하였는가? 예레미야는 유다가 그 땅이 자기 것이라고 주장할 수 있는 참된 근거가 무엇이라고 보았는가? 그는 회개, 진로 변경의 여지가 있다고 보는가? 어떤 면에서 예레미야의 말씀은 토라 중심에 뿌리박고 있는가? 실로의 교훈은 무엇인가? 우리 교회나 사회의 귀한 전통으로 실로와 예루살렘처럼 위기에 빠져 있는 것은 무엇일까?

예레미야가 하나님께 잔인할 만큼 솔직하였다는 것을 느껴 보기 위해서, 11:18-23; 12:1-6; 15:10-21; 17:14-18; 18:18-23; 20:7-13; 20:14-18 등 일곱 편의 애가나 불평을 소리내어 읽어라. 그리고 다음과 같이 질문하라: 예레미야는 무엇이 그를 좌절시키고 있다고 말하는가? 그의 예를 통하여 우리는 우리의 염려와 실망에 대하여 무엇을 배우게 되는가? 우리의 기도 생활에 대하여 무엇을 말해 주는가? 둘씩 짝지어, 교재 68쪽의 첫 번째 질문에 대한 노트를 이용하여, 당신이 영적으로 지쳤다고 느꼈던 때에 대하여 이야기하라.

휴식

(10분)

말씀과의 만남

(40분)

성경 본문: 예레미야 3:1-4:4

한 사람이 본문을 소리내서 읽을 때 다른 사람들은 자기 성경을 가지고 함께 본다. 혼자 본문을 읽으면서 중요한 단어들 또는 의문 나는 단어들에 밑줄을 그으면서 공부하라 (예를 들면, 돌아온다는 히브리 단어 슈브는 열 여섯 번 나온다). 그리고, 둘씩 또는 셋씩 그룹이 되어 주해 성경의 주를 사용하면서 당신이 밑줄 그은 단어를 검토하고 확실히 이해하라. 그리고 다음 질문들에 대하여 토의하라: 이 본문은 인간에 대하여 우리에게 무엇을 말해 주는가? 본문은 하나님에 대하여 우리에게 무엇을 말해 주는가? 본문은 하나님과 인간의 관계에 대하여 우리에게 무엇을 말해 주는가? (*효과적인 성경 교수법* 29-33쪽을 보라.)

순종하는 공동체의 모습

(20분)

순종하는 믿음의 공동체는, *긍휼한 마음을 가지고, 경거망동하던 절망적인 세상 때문에 운다.*

"인간의 모습"을 소리내어 읽어라. 예레미야서는 우리의 헛된 자신감에 대하여 어떻게 도전하고 있는가? 3명씩 짝지어, 교재의 "순종하는 공동체의 모습"에 담긴 질문들에 대하여 토의하라.

폐회 기도

(5분)

9과를 열고 금주의 기도제목을 적어라. 반원들에게 교재 68쪽의 안식일에 대해 상기시켜 주라. 기도로 폐회하라.

9 하나님은 버리시지 않을 것이다

개회 기도

(5분)

토의 시작

(20분)

준비

발표자: 리챠드 B. 윌키 감독과 제임스 플레밍 박사
이스라엘 왕국과 유다 왕국의 역사 개관에 귀 기울여 보라.

윌키: 플레밍 박사, 지금 우리는 이 공부를 잠시 멈추고 전체를 한번 훑어보는 것이 좋을 것 같다. 예레미야는 바벨론이 쳐들어오는 것을 보았으므로, 지금이 잠시 멈추기에 적절한 시점으로 보인다. 플레밍 박사 성전이 처음 세워진 다윗과 솔로몬의 시대부터, 제1성전이 파괴될 때까지, 제국의 흥망 성쇠를 아주 개괄적으로 묘사해 줄 수 있겠는가?

플레밍: 다윗은 주전 1000년 시대 시작의 기점이 된다. 솔로몬이 통치하였던 왕국은 이스라엘의 역사에서 가장 큰 왕국이었으며, 북으로는 다마스커스 (다메섹) 너머까지 이르고, 동쪽으로는 멀리 아라비아 사막에 이르고, 남쪽으로는 아가바 만까지, 서쪽으로는 "애굽의 강"에 이른다. 그렇지만, 우리는 이스라엘 주위에 군데군데 대적이 있었다는 것을 기억할 필요가 있다. 근접한 이웃은, 시계 방향으로 보면, 북에는 물론 뵈니게인들이 있었고, 그 다음 암몬 사람들, 모압인들, 남으로는 에돔 사람들, 서쪽에는 블레셋 사람들이 있었다. 그들은 일찍이 이스라엘 부족으로부터 땅을 취하였고, 아는 대로, 이제 그 땅을 다시 빼앗겼다. 그래서, 다윗의 아들 솔로몬은 그 주위의 모든 나라들과 통상 관계에서 주도권을 장악하였다. 기억할 것은 그는 이 계약을 결혼으로 체결하고, 이 부인들이 예루살렘으로 자기네들의 이방 장인들과 제사장들을 함께 데려왔다. 이것이 선지자들을 당황하게 한 것을 기억할 것이다. 예루살렘은 이제 그 주위에 많은 다른 종교의 신전을 가지게 되었다. 종교적 배역의 시대에, 이 "산당"들은 히브리인들에게 많은 유혹이 되었다.

윌키: 선지자들에 따르면, 이스라엘은 하나님께 그리고 오직 하나님께만 변함없이 충성해야만 살아 남을 수 있었다. 뭉치는 것, 정의, 자비, 이것들이 그들이 보기에 가장 중요한 것이었다. 그래서 솔로몬이 이방 신들과 가혹한 행위로 언약을 위반하였을 때, 그는 사실 후에 일어난 대로 이스라엘이 북과 남으로 갈라지는 비극적인 분단의 장을 열게 되었다.

플레밍: 이러한 분열로 그 나라는 바로 그 생명을 잃게 될 것이다. 내란이 이스라엘(기억하는 대로 여로보암)과 유다 (르호보암) 사이에 일어났는데 이는 주전 931-926년의 일이다. 그때 다메섹과 그 다음에는 에돔이 항거하였다. 기억하는 대로 다음에 애굽의 시삭이 유다를 공격하였고, 그는 이스라엘의 통상 독점을 막으려고 하였고, 유다의 르호보암에게 중한 조공을—아는 대로 그것은 속량금의 듣기 좋은 표현이다—거두어 갔다.

윌키: 이스라엘 땅이 아주 중요했다. 경제적으로 중요할 뿐 아니라 아주 전략적이었다. 나는 이것이 "사이에 낀 땅"이라고 불리워 온 것을 알고 있다. 역사의 모든 군대가 이 곳을 밟고 지나갔다고 생각한다. 주전 900년경 국가의 분단 이후에 일어난 일을 가르쳐 줄 수 있겠는가?

플레밍: 800년대에 강력한 오므리 왕조가 있고, 이 왕조는 북의 수도를 디르사에서 북서쪽으로 옮겨갔는데, 뵈니게를 바라볼 수 있다.

윌키: 북왕국 말인가?

플레밍: 그렇다. 그리고 뵈니게란 그 눈이 바알을 향한다는 것을 의미한다. 기억하는 대로, 오므리의 아들, 아합 왕은 불행히도 바알 선지자 450명을 거느리고 있었던 이세벨과 결혼한다. 엘리야는 이에 대하여 할 말이 있었다. 아합은 또 다메섹의 아람과 싸웠고, 요단 동쪽의 모든 지역을 장악할 수 있었다.

윌키: 아합은 대단한 건축업자였다. 구약성경에서 그는 신약성경의 헤롯 대왕과 견줄 수 있다고 말할 수 있다.

플레밍: 우리는 이스라엘 전역에 아합의 건축 사업을 찾아 볼 수 있다. 그는 심지어 주전 853년에 카르카르에서 등단하는 앗수르인들과 전투를 벌리기를 원하였던 애굽을 위하여 전차 2,000대와 10,000명의 군대로 도움을 줄 수 있었다. 그러나, 아합의 통치 마지막에, 그는 다메섹에 그의 왕국의 일부를, 또한 모압에게 일부를 잃었다. 여기서 중요한 것은 이러한 군사적 실패로 백성들이 그들의 신들을 재평가하게 된다는 것을 깨닫는 것이다.

윌키: 패배를 당하면, 자기 신이 힘이 있는가 없는가 생각하게 된다.

플레밍: 그 신들이 아직 그들을 보호하고 있는지 아닌지 하는 생각 말이다. 물론 바알 말이다. 그리고 바알은 그들을 보호하지 않았다. 그리고 그 후에 왕이 된 예후는 아합이 도입한 모든 바알 체재를 제거할 수 있었고, 그 결과로 이스라엘은 그로 인하여 바알을 섬기는 동맹국 뵈니게를 잃었다.

윌키: 그래서 그들은 바알을 격하시켰지만 그들은 동맹국으로 뵈니게를 잃게 되었는가?

플레밍: 그렇다. 또한 유다도 앗수르의 동맹국이 될 것이기에, 이스라엘은 아주 위험한 위치에 놓이게 되었다. 세계 정치 판도에서 유다는 이 때에 이스라엘을 멀리 하는 것이 정치적으로 현명한 것으로 보였다.

윌키: 8세기 후반에 앗수르의 군사력은 정말 증강일로에 있었다. 군사적 정복이 앗수르 사람들에게 생활 방식이 되어 있었다. 그들은 잔인하고, 잔인한 백성으로 큰 군대를 축적하

였는데, 정말 얼마나 큰 군대였는가?

플레밍: 일반적으로, 100,000으로 잡으나 200,000이었을 수도 있다.

월키: 그리고 그들은 어떤 군사 목표든지 다 달성할 수 있었다. 그것은 세계에서 최초로 정말로 군사력에 기초한 제국이었다고 생각하는가?

플레밍: 그렇다고 생각한다.

월키: 733년의 처음 전쟁은 대부분 이스라엘의 북쪽 지파에 대한 것이었는가?

플레밍: 그렇다. 그들이 납달리와 스블론 지파이다. 그들이 이사야 9:2의 헨델의 메시야로 우리 모두가 알고 있는 저 유명한 본문에 나오는 이들이다. 이 사람들은 무서운 흑암을 보았고, 그 가운데 걸었고, 누구보다 큰 빛을 받을 만한 이들이었다. 바로 그 다음 해에 디글랏빌레셀 3세가…

월키: 그가 바로 불(Pul)이라고 불리는 사람인가?

(나머지 비디오 내용은 85쪽에서 계속됩니다)

정보 (내용 요약)

솔로몬이 이방 여인과 혼인함으로 이방 종교가 이스라엘, 심지어는 예루살렘에까지 들어왔다.

솔로몬이 죽은 후에 북쪽 이스라엘의 여로보암 왕과 남쪽 유다의 르호보암 왕 사이에 내란이 일어났다.

주변 나라들이 이스라엘과 유다에 저항하기 시작하였다.

주전 800년에 오므리 왕조는 북의 수도를 사마리아로 옮기고 뵈니게와 협력관계를 맺었다.

이스라엘의 아합 왕이 이세벨과 결혼하였다.

8세기 말엽 앗수르의 군사력이 강해지고, 사마리아는 결국 주전 721년에 멸망하여 북왕국은 독립국으로 종말을 맞는다.

유다는 히스기야 밑에서 잠시 번영하였다.

종교 혼합주의를 배격하고 예배의 순수성을 회복한 요시야 왕은 애굽과의 전투에서 전사하였다.

앗수르 대신 바벨론이 세계 강국이 되었다.

바벨론의 느부갓네살 왕은 주전 586년에 예루살렘을 약탈하고 무너뜨렸으며, 성전을 파괴시키고 지도자들을 포로로 잡아갔다.

대화

예레미야 시대까지 이르는 중요한 역사적 사건에는 무엇이 있는가?

성경과 교재

(50분)

선지자들의 예언에 나오는 나라와 도시들, 바벨론 제국, 포로와 귀향 지도와 이스라엘과 유다의 통치자들과 선지자들 연 대표와 역사적 배경에 나와 있는 정보와 각자 공부한 것과 연관을 지우면서 예레미야의 배경을 살펴 보라.

2-3명씩 짝을 지어, 예레미야 27-28을 검토하라; 그리고 다음 질문들에 대하여 토의하라: 우리가 듣고 싶어하는 말을 해 주는 지도자들을 믿고 싶어하는 마음이 우리에게 있다는 예를 들어 보라. 우리는 참 선지자와 거짓 선지자를 어떻게 구별할 수 있는가? 우리가 심각히 받아들여야 하는 경고의 기미는 무엇인가?

3-4명씩 짝을 지어, 셋째 날의 노트를 참고하면서, 예레미야 30-31을 연구하라. 이 말씀은 처음 회중/독자들에게 무슨 의미를 주었을까? 우리에게는 무슨 의미를 주는가?

휴식

(10분)

말씀과의 만남

(40분)

성경 본문: 예레미야 29:1-14

예레미야 29:1-14를 소리내서 읽어라. 다음 질문을 가지고 5-9절과 10-14절을 살펴 보라: 예레미야가 말하려고 하는 것은 무엇인가? 이 본문은 원래의 독자들에게 어떤 (아마도 얽히고 설킨) 감정을 자극했을까? 하나님의 능력과 하나님의 목적에 대하여 본문은 무엇을 말하고 있는가? 인간의 책임에 대하여는 무엇을 말하고 있는가? 어떤 면에서 현대의 그리스도인으로서 우리의 상황이 바벨론 포로들과 비슷한가?

순종하는 공동체의 모습

(20분)

순종하는 믿음의 공동체는 하나님의 말씀을 듣기를 원하는 마음과, 그리고 하나님은 당신의 백성을 버리시지 않을 것이라는 확신 때문에 소망이 솟아난다는 것을 알고 있다.

"인간의 모습"과 순종하는 공동체의 모습을 소리내서 읽어라. 심판과 소망에 대한 예레미야의 이해는 "인간의 모습"과 순종하는 공동체의 모습을 어떻게 연결시켜 주는가? 어떻게 심판과 소망이 조화되는지 탐구하기 위하여 교재의 "순종하는 공동체의 모습"에 나오는 질문들을 사용하라.

폐회 기도

(5분)

10과를 열고 금주의 기도제목을 적어라. 기도로 폐회하라.

10 주의 날이 왔다

개회 기도

(5분)

토의 시작

(20분)

준비

발표자: 캐더린 피스터러 다르 박사

에스겔이 이스라엘의 구속사를 이야기하는 모습에 귀를 기울여 보라.

결국, 이스라엘 사람들의 죄는 너무 많고, 또 너무 중해져서 하나님은 그들을 멸망시킬 수밖에 없었다. 바벨론의 군대가 예루살렘에 들어와서 예루살렘과 그 성전을 불태웠고, 그 인구의 대부분을 포로로 잡아갔다. 그래서 처음 시내 산에서 형성된 이스라엘과 하나님과의 관계와 계획은 인간의 반역과 죄악으로 인하여 희생물이 되었다.

에스겔 선지자의 몇몇 동시대인들은 상황을 이렇게 해석하였을지 모르지만, 분명히 에스겔은 그렇지 않았다! 그의 책은 거듭하여 이스라엘을 위한 하나님의 계획을 인간이 절대로 유산시킬 수 없다고 역설한다.

에스겔서의 어디에서도 이 주제가 20장보다 더 강력히 제시된 곳이 없는데, 여기에 이스라엘의 구속사에 대한 에스겔의 근본적인 요점이 담겨 있다. 1-4절에 따르면, 포로 공동체의 어떤 장로들이 "여호와께 물으려고" 에스겔을 찾아왔다. 그러나 하나님은 묻기를 용납하지 아니 하셨다! "주 여호와께서 이렇게 말씀하셨느니라… 내가 나의 목숨을 걸고 맹세하거니와 너희가 내게 묻기를 내가 용납하지 아니하리라 인자야 네가 그들을 심판하려느냐." 그 다음 구절에서, 에스겔은 애굽의 종살이에서 구원받은 일, 시내 산에서 언약을 맺던 일, 광야를 거쳐 이주하던 일, 가나안 땅에 들어오는 일 등 이스라엘이 가장 아끼는 전통을 가지고, 구제 받지 못할 인간의 죄에 대한 하나님의 결심의 이야기로 삼는다.

에스겔은 애굽에 있는 히브리인들을 들어 역사 개관을 시작하는데, 이들은 이미 우상을 섬기고 있었다. 하나님이 그들을 애굽에서 건져내서 젖과 꿀이 흐르는 땅으로 인도하겠다고 맹세하실 때에, 하나님은 이스라엘에게 그들의 우상을 제하여 버리라고 명령하신다. 그러나 그들은 반항하며 순종하지 않았다. "내가 말하기를 내가 애굽 땅에서 그들에게 나의 분노를 쏟으며 그들에게 진노를 이루리라 하였었노라 그러나… 이는 내 이름을 위함이라 내 이름을 그 이방인의 눈 앞에서 더럽히지 아니하려고 행하였음이라." 이런 딱한 모습으로 관계를 시작하다니! 이스라엘은 애굽에 있는 동안 실제로 우상을 섬겼는가? 창세기에서 신명기까지, 오경 어디에서도 그런 비난이 나와 있지 않다. 그러나 거룩한 평판이 더럽혀질 것이라는 걱정이 없었다면 하나님은 애굽의 우상 숭배하는 히브리인들을 멸망시켰을 것이라고 에스겔은 주장한다. 처음에는 한 백성을 애굽에서 구원하여 내리라고 맹세하고 나서 그들을 멸망시킨 신을 열국은 어떻게 생각할 것인가?

광야에서, 하나님은 이스라엘에게 율법과 규례와 안식일을 주셔서 이것을 지침으로 살게 하셨다. 그들은 어떻게 반응하였는가? 그들은 이를 거절하였다. 다시, 하나님은 그들을 멸망시키려고 생각하시다가 다만 거룩한 평판을 위하여 그만두셨다. 그들은 그 자리에서 죽임을 당하지 않을 것이다. 그러나 애굽의 세대는 한 사람도 그 땅에 들어 갈 수 없게 될 것이다.

알고 보니, 하나님의 경고에도 불구하고, 두 번째 광야 세대도 첫 번째와 똑같이 반항하는 세대였다. 다시, 하나님은 거룩한 이름을 위하여 백성을 멸하지 않으셨다. 그러나 이 세대는 그래도 두 배의 처벌을 받았다. 에스겔 20:23에 따르면, 하나님은 "또 내가 내 손을 들어 광야에서 그들에게 맹세하기를 내가 그들을 이방인 중에 흩으며 여러 민족 가운데에 헤치리라 하였나니"라고 말씀하신다. 왜냐하면, 이 본문에 따르면, 이스라엘의 죄가 이미 너무 커서 그의 땅으로부터 포로로 잡혀감이 마땅하기 때문이다. 이 관점에서 보면, 이스라엘이 가나안에서 살았던 모든 세기 모든 해는 오직 은혜였다. 하나님은 "또 내가 그들에게 선하지 못한 율례와 능히 지키지 못할 규례를 주었고 그들이 장자를 다 화제로 드리는 그 예물로 내가 그들을 더럽혔음은 그들을 멸망하게 하여 나를 여호와인 줄 알게 하려 하였음이니라"고 말씀하신다. 이것은 분명히 이스라엘의 구속사에 대한 에스겔의 가장 거친 혁신이다. 생명을 주는 율례와 규례와 안식일 대신에, 하나님은 아이를 희생시키기도 하는 죽음을 가져오는 율법을 주셨다. 땅을 차지하고 나서, 이스라엘 사람들의 행위는 더 나을 것이 없었다. "산당"에서 벌린 그들의 불법 종교 행위는 하나님을 노하게 하는 행동이었다.

그 앞에 앉은 장로들이 자기들이 아끼던 전통을 가지고 에스겔이 말하는 비전을 듣고 어떤 느낌을 가졌을까 잠시 상상해 보라. 그러나, 그들은 그들의 조상의 죄의 현대판이라고 선지자는 공격한다.

에스겔은 장로들에게 하나님이 그들에게 자비로우실 것이라는 소망에 대하여 전혀 역사적 근거를 남겨 놓지 않았다. 소망을 주기는커녕, 이스라엘의 구속사에 대한 그의 소개는 백성들이 지금 고통을 받음이 마땅하다고 지적한다. 아마 그들은 장래가 없다고 절망하고, "우리가 이방인 곧 여러 나라 족속 같이 되어서 목석을 경배하리라"고 홀로 조용히 생각할 것이다. 그러나, 에스겔은 그런 일이 절대로 일어나지 않을 것이라고 반론한다. 하나님은 사람이 거룩한 계획을 좌절시키게 내버려두지 않으실 것이다. "주 여호와의 말씀이니라 내가 나의 삶을 두고 맹세하노니 내가 능한 손과 편 팔로 분노를 쏟아 너희를 반드시 다스릴지라." 하나님은 포로들을 "열국 광야"에 밀어 넣으시고, 반역하는 이들을 뿌리 뽑고, 남은 이스라엘 사람들을 그들의 땅으로 돌아오게 하셔서, 거기서 내내 스스로 자기 죄를 인하여 스스로 안타까워하며 예루살렘에서 올바른 예배를 드리도록 하게 하실 것이다.

20장은 에스겔에게 무너뜨리라 하신 사명의 일례로 우리를 당혹하게 하는 예이다. 일종의 충격 요법이다. 우리는 이와 같은 본문을 어떻게 이해할 수 있는가? 우리는 에스겔의 논증의 저변에 있는 두 가지 기본 신념을 이해함으로 시작할 수 있을 것이다. 먼저, 그는 유다의 멸망이 "이스라엘의 하나님의 행함이지 몰락이 아니다"라는 것을 확신하고 있다. 그는 바벨론의 신 마둑이 하나님보다 더 우월하다는 생각을 모두 배격한다. 에스겔은 역사는 하나님의 것이라고 주장한다. 그는 역사에 하나님을 포기하지 않는다.

(나머지 비디오 내용은 86쪽에서 계속됩니다)

정보 (내용 요약)

에스겔 선지자는 그의 메시지를 전하기 위하여 말과 상징적인 행동을 사용하였다.

20장은 이스라엘 구속사의 근본적인 수정을 제시한다.

한편으로, 20장은 애굽에서, 시내(Sinai)에서, 광야에서, 또 가나안에 들어가 이스라엘이 반역한 것을 낱낱이 기술한다.

또 다른 한편으로는, 20장은 거룩한 이름을 위하여 하나님이 그의 진노를 돌이키기도 하고, 이스라엘을 멸망시키지 않으려고 연기도 하셨다는 것을 낱낱이 기술한다.

에스겔의 구속사는 백성이 당한 화가 하나님의 심판으로서 정당한 것이라고 설명한다.

이스라엘을 위한 하나님의 계획을 인간이 절대로 끝까지 막을 수 없다고 에스겔은 말한다.

대화

에스겔은 하나님이 이스라엘을 멸망시키지 않은 이유가 무엇이라고 하는가? 궁극적인 소망의 근거가 무엇인가?

성경과 교재

(50분)

교재 80쪽의 첫 문단을 검토하고, 포로와 귀향 지도를 보고, 역사적 배경 연대표를 보고, 에스겔을 역사적 지리적 배경에서 살펴 보라.

에스겔 8-11을 보면서, 선지자가 성전 안이나 근처에서 목격한 네 가지 가증한 것과 백성에 대한 하나님의 심판을 찾아 보라. 교재 82-83쪽과 세째 날의 노트를 검토하라. 그리고 소

그룹에서 다음 질문들에 대하여 생각해 보라: 8:3, 5의 "질투의 우상"은 무엇이었나? 그것은 왜 가증한 것이었는가? 벽화와 우상 사용이 어떤 언약의 기본 조항을 범하는가? 장로들은 그러한 행위를 어떻게 합리화하고 있는가? 담무스는 누구 또는 무엇을 나타내는가? 8:16에 태양을 숭배하는 극악한 우상 숭배는 말할 것도 없지만, 하나님을 진노케 하는 다른 가증한 것에는 무엇이 있는가? 하나님은 어떻게 반응하시는가 (8:18-9:11)? 하나님은 죄없는 사람들을 위하여 무슨 조처를 마련하시는가? 하나님이 성전을 떠나시는 것은 왜 재앙인가? 어떻게 그것이 축복인가? 11:13의 에스겔의 질문에 대하여 11:14-21은 무슨 대답을 제시하고 있는가?

24:15-27의 에스겔의 아내의 죽음에 관한 기사를 조용히 읽고 다섯째 날의 노트를 읽어라. 그리고 3-4명씩 짝을 지어 다음 질문들을 사용하며 그 구절에 대하여 토의하라: 우리는 에스겔의 아내의 죽음에 대한 하나님의 책임을 어떻게 이해해야 하는가? 성경은 하나님이 에스겔의 아내의 죽음을 보다 더 큰 목적을 위하여 어떻게 쓰셨다고 말씀하는가? 에스겔이 다른 사람처럼 애곡하지 못하게 금하신 목적은 무엇인가?

휴식

(10분)

말씀과의 만남

(40분)

성경 본문: 에스겔 18장

에스겔 18장을 소리내서 읽고, 다른 이들은 자기 성경을 가지고 속으로 같이 따라 읽게 하라. 3-4명씩 짝을 지어, 다음 질문들에 대하여 연구하라: 본문은 하나님에 대하여 무엇을 말하는가? 하나님과 인간의 관계에 대하여 우리에게 무엇을 말하는가? (효과적인 성경 교수법 29-33쪽을 보라.)

순종하는 공동체의 모습

(20분)

순종하는 믿음의 공동체는 세상 구조 속에 나타난 깊은 도덕적 종교적 경고에 귀를 기울인다.

"인간의 모습"과 순종하는 공동체의 모습 사이에 긴밀한 관계를 주목하면서, 그 둘을 소리내서 읽어라. 그리고 두 사람씩, 교재의 "순종하는 공동체의 모습"에 있는 질문을 토의하라.

폐회 기도

(5분)

11과를 열고 금주의 기도제목을 적어라. 기도로 폐회하라.

11 하나님이 깨끗하게 하시고 새롭게 하신다

토의 시작

(20분)

준비

발표자: 캐더린 피스터러 다르 박사

에스겔의 심판과 소망의 메시지에 귀를 기울여 보라.

구약성경에서 많은 구절은 고대 이스라엘 신학에서 예루살렘이 차지하는 중심 역할에 대하여 이야기한다. 예를 들어, 사무엘하 7장은 어떻게 하나님이 다윗 왕에게 하나님의 성전의 미래 장소인 예루살렘에 영원한 다윗 왕조를 세우겠다고 말씀하였는지 기술한다: 선지자 나단이 그의 왕에게 말하기를, "여호와가 또 네게 이르노니 여호와가 너를 위하여 집〔왕조〕을 짓고 네 수한이 차서 네 조상들과 함께 누울 때에 내가 네 몸에서 날 네 씨를 네 뒤에 세워 그의 나라를 견고하게 하리라 그는 내 이름을 위하여 집〔성전〕을 건축할 것이요 나는 그의 나라 왕위를 영원히 견고하게 하리라" (7:11하반부-13).

솔로몬이 지은 성전은 그것이 완성되는 날로부터 의심할 바 없이 중요한 곳이 되었다. 즉 왕이 예배를 드리는 곳이었다. 그러나 성경은 처음부터 상당히 중요했던 성전이 세대를 거치면서 더 중요해졌다고 말한다. 시간이 지나는 동안, 유다 백성들은 하나님이 예루살렘과 그 거룩한 성전에 아무 일도 일어나게 하지 않을 것이라고 믿게 되었다. 시편 48편이 이러한 믿음에 대하여 증언한다:

> "여호와는 광대하시니
> 우리 하나님의 성,
> 〔여호와의〕 거룩한 산에서
> 극진히 찬양 받으시리로다.
> 터가 높고 아름다워
> 온 세계가 즐거워 함이여
> 큰 왕의 성 곧 북방에 있는
> 시온산이 그러하도다.
> 하나님이 그 여러 궁중에서
> 자기를 피난처로 알리셨도다."

바벨론의 군대가 그들의 도성을 포위하였을 때 유다 백성들은 얼마나 이와 같은 말씀에 매달렸을 것인가! 그러나 에스겔은 예루살렘의 거민들이 그들의 도시와 성전을 더럽혔고 그 결과 바벨론인들이 성과 성전을 파괴시키고 그 다윗의 왕을 포로로 끌고 가도록 하나님이 내버려두신다고 믿었다.

에스겔 16장은 아모리 족속과 헷 족속의 부모가 멸시하여 버림받은 아기로 예루살렘을 길게 비유로 묘사한다. 하나님은 그가 핏덩이로 노천에 버려진 것을 보고 그의 생명을 구하신다. 그 아이는 자라 여인이 되어 성적으로 숙성해 진다. 하나님은 그녀를 다시 지나치다 그가 결혼할 수 있는 적령에 이른 것을 보고, 그녀의 남편이 되어, 그녀를 목욕시키고, 그녀에게 기름을 바르고, 가장 좋은 옷으로 그녀에게 입히고, 좋은 음식으로 그녀를 먹이고, 그녀를 보석으로 장식하신다. 그녀는 지극히 아름다워, 왕족에 어울리며, 열국 가운데 유명하게 된다.

그러나 그러한 아낌없는 대접에도 불구하고 예루살렘은 그녀의 비천한 시작과 그녀의 생명을 구원한 남편을 잊는다. 예루살렘은 하나님이 그녀에게 준 은과 금으로 우상을 만들고, 우상에게 하나님의 자녀를 제사로 바치고, 사거리에서 지나가는 사람에게 자기 몸을 맡기면서, 창기 노릇을 한다. 그녀의 행위가 너무 음란하여 심지어 블레셋 여인들도 깜짝 놀란다. 게다가 그녀의 창기 행위에는 우상 숭배만 아니라, 앗수르, 바벨론, 애굽과 같은 다른 나라와 동맹 맺는 일도 포함된다. 요약하자면, 전적으로 심판을 받아 마땅하다고 에스겔이 지적하는 모습으로 그녀는 행동하였으며, 그녀의 남편 하나님은 그 심판을 가지고 그녀를 위협한다: "내가 너의 즐거워하는 정든 자와 사랑하던 모든 자와 미워하던 모든 자를 모으되 사방에서 모아 너를 대적하게 할 것이요 또 네 벗은 몸을 그 땅에 드러내 그들이 그것을 다 보게 할 것이며 내가 또 간음하고 사람의 피를 흘리는 여인을 심판함 같이 너를 심판하여 진노의 피와 질투의 피를 네게 돌리고 내가 또 너를 그들의 손에 넘기리니 그들이 네 누각을 헐며 네 높은 대를 부수며 네 의복을 벗기고 네 장식품을 **빼앗고** 네 몸을 벌거벗겨 버려 두"리라 (에스겔 16:37-39).

특기할 것은, 에스겔 16장은 이러한 예루살렘의 처벌에 대한 묘사로 끝나지 않는다는 것이다. 대신에, 그녀의 파괴를 넘어서서 그녀가 회복될 미래를 바라본다. 그녀의 과거를 회고하며, 예루살렘은 수치를 느낄 것이다. 그러나 하나님은 그녀의 어린 시절 예루살렘과 맺은 언약을 기억하고 그녀가 행한 모든 것을 용서하실 것이다.

거슬리기는 하지만, 에스겔의 이미지는 그의 동료 포로들이 24:21에 기록된 대로 "너희 세력의 영광이요 너희 눈의 기쁨이요 너희 마음에 아낌"—예루살렘의 하나님의 성전에 대한 그들의 죄의 결과를 받아들이고 인정해야만 한다는 그의 절대적인 확신을 반영하고 있다. 오직 비로소 선지자는 도성과 그 성전에 대한 미래에 대하여 이야기하기 시작한다.

하나님의 심판이 이루어졌을 때, 에스겔 34:23-24는 "내가 한 목자를 그들 〔이스라엘〕 위에 세워 먹이게 하리니 그는 내 종 다윗이라 그가 그들을 먹이고 그들의 목자가 될지라 나 여호와는 그들의 하나님이 되고 내 종 다윗은 그들 중에 왕이 되리라"고 선포한다. 하나님의 영광이 그 도성에 돌아와서 그 곳의 새 성전을 가득히 채우고 이스라엘 가운데 영원히 거할 것이다. 그리고 예루살렘의 이름은 야훼 샤마, "여호와께서 거기 계시다"로 바뀌게 될 것이다. 성전의 기초에서부터 물이 졸졸 흘러나와서 동쪽으로 흘러가며 커져서, 이스라엘의 가장 황폐된 땅을 실제 에덴 동산 같이 바꾸고 사해의 물을 완전히 변화시켜 많은 종류의 무수한 물고기들이 가득하게 할 것이다. 그 강가에는 매달마다 그 추수할 것을 내는 열매 맺고 그 잎은 치유하는 효력이 있는 나무들이 자랄 것이다. 보라! 하나님이 새 일을 행하리니 이제 나타날 것이라. 너희가 알지 못하느냐?

(Katheryn Pfisterer Darr)

정보 (내용 요약)

다윗의 아들 솔로몬이 성전을 지은 후 400년 이상 유다 백성들은 다윗 왕조와 성전을 하나님이 보호하실 것이라고 믿고 있었다.

주전 587년에 바벨론이 예루살렘을 무너뜨렸을 때, 다윗의 계승과 성전은 갑자기 끝나게 되었다.

에스겔 16장은 우상을 숭배함으로 인하여 죄를 지었고 하나님 대신에 다른 나라와 맺은 동맹을 신뢰하는 유다를 하나님께 배역한 신부로 묘사한다.

에스겔 34장은 하나님께서 "화평의 언약"과 풍부한 양을 주관할 목자(왕이 아니라 인도자로)로 다윗 계의 한 사람을 보내주실 미래를 약속하고 있다.

일단 성전이 파괴된 후, 하나님은 회복된 이스라엘에게 새로운 규례와 새 성전을 주실 것이라고 에스겔은 설명한다.

대화

예루살렘 거민들이 무슨 일을 저질러서 도시와 성전을 더럽혔다고 에스겔은 믿고 있는가? 예루살렘이 회복되려면 무슨 일이 반드시 일어나야 한다고 선지자는 확신하고 있는가?

성경과 교재

(50분)

2-3명씩 짝지어, 에스겔 33:10-20을 읽어라. 그리고 다음 질문들에 대하여 토의하라: 본문은 우리의 과거가 우리의 미래에 미치는 영향에 대하여 무엇을 말하는가? 본문은 하나님께서 주시는 구원을 찾기 위해 우리가 할 역할에 대하여 무엇을 말하는가? 그것은 당신에게 어떤 느낌을 주는가? 왜 우리는 때때로 하나님의 은혜를 거부하는가? 교재 89쪽의 질문에 대하여 토의하라.

에스겔 36:22-32를 읽고 이 구절이 깨끗하게 하시고 새롭게 하시겠다는 하나님의 약속에 대하여 무엇을 말해 주고 있는가 생각하라. 우리가 그 선물을 받기 위하여 어떻게 우리 자신을 열 수 있는지 함께 토의하라. 그리스도의 교회에 들어오게 하는 세례는 어떤 역할을 할 수 있는가? 다른 무엇이 필요한가? 왜 우리는 돌 같은 마음에 애착을 가지고 떨어지지 않는가? 어떻게 우리는 풀려날 수 있을까?

마른 뼈 골짜기의 환상(에스겔 37장)은 우리가 잘 알고 있는 기이한 이야기이다. 3명씩 짝지어, 세째 날의 노트와 교재 91쪽의 "마른 뼈 골짜기" 부분을 검토하라. 이 성경구절에 대하여 전에 알지 못한 것을 깨닫게 된 것이 무엇인가?

휴식

(10분)

말씀과의 만남

(40분)

에스겔 34장은 다섯 부분으로 되어 있다: 34:1-10 (거짓 목자들에 대한 화의 예언); 34:11-16 (참 목자 되신 하나님이 양을 회복하신다); 34:17-22 (양과 양 사이의 심판); 34:23-24 (다윗 계의 한 사람이 목자의 역할을 한다); 34:25-21 (화평의 언약)이다. 돌아가면서 각 부분을 크게 읽고 다음 질문들에 답하라: 이 말씀이 인간에 대하여 무엇을 말씀하는가? 인간의 책임에 대하여 무엇을 말하는가? 하나님과 인간의 관계에 대하여는? (효과적인 성경 교수법 29-33쪽을 보라.)

순종하는 공동체의 모습

(20분)

순종하는 믿음의 공동체는 포로생활을 기억하게끔 도와준다. 우리는 우리의 전통을 반복하여 연습한다. 우리는 우리의 정체성을 찾는다. 우리는 우리가 하나님께 속해 있다고 선포한다.

"인간의 모습"을 크게 읽어라. 우리의 이야기를 기억하고 우리의 전통을 낱낱이 살피고 또 우리 정체성을 찾는 것이 어떻게 우리가 포로 상황을 대처할 수 있도록 도와 줄 수 있는지 함께 토의하라. 2-3명씩, 교재의 "순종하는 공동체의 모습" 질문의 답에 대하여 토의하라.

폐회 기도

(5분)

12과를 열고 금주의 기도제목을 적어라. 기도로 폐회하라.

12 하나님이 구원하실 것이다

개회 기도

(5분)

토의 시작

(20분)

준비

발표자: 휴 C. 화이트 박사
종의 노래는 무엇이 새로운지 귀 기울여 보라.

예언은 구약성경에서 하나님과 인간과의 관계에 지극히 중요한 핵심을 가지고 있다. 선지자는 확신과 열정과 용기, 또 하나님을 대변하여 하나님의 백성에게 말하는 담대한 마음가짐도 지니고 있다. 예언의 문제는 그 형태가 사람의 상황이 변하면서 바뀌는 경향이 있다는 것이다. 사람들이 한 형태의 예언을 이해할 때쯤 되면 그것은 또 다른 형태를 취한다. 해방을 얻은 종들이 마침내 영광스러운 약속의 예언에 안이해졌을 때, 그것은 심판의 예언으로 바뀐다.

이러한 변화 가운데 일관된 맥락은 예언이 언제나 사람들의 고정 관념을 깨뜨리고 새로운 상황에서 새로운 방법으로 반응할 것을 요청한다는 것이다. 선지자는 언제나 사람들의 감정을 불러일으키고 논쟁의 여지가 있는 인물이다. 그리고 선지자가 진실로 하나님을 대변하고 있는지는 대부분의 사람에게 꼭 명확한 것이 아니다. 참 예언을 분별하고 반응하기 위하여서는 믿음의 모험이 필요하다.

이사야 40-55장에 있는 네 편의 종의 노래에서, 근본적으로 새로운 형태의 예언이 나타난다. 예언자가 자기자신에 대하여 이야기하고 있는지, 이스라엘 사람들에 대하여 이야기하고 있는지, 또 다른 사람인지는 알기 어렵지만, 그는 분명히 새로운 유형의 인물에 대하여 이야기하고 있는 것이 확실하며, 이 새 인물을 통하여 하나님의 메시지가 그의 백성과 또 세상에 전해지고 있다.

종에게 새로운 것은 무엇인가? 자세히 보면, 이전의 선지자들을 통하여 주신 하나님의 메시지는 백성이 약속을 어겼을 때에 그들에게 내리시는 하나님의 심판을 선포하고 있다. 이러한 선지자들은 하나님이 항상 자기들 편에 계시다는 사람들의 자신감을 흔들어 놓고 회개할 것을 호소했으며, 그들이 만일 근본적으로 변화하지 않으면 미래의 재앙에 처하게 될 것이라고 경고하였다.

초기 선지자의 역사관은 언약 신학에 확고히 그 닻을 내리고 있다. 하나님은 궁극적으로 의에 대하여 축복의 상을 주고 악에 대하여 실패와 파괴로 벌하실 것이다.

종의 노래가 전파되었을 때, 예언된 파괴는 이미 백성에게 현실화되어 있었다. 그들의 나라가 폐허가 되어 있고, 그들은 바벨론에 포로가 되어 있었다. 그들의 교만한 자기 의는 산산조각이 났고, 그들은 이제 절망에 차 있었다. 처벌은 아주 철저한 것이어서 도무지 그들에게 미래가 없는 것같이 보였다. 정의가 요구하는 것보다 훨씬 더 심한 것으로 보이는 고난을 그들은 어떻게 이해할 수 있을 것인가? 아마도 그들은 하나님께 버림받은 것일까? 그들은 이렇게 말하였다.

"내 길은 여호와께 숨겨졌으며 내 송사는 내 하나님에게서 벗어난다 하시느냐" (40:27).

백성이 이제 그러한 절망의 손아귀 아래 있을 때, 이전의 선지자들이 영원한 구원과 보호의 하나님으로 생각하는 그들의 하나님에 대한 고정 관념을 뒤집어 놓은 것과 같이, 선지자는 하나님을 심판의 하나님으로 보는 그들의 고정 관념을 뒤집어 놓으며, 그들의 고난에 대한 근본적인 새로운 이해 방법을 제시한다.

선지자는 "멸시를 받아 사람들에게 버림받게" 되었고, "귀히 여기지 아니하였"고, "우리는 생각하기를 그는 징벌을 받아 하나님께 맞으며 고난을 당한다"고 한 사람에 대하여 이야기한다. 즉, 그 실패와 고난이 옛적 언약의 사고 방식에 기초하면 그는 하나님이 싫어서 버린 이라는 것을 보여 주는 것 같았다. 선지자는 포로된 이스라엘의 처지에 있는 이에 대하여 이야기하고 있다.

그러나 그러한 고난을 당한 이 사람은 사실 하나님이 버리신 것이 아니다. 그 반대로, 그의 고난은 구속의 의미가 있는 것을 보게 된다. 그는 다른 사람의 죄 때문에 벌을 받고 있는 것이다.

"그는 실로 우리의 질고를 지고 우리의 슬픔을 당하였"노라 (53:4).

그러나 다른 사람의 죄를 대신하는 고난이 어떻게 정의를 이룰 수 있다는 것인가?

이 질문을 답하기 위하여, 우리는 앞에 나오는 종의 노래의 구절을 보아야 한다. 거기서 우리는 이 난해한 주의 종에 대하여 무언가 배우게 된다. 그는 그의 목적을 다루기 위하여 폭력을 사용하지 않을 것이다.

"그가 이방에 정의를 베풀리라… 상한 갈대를 꺾지 아니하며 꺼져가는 등불을 끄지 아니하"리라 (42:1, 3).

옛적에 생각한 왕이신 메시야(11:4)와는 달리, 종은 그의 명령으로 악인을 죽임으로 정의를 이루지 않을 것이다. 이제 선지자는 의인이 폭력으로 정의를 이루려고 들면 더 큰 폭력에 이를 뿐이라는 것을 알게 되었다. 징벌을 받은 사람들은 일반적으로 그들이 받고 있는 징벌이 합당한 것이었다고 생각하지 않는 법이다. 그래서 부당하다는 생각에 결국 그들은 복수와 무죄 입증을 추구하게 될 것이다. 그리고 역사가 보여주는 대로 악순환이 끊임없이 계속될 것이다.

이 시점에서 절망하고 있는 이스라엘이 할 수 있는 한 가지 가능성은 그들에게 이러한 엄청난 비극을 가져다 준 이들에게 복수할 기회가 올 때까지 증오의 불을 조용히 지피고 있을 수 있었을 것이다. 다른 구절에서 이스라엘을 압박한 이들에 대한 하나님의 복수에 대하여 이야기하고 있는 반면 (47:3; 49:26), 여기 종의 노래에서 적어도 원칙적으로는 복수가 인간 차원에서 포기되고, 근본적으로 새로운 길이 구상된다.

(나머지 비디오 내용은 86쪽에서 계속됩니다)

정보 (내용 요약)

이사야 40－55장은 네 편의 종의 노래(42:1-4; 49:1-6; 50:4-11; 52:13-53:12)에서 근본적으로 새로운 형태의 예언을 담고 있다.

종의 노래에서 선지자가 자기자신에 대하여 이야기하고 있는지, 이스라엘에 대한 것인지, 또 다른 사람에 대한 것인지 알기 어렵다; 그러나 선지자가 하나님의 메시지를 가져올 새로운 유형의 인물에 대하여 이야기하고 있는 것이 확실하다.

종의 노래에서, 고난은 다른 사람을 위하여 지는 징벌로, 구속적인 것으로 보고 있다.

주의 종은 하나님의 목적을 이루기 위하여 폭력을 사용하지 않는다.

어떤 사람의 외적 조건을 보고 그가 하나님 보시기에 의로운지를 가름할 수 없다.

대화

종의 노래는 우리가 고난을 보는 태도를 어떻게 변화시키는가? 이 노래들은 우리가 의를 이해하는 방법을 어떻게 변화시키는가?

성경과 교재

(50분)

바벨론 제국, 바사 (페르시아) 제국, 포로와 귀향 세 지도와 역사적 배경 연대표를 잠시 보고 이사야 40－55장의 배경을 살펴 보라.

이사야 40－55장에서 구속자 하나님의 개념이 얼마나 중요한지 이해하기 위하여 각자가 이 장들을 조용히 읽으면서 구속자, 구속, 구속된 등의 단어가 나올 때마다 밑줄을 긋게 하라. 그리고 3-4명씩 짝지어, 본문이 우리 구속자 하나님에 대하여 무엇을 말하고 있는지 보기 위하여 이 말이 나오는 곳을 하나씩 살펴 보라. 사람들은 주석이나 성서사전을 보기 원할지도 모른다.

선지자가 우상 숭배를 어떻게 여기고 있는지 보기 위하여, 이사야 44:9-20을 소리내어 읽어라. 그리고 다음 질문들에 대하여 생각하라: 현대인은 하나님을—심지어 자기자신의 신을 만들어 가면서—우리 자신의 목적을 위하여 어떻게 조종하려고 드는가? 바벨론의 이사야는 그것에 대하여 무슨 말을 할까?

3-4명씩 짝을 지어, 종의 구절들(42:1-4; 49:1-6; 50:4-11; 52:13-53:12)을 연구하라. 첫째, 네째, 다섯째 날의 노트를 사용하여, 다음 질문들에 대하여 토의하라: 종이 어떻게 묘사되고 있나? 종의 사명은 무엇인가? 종은 그의 일을 어떻게 이루고 있는가? 종은 어떤 취급을 받았나? 이 구절들은 하나님과 고난에 대하여 무엇이라고 말하는가?

휴식

(10분)

말씀과의 만남

(40분)

성경 본문: 이사야 55장

칠판이나 큰 용지 위에 이사야 55장의 다섯 문단의 절수를 관찰한 내용을 기록할 수 있는 여백을 남기고 하나씩 적어라: 55:1-2 (주리고 목마른 사람들에게 초대), 55:3-5 (영원한 언약), 55:6-9 (회개하라, 때가 찼다), 55:10-11 (하나님의 말씀의 역사), 55:12-13 (새 출애굽). 각 문단을 크게 읽으면서 주요 단어, 은유, 비유, 가능한 의미 등을 기록하라. 공부반원들의 생각을 기록한 후에, 관찰한 내용들을 보완하기 위하여 주석을 참고하라. 교재 101쪽 상반부에 나오는 질문에 대하여 이야기하라.

순종하는 공동체의 모습

(20분)

순종하는 믿음의 공동체는 하나님은 모든 것이 가능하신 분이라는 것을 알고 위로를 찾으며, 그러한 가능성을 기다리는 동안에도 그분을 믿고 의지한다.

"인간의 모습"과 순종하는 공동체의 모습을 소리내서 읽어라. 이사야 40:28-31을 함께 낭독하라. 그리고 2-3명씩 짝을 지어 "순종하는 공동체의 모습" 아래 있는 질문들에 대하여 토의하라.

폐회 기도

(5분)

13과를 열고 금주의 기도제목을 적어라. 기도로 폐회하라.

13 새로운 세상을 위한 하나님의 비전

개회 기도

(5분)

토의 시작

(20분)

준비

발표자: 한진희 박사

예배와 의에 대한 메시지에 귀를 기울여 보라.

이사야서의 마지막 열한 장을 대할 때에, 우리는 노래하며 시온으로 돌아오겠다(이사야 35:40-55)고 했던 이사야 40-55장의 여호와의 구속된 자들의 행진하는 발소리는 어떻게 된 것인가 궁금하게 생각한다. 더 이상 열정이 중심 주제가 아니다. 이제는 열정의 음악 대신에, 종교 공동체의 지도층에 대하여, 또 이스라엘 백성 편에서는 회개가 없음에 대하여 날카로운 말을 하는 외로운 선지자가 나온다.

이사야 40-55장의 구원의 말씀은 어떻게 된 것인가? 우리는 이제 그 성취가 아직 오지 않았다는 말을 듣게 된다. 사람들이 시온으로 돌아왔다. 그러나 고향의 상황은 호의적이지 못함을 보게 되었다. 땅을 잘 돌보지 못했었고 포로 시대에 그 곳에 남아 있던 사람들이 귀향민을 꼭 환영하는 것은 아니었다. 소망을 갖는 것과 소망의 꿈을 살려 나가는 일은 별개의 것이었다. 돌아온 사람들은 포기하고 싶은 상황에 놓였다. 포로시대 이전의 선지자들의 경고가 이해되는 시대였다. 이사야 56-66장의 선지자도 그의 시대에 대하여 낙관적이지 않았지만, 보다 나은 미래를 소망하는 힘이 있었다.

그는 하나님의 약속이 사라지도록 내버려두지 않았다. 그는 현재의 상황이 아니라고 하여도 나는 그것이 우리의 미래를 결정짓게 하지는 않을 것이다. 하나님이 우리를 인도하는 빛이 될 것이라고 말했을 것이다.

"일어나라 빛을 발하라 이는 네 빛이 이르렀고 여호와의 영광이 네 위에 임하였음이니라" (60:1).

꿈이란 칙령으로 이루어지는 것이 아니다. 거기에는 노력과 땀과 눈물이 따라야 한다.

이전의 선지자들은 세계를 살펴 보다 앗수르와 바벨론의 대제국의 흥망을 보고 예언을 시작했다. 이제, 이사야 56-66장에서, 선지자에게는 이사야 40-55장의 음조를 달리하도록 영감을 주었던 것과 같은 극적인 역사의 현장의 변화는 없었다. 새로운 시대의 표적은 우연히 나타나는 것이 아니다. 그것은 백성이 가꾸어야 하는 것이다. 회복과 화해와 재건을 위하여 일하여야 한다. 꿈이 실현되기 위해서는, 귀향민의 귀향이 다시 시작되어야 한다.

"이스라엘의 쫓겨난 자를 모으시는 주 여호와가 말하노니 내가 이미 모은 백성 외에 또 모아 그에게 속하게 하리라 하셨느니라" (56:8).

이사야 57:14는 이사야 40장 3절과 다른 절에 나오는 노래의 후렴이다.

"돋우고 돋우어 길을 수축하여 내 백성의 길에서 거치는 것을 제하여 버리라."

하나님의 시온에 대한 이러한 새로운 환상 가운데, 선지자는 제외되었던 이들이 포함되는 것을 내다보고 있다. 전에는 하나님의 약속에 대하여 외인(Foreigners)이었던 사람들과 그들의 신체적 조건 때문에 하나님의 약속에서 제외된 사람들이 이 재건 사업에 동참할 것이다 (56:3-8; 60:10). 하나님의 시온의 구성원의 이러한 과감한 재구성에 대하여 모든 이가 동의하는 것은 아니었다. 그들을 정식 회원으로 받을 것인가? 아니면 아마 벽을 건설하기 위한 노동력으로만 받을 것인가? 정식 시민권보다 격이 낮은 것으로 받을까 (61:5-6)? 그들이 더디 반응하면, 그들의 운명은 파괴이다. 이 마지막 장에서, 이방 나라들은 아직도 대적이며 하나님의 진노의 대상이다. 이와 같이 온전하지 못한 위협적인 세상에서, 선지자는 하나님께서 많은 언어와 지파와 나라들을 모으셔서 포함시키시는 것을 목격하였다. 이제 하나님의 영광으로의 초대는 전 세계에 전해졌다. 하나님은 모든 백성들의 구주라는 말이다. 예배 처소는 "만민의 기도하는 집이라 일컬음이 될 것이라" (56:6-7).

이러한 환상을 준비하기 위하여, 하나님의 백성은 재정돈하여야 한다. 불의가 없어져야 한다. 억압도 사라져야 한다. 허례의식도 사라져야 한다. 우상 숭배도 사라져야 한다. 욕심은 많고 의식이 없는 부패한 지도자들도 사라져야 한다 (56:9-12). 복음은 회개하는 자에게 온다. 회개는 치유와 온전함을 가져오기 때문이다.

새 세상은 참된 예배의 영성이 정의를 추구하는 공동체의 삶으로 뒷받침되는 세상이다. 구원의 능력은 의식(Ritual)에 있지 않고, 의(Justice)에 있다. 하나님의 백성은 금식을 할 것이며, 바로 이것이 그들이 하게 될 종류의 금식이다.

"흉악의 결박을 풀어 주며 멍에의 줄을 끌러 주며 압제 당하는 자를 자유하게 하며 모든 멍에를 꺾는 것 아니겠느냐" (58:6).

바로 그것이 하나님이 원하시는 금식으로, 가난한 자에게 나누어주고 도움의 손길을 펴는 것이 그 특징이다.

이사야 55-66장의 선지자 자신도 정의와 자유의 견지에서 그의 선지 사역의 소명을 이해하고 있다.

"주 여호와의 영이 내게 내리셨으니 이는 여호와께서 내게 기름을 부으사 가난한 자에게 아름다운 소식을 전하게 하심이라

나를 보내사 마음이 상한 자를 고치며 포로된 자에게 자유를, 갇힌 자에게 놓임을 전파하며 여호와의 은혜의 해와 우리 하나님의 보복의 날을 전파하여 모든 슬픈 자를 위로하"려 하심이라 (61:1-2).

곧 누가복음에서 예수의 마음을 사로잡은 구절이다.

이러한 계획에서 이스라엘은, 하나님의 약속을 배타적으로 차지하는 사람들이 아니라, 하나님의 백성을 재구성하는 데 도구가 되는 사람들로서 맡을 중요한 역할이 있다. 그래서 하나님의 백성은 이스라엘 백성으로 제한되지 않을 것이지만, 하나님의 종의 의미대로 사는 백성은 그 특별한 위치를 잃지 않을 것이다.

(나머지 비디오 내용은 87쪽에서 계속됩니다)

정보 (내용 요약)

이사야 55-66장은 바벨론 포로에서 돌아온 얼마 후에 이스라엘 공동체에게 전해진 말씀이다.

선지자는 이방인들과 환관들도 하나님의 언약을 지키기만 한다면 환영하는 하나님의 백성의 공동체를 묘사하고 있다.

정치적 부패와 우상 숭배는 아직도 심각한 문제다.

제사의 행위만으로는 충분하지 않다.

하나님은 공평을 추구하고 가난하고 억눌린 사람들에게 자비를 베푸는 의를 원하신다.

하나님은 이스라엘만의 하나님이 아니시다; 하나님은 모든 사람의 구주시다.

대화

선지자는 예배에 대하여 무엇을 말하고 있는가? 의가 요구하는 것은 무엇인가?

성경과 교재

(50분)

이사야 56-66장을 역사적 배경에서 보기 위하여, 교재 104쪽의 처음 네 문단을 검토하라.

바벨론 포로에서 돌아온 사람들 중에는 이사야 40-55장의 약속으로 기대한 만큼 삶이 영화롭지 못한 데 실망하고, 왜 그런가 의아하게 여기는 사람들이 있었다. 선지자는 이사야 59:1-2에서 한 가지 대답을 제시한다: 구원은 하나님께서 시작하시는 일이지만 이스라엘의 행위가 그 거룩한 역사를 방해할 수도 있고 속히 오게 할 수도 있다. 4명씩 짝을 지어, 이사야 56:9-12; 57:1-13; 59:1-15에 언급된 여러 죄악의 목록을 만들라. 그리고 다음 질문들에 대하여 토의하라: 이 죄목들 중에서 어떤 것이 오늘날 우리 주위에서 볼 수 있는 것인가? 시대마다 사람들은 똑같은 실수를 저지르는 경향이 있는 것으로 보이는데 그 이유는 무엇인가?

이사야 56:1-8은 안식일을 지키라는—그러나 새로운 약속과 함께 주신—간청이다. 3-4명씩 짝을 지어, 첫째 날의 노트를 써서, 본문을 살펴 보라. 그리고 다음 질문들을 토의하라: 전에 신앙의 공동체에서 제외되었던 두 부류의 사람들은 어떤 사람들이었나? 왜? 이제 그들에게 주어진 약속이 무엇인가? 하나님께서 받으시는 기준은 무엇인가? 현대 교회에 주는 의미는 무엇인가?

휴식

(10분)

말씀과의 만남

(40분)

성경 본문: 이사야 58장

이사야 58장을 소리내서 읽어라. 2-3명씩 짝을 지어 다음 질문들을 토의하라: 선지자는 거짓과 참 예배를 어떻게 구분하는가? 중심 주제로 보이는 것은 무엇인가? 본문은 거룩한 자비의 대상에 대하여 무엇을 말하고 있는가? "안식일에 네 발을 금하여"라는 말은 무엇을 의미하는가? 마지막 두 질문에 대하여 함께 연구하라: 우리가 본문을 심각히 받아들인다면, 우리는 각자의 삶에서 어떻게 변화되어야 하는가? 우리는 믿음의 공동체로서 어떻게 변화되어야 하는가? (효과적인 성경 교수법 25-28쪽을 보라.)

순종하는 공동체의 모습

(20분)

순종하는 믿음의 공동체는 비전을 가지고 소망을 잃지 않으며, 먼 안목을 가지고 미래를 대비하면서 현재에도 충실하다.

"인간의 모습"을 읽어라. 이사야 56-66장을 처음 받았던 사람들이 어떤 실망을 직접 체험했으며, 절망의 이유에는 어떤 것이 있는지 이야기하라. 이끌어 주는 환상의 중요성을 선지자가 강조한다는 데 주목하라. 이 본문에서 하나님께서 원하신 모습대로의 삶과 죄의 심판이 균형을 이루고 있는 곳들을 찾아 보라. 2-3명씩 짝을 지어 다음 문제를 토의하라: 당신이 전진할 수 있게 해주는 빛나는 은혜의 모습의 예를 들어 보라. 그리고 교재의 "순종하는 공동체의 모습" 아래 있는 질문에 대하여 토의하라.

폐회 기도

(5분)

14과를 열고 금주의 기도제목을 적어라. 기도로 폐회하라.

14 평안한 하나님의 도시

개회 기도

(5분)

토의 시작

(20분)

준비

발표자: 데빗 L. 피터슨 교수

학개와 스가랴가 이야기하는 성전 재건의 중요성에 주의를 기울이라. 왜 다리오 왕에 대한 언급이 중요한가?

학개와 스가랴서는 두 책 다 그들의 역사적 시대를 밝히는 구절로 시작한다. 이 구절들은 아모스나 예레미야서와 같이 다른 선지서의 처음에서 찾아 볼 수 있는 것과 비슷하다. 그러나 한 가지 크게 차이나는 것이 있다. 전의 선지서는 이스라엘의 왕이나 유다의 왕에 관한 언급으로 시작하는 반면, 학개와 스가랴는 이방의 왕 다리오에 관한 언급으로 시작한다.

이러한 간단한 차이점에는 이스라엘의 하나님을 섬기는 사람들에게 일어난 주요한 변화가 반영되어 있다. 주전 약 1000년에서 600년의 기간 동안에 그 사람들은 다윗 왕조의 왕이 다스리는 나라에서 살았다. 그 왕족이 아직 살아 있긴 하였지만, 한때 왕국이었던 것이 이제 오히려 바사(페르시아)의 작은 한 지방이 되어 버렸다.

고대 근동의 전체 지도에서 유다 지역은 작았음에도 불구하고 중요한 곳이다. 첫째, 그곳은 페르시아인들에게 중요하였다. 우리가 지금 유다라고 부르는 지방은 페르시아 제국의 서부 끝에 놓여 있다. 그러한 위치에서, 그 곳은 전략적인 중요성을 지녔다. 페르시아는 애굽을 통치하고 지중해 연안의 뵈니게 도시들에 영향을 끼치기를 원하였다. 페르시아의 군대는 이 지역을 지나다니며, 그들의 군대를 위한 식량과 물자를 필요로 하였다. 이 모든 것은 주전 520년, 학개와 스가랴가 둘 다 활동하고 있을 때에, 페르시아의 왕, 다리오는 이 지방의 사람들이 가능한 한 흡족해 하고 서로 받아들이며 살기를 원하였다. 그 결과, 페르시아인들은 예루살렘 성전의 재건을 위한 기금을 포함하여, 이 지방의 주요 건축 사업에 필요한 물자 등을 제공해 주었다.

둘째, 유다는 하나님을 섬기는 이들에게 중요하였다. 이스라엘의 하나님을 섬기는 사람들은 지금, 애굽과 구브로와 바벨론과 기타 등지에 살고 있었다. 지금은 초기 유대교라고도 부를 수 있는 이스라엘의 하나님에 대한 예배는 진정으로 국제적인 종교가 되었다. 그러나 예루살렘은 여전히 신학적-지리적인 초점 지역이었다. 성전이 폐허에 놓여 있었지만, 시온에 계신 하나님의 임재라는 개념은 시편과 다른 문서에 보전되어 있었다.

에스겔이 분명히 보여준 대로, 포로들에게 하나님이 임재하여 계셨다. 그러나 예루살렘은 여전히 특별히 거룩한 곳이었다. 성전이 재건되기 전에도, 여러 종류의 예배가 예루살렘에서 여전히 진행되고 있었다. 그러나, 특히 민수기와 레위기에 묘사된 대로 정규적 순서로 드려지는 제사와 다른 격식을 갖춘 예배는 성전이 재건되어야만 행해질 수 있었다.

그래서, 페르시아인과 이스라엘인 모두에게, 성전 재건은 적합한 일이었다. 그러나 준비 단계에서 몇 번 시도했으나, 그 건물은 여전히 건설되지 않고 있었다.

여기서 학개와 스가랴가 등장한다. 둘 다 거의 비슷한 시대에 활동하였다. 둘 다 예루살렘에 정치와 종교 질서를 회복하는 일을 돕는 데 관심이 있었다. 그러나 그들은 아주 다른 문학적, 정치적, 신학적 접근법을 제시하고 있다. 학개와 스가랴를 하나씩 살펴보자.

학개서는 전적으로 성전 재건의 중요성에 초점을 두고 있다. 그러나 그 선지자가 말하는 것은 새 교회 건물 건설이나 건물 수리를 위한 오늘날의 기금 모으기 운동과 아주 다르다. 학개는 성전 건축이 세상이 돌아가는 법과 연결되어 있다고 주장한다. 한편, 그는 성전이 폐허에 놓여 있기 때문에 농사에 재난이 닥쳤다고 말한다. 가뭄과 병충과 곰팡이와 우박이 유다의 농사를 멈추게 하였다. 또 한편, 그는 성전이 재건되면 측량할 수 없는 부가 이 작은 지역에 쏟아져 들어올 것이라고 주장한다.

성전 재건에 대한 이러한 거의 기적적인 효능이 아마 우리에게 이상하게 들릴 것이다. 그러나, 이스라엘은 하나님이 특별히 예루살렘에서 그들에게 임재하여 계시다는 깊은 느낌을 가지고 있었다. 하나님의 내적 임재에 대한 적절한 지상의 상징이 없이, 만사가 우주 전체에 혼돈 가운데 있었다.

스가랴서는 주로 그 책이 환상 기사와 예언 말씀을 담고 있어서 훨씬 더 복잡한 묘사를 제시하고 있다.

첫째, 환상에는 생생하지만 이상한 형상을 쓴 원색적인 그림이 제시된다. 만일 우리가 이 환상들을 즉시 이해하지 못한다고 해도 우리는 당혹해 할 필요가 없다. 그 이유는 스가랴 자신도 그 말씀을 항상 이해할 수는 없었다는 것을 본문이 매우 확실히 말해 주고 있기 때문이다. 제일 처음 환상의 기사에서 선지자가 몇 마리의 말을 보고 이에 대하여 즉시 "이들이 무엇이니이까?"라고 응답하는 것을 본다.

이러한 이해하기 어려운 환상들은 말씀을 전하는 상황을 제시하고 있다. 그 첫째 환상에서, 우리는 스가랴 1:11에서 그 메시지를 들을 수 있다. "온 땅이 평안하고 조용하더이다." 표면으로는, 그것은 아주 좋게 들린다. 그러나 주님의 천사는 그것이 나쁜 소식인 것처럼 반응한다. 천사는 한탄하는 말을 한다: "만군의 여호와여 여호와께서 언제까지 예루살렘과 유다 성읍들을 긍휼히 여기지 아니하시려나이까?" 이 천사는 초기 페르시아 시대 동안의 세상의 평화와 안정이 예루살렘에게 나쁜 소식인 것을 알고 있다. 예루살렘은 회복되지 않은 도시로 남게 된다. 구 질서를 대체할 새 질서가 없다. 그래서 세상이 평안하다는 것은 예루살렘에게 나쁜 소식을 의미한다.

하나님이 이 도성을 위하여 행동하실 것이라는 것을 보여주는 환상이 계속된다. 스가랴 6장에 나오는 마지막 환상 끝에 우리는 다시 말을 보는데, 이번에는 말들이 돌아다닌다. 여러 움직임이 있다. 그 중간의 환상에서, 우리는 여러 면에서 예루살렘과 그 곳에 위치한 정치와 종교 질서가 회복되고 있다는 것을 듣게 된다.

(나머지 비디오 내용은 87쪽에서 계속됩니다)

정보 (내용 요약)

약 50년의 포로생활 후 유다 백성은 고향으로 돌아가라는 허락을 받았다.

유다는 이제 독립국이 아니라 바사 (페르시아) 제국의 한 지방이다.

주전 520년 (학개와 스가랴가 활동하던 시대에) 페르시아의 왕 다리오는 예루살렘에 성전을 재건할 기금 중 일부를 제공해 주었다.

성전이 재건되면, 부가 그 지역으로 쏟아져 들어올 것이라고 학개서는 말하고 있다.

스가랴 9-14장에는 생생하면서도 기괴한 이미지가 담긴 환상이 나온다.

스가랴 1-8장에서 선지자는 전에 포로 되었던 사람들에게 금과 은을 구할 뿐 아니라 하나님이 이스라엘을 돕기 위하여 하시고 있는 일의 중요성에 대하여 강조한다.

예루살렘의 제2성전은 에스라와 느헤미야 시대에 초기 유대교가 형성되는 중심지였다.

대화

학개와 스가랴의 메시지는 어떻게 비슷한가? 또 어떻게 다른가?

성경과 교재

(50분)

학개서와 스가랴 1-8장과 에스라 1-6장을 역사적 관점에서 보기 위하여, 역사적 배경 연대표에서 성전이 재건된 시점을 찾아라. 당시 누가 바사(페르시아)의 왕이었는지 주목하라. "추가 연구"를 공부한 사람에게서 관련 정보를 들어라.

학개가 성전을 재건하는 운동을 시작한 것을 보기 위하여, 학개 1-2장을 조용히 읽고 교재 113쪽을 검토하라. 그리고 다음 질문들을 토의하라: 사람들이 성전을 재건하지 않는 데는

어떤 핑계가 있는가? 주의 일에 참여하지 않으려고 우리가 내놓는 핑계는 무엇인가? 학개는 백성을 북돋아 주기 위하여 무엇을 말하였나? 우리가 하나님을 위하여 담대히 위험을 무릅쓰도록 북돋아 줄 만한 것이 무엇인가? 선지자의 충고는 어떤 면에서 확신을 주는가? 어떤 면에서 근심케 하는가?

스가랴서의 전반부에는 여덟 개의 일련의 상징적 환상이 포함되어 있다—1:7-17; 1:18-21; 2:1-5; 3:1-10; 4:1-14; 5:1-4; 5:5-11; 6:1-8. 네 그룹을 만들라. 각 그룹이 두 개의 환상을 연구하고 그 환상의 의미를 전체 그룹에서 발표하도록 하라. 세째 날과 네째 날의 노트와 주해 성경의 주와 교재 114쪽을 사용하라. 그리고 둘씩, 교재 115쪽 맨 위에 있는 질문에 대하여 토의하라.

휴식

(10분)

말씀과의 만남

(40분)

성경 본문: 스가랴 8:1-17

스가랴 8:1-17을 소리내서 읽어라. 그리고 공부 반원들로 하여금 본문을 조용히 읽으면서 주요 단어와 구절에 밑줄을 긋게 하라. 그리고 3-4명씩 짝지어 다음 질문들에 대하여 생각하라: 본문이 우리에 대하여 무엇을 말해 주는가? 본문은 여자와 남자에 대하여 우리에게 무엇을 말해 주는가? 소년과 노인에 대하여는? 본문은 하나님과 인간의 관계에 대하여 우리에게 무엇을 말해 주는가? (효과적인 성경 교수법 29-33쪽을 보라.)

순종하는 공동체의 모습

(20분)

순종하는 믿음의 공동체는 오늘 하나님이 우리에게 주시는 사명을 믿음으로 응답하면서 곧 받아들인다.

"인간의 모습"과 교재의 "순종하는 공동체의 모습" 아래 있는 첫 번째 문단을 소리내서 읽어라. 거기 나오는 질문들에 대하여 이야기하라. 하나님은 어떻게 당신이 행동할 수 있도록 용기를 북돋아 주시는가?

폐회 기도

(5분)

15과를 열고 금주의 기도제목을 적어라. 기도로 폐회하라.

15 하나님이 시온을 회복하실 것이다

개회 기도

(5분)

토의 시작

(20분)

준비

발표자: 토마스 L. 호이트, Jr. 감독

오바댜, 요엘, 말라기, 스가랴에 관한 정보와 그들이 신약의 가르침에 미친 영향에 귀 기울여 보라.

신약에서 구약을 인용하고 있는 것은 믿음을 이해하려는 노력이다. 구약의 글은 그들 자신의 시대와 연관된 역사적 상황을 다루고 있다. 그들은 하나님에 대한 믿음의 의식에서 이 일을 한다. 그 사람들의 소망의 일부는 그들 자신의 역사에서 성취되었다. 그래도 또 다른 소망이 기대되면서 미래의 시간으로 연장되었다. 신약의 기자들은 유대인의 성경을 자기자신의 것으로 취하여, 예수의 새 사건을 하나님께서 그의 백성 가운데 행하신 일에 대한 옛 성경 말씀에서 이해하려고 하였다.

예수 그리스도 안에서 새롭게 발견한 믿음을 변증하면서 신약의 기자들은 예수에 대한, 그리고 그에 관한 믿음을 설명하고, 확대시키고, 변증하기 위하여 유대 성경의 가르침을 사용하였다. 이 점을 더 분명히 밝히기 위하여, 몇몇 신약 문서와 연관된 주제가 있다는 것을 보여 주기 위하여, 오바댜, 요엘, 말라기, 스가랴의 가르침 중 몇 가지를 살펴보자.

먼저 주의 날을 살펴보자. 구약의 예언에 두드러지게 나타나는 "주의 날"은 신약의 "하나님의 날"의 개념을 형성해 준다. 때때로 오바댜서에서 보는 바와 같이, 주의 날은 하나님이 가까운 장래에 이스라엘의 대적에게 갑작스러운 멸망을 가져올 날로 생각한다. 예를 들면, 오바댜는 에돔의 멸망을 주의 날이 오는 것으로 예언한다 (15-16절). 다른 때에 주의 날은 이사야 13장 9절에서 11절까지에서와 같이 심판과 구원의 마지막 종말의 날, 마지막 날을 지칭한다. 그것은 이스라엘의 대적뿐 아니라 또한 방탕한 이스라엘에 대한 심판의 날로 묘사된다. 이 날은 심판과 재난을 가져올 뿐 아니라 구원을 가져온다.

이와 같이 우리는 요엘 2장 32절에서 주의 날이 도래하기 전에 주의 이름을 부르는 모든 이에게 구원을 약속하는 것을 본다. 그리고 말라기 4장에서 "크고 두려운 〔주의〕 날" (1절과 5절)의 도래에 관하여, 악행하는 자에게 심판이 선포될 뿐 아니라, 하나님의 이름을 두려워하는 모든 이에게 치유와 기쁨이 약속된다 (2절).

예수의 죽음과 부활의 첫째 증인들은 주의 날이 이미 와서 현세대를 끝내고 새로운 시대를 도래시켰다고 주장하였다. 이것이 선지자들이 예언한 시대였다. 예수로 시작된 새로운 시대의 표적은 성령의 부어주심이었다.

말라기가 신약 복음서에 영향을 끼친 한 가지 이유는 많은 유대 사람들이 말라기 이후에는 참 선지자가 없다고 믿었으며, 종말이 가까워질 때 비로소 예언이 회복될 것이라고 믿었기 때문이다. 신약의 기자들은 독자들에게 세례 요한이 마지막 시대의 시작을 선포한 선지자라고 알려 주고 싶어한다. 메시야가 오는 것을 알리고, 그 길을 예비하는 세례 요한은 (마가복음 1:6), 최후의 심판이 임하리라는 것을 알리기 위하여 다시 온 엘리야로 동일시되었다 (말라기 3:1; 4:5-6).

세례 요한은 이러한 심판에 관한 전통에 깊이 심취하여 은혜를 베풀기 위하여 온 메시야를 영접하기를 어려워하였다. 이렇게 누가복음 7장 20절에서 요한은 그의 제자들 중 몇을 예수께 보내어 "오실 그이가 당신이오니이까 우리가 다른 이를 기다리오리이까"라고 그의 메시야 되신 것이 어떤 성격의 것인지 여쭙게 한다. 말라기에 구원의 전통이 있었지만, 심판의 전통이 세례 요한의 메시야관에 영향을 주었던 것이다.

신약 기자들은 예수를 제사장이요 선지자요 왕으로 묘사하고 있다. 말라기에 따르면, 오실 메시야는 의로운 왕이 하는 일을 하실 것이다: 외모로 판단하지 않으시고, 가난한 자에게 공의를 베푸시고, 땅의 온유한 자를 위하여 공평으로 다스리실 것이다 (말라기 3:5). 오실 이는 구원이 이르도록 하실 것이다.

예수께서 예루살렘에 입성하실 때 (마태복음 21:1-9; 마가복음 11:1-10), 그는 분명히 스가랴 9장 9절의 왕에 관한 예언을 성취하셨다.

> "시온의 딸아 크게 기뻐할지어다
> 예루살렘의 딸아 즐거이 부를지어다
> 보라 네 왕이 네게 임하시나니
> 그는 공의로우시며 구원을 베푸시며
> 겸손하여서 나귀를 타시나니
> 나귀의 작은 것 곧 나귀 새끼니라."

스가랴 본문에 대한 이러한 신약의 이해는 구약의 종말 약속을 구원 시대의 예언으로 합당하게 보았다고 할 수 있다. 예수의 행위는 이 사건 안에 하나님께서 비범한 방법으로 하나님의 백성을 구원하기 위하여 일하고 계시다는 믿음을 확인시키는 데 그 의도가 있었다.

이제 성령의 선물을 마지막 때를 위하여 선지자들이 약속하였다. 요엘 2장 28절은 하나님이 하나님의 백성 가운데 오시어 그 백성을 깨끗하게 하시고, 하나님 대신에 말할 수 있는 능력을 그들에게 베풀어주시는 시대에 대하여 이야기하고 있다. 마가복음 1장 8절에, 예수에 대하여 성령이 물과 같이 부은 바 되었다. 이것은 마지막 시대에 성령이 깨끗하게 하시며 선지자로 기름부음을 주시리라는 것을 강조하였던 예수 시대의 유대교 전통에 부합하는 것이다.

요엘 2:28-32의 예언이 사도행전에서는 베드로의 설교에 포함되어 있다. 요엘에서 나온 긴 인용구는 하나님이 유다와 예루살렘의 사정을 회복시키는 날에 일어날 일을 묘사하면서 예언하고 있다 (요엘 3:1). 일반적인 묵시의 표적, 곧 마지막 시대의 징조뿐 아니라 (사도행전 2:19-20), 환상과 꿈과 특히 예언을 가져오는 하나님의 영의 부으심도 있었다 (사도행전 2:17-18). 사도행전의 기자, 누가는 분명히 사도들이 다른 방언으로 말하는 것을 요엘의 예언의 성취로 이해한다.

마지막 시대에 예언된 성령의 부으심은 예수의 사역에서 (누가복음 4:18-19), 그리고 교회의 삶에서 (사도행전 2:16-21) 성취되었다. 모든 그리스도인들이 성령을 받은 사람들이므로, 사도행전 2:18에서 베드로가 요엘서에서 인용한 부분에 덧붙여 선포한 대로—그 말씀을 다시 인용해 보면, "저희가 예언할 것이요"라고 하신 대로 모든 그리스도인들이 예언자들이다. 그리스도를 증거하는 사명이 남자나 여자나 똑같이 모든 제자들에게 주어졌다 (사도행전 1:5, 8).

(Thomas L. Hoyt, Jr.)

정보 (내용 요약)

신약의 기자들은 그들 자신이 예수를 믿는 믿음과 예수에 대한 믿음을 확대시키고, 설명하고, 변호하기 위하여 유대인의 성경을 사용하였다.

"주의 날"은 "하나님의 나라"의 개념을 형성하는 데 도움을 준다.

이 날은 심판과 재앙을 가져올 뿐만 아니라 구원도 가져온다.

예수로 시작된 새 시대의 표적은 성령의 부음이었다.

말라기에 따르면, 기다리던 메시야는 가난한 사람에게 정의를, 그리고 온유한 사람에게 공평을 가져올 것이다.

예수께서 예루살렘에 들어가셨을 때, 그는 스가랴 9:9의 왕에 대한 예언을 성취시켰다.

대화

오바댜, 요엘, 말라기, 그리고 스가랴의 예언에서 신약의 기자들이 그들의 예수에 대한 믿음을 설명하는 데 도움이 된다고 본 것은 무엇이었나?

성경과 교재

(50분)

역사적 배경 연대표; 지리적 구분과 교통로; 선지자들: 주전 8, 7, 6세기; 바사 (페르시아) 제국 지도 등 몇 가지 자료는 성경과 교재에 나오는 정보와 관계가 있다.

2-3명씩 짝을 지어, 매일 성경 읽기와 노트를 한 번에 한 권씩 연구하고 교재 118쪽 (오바댜), 119쪽 (요엘), 120-21쪽 (말라기)에 대한 관련 질문들에 답하라.

말라기에는 하나님과 그의 백성과의 관계에 대한 질문들이 담겨 있다. 3명씩 짝을 지어, 말라기 1:2-5; 1:6-2:9; 2:10-16; 2:17-3:5; 3:6-12; 3:13-15에 나타난 질문들과 하나님의 대답을 읽어라. 그리고 한 그룹으로 만일 우리가 질문을 한다면 하나님의 대답이 같을지 다를지 토의하라.

4명씩 짝을 지어, 스가랴 1-8장과 9-14장의 어투와 관점을 비교하라. 마지막 장들에서 하나님의 나라가 오는 것에 대한 기대가 어떻게 변화하였는가? 스가랴 9-14장에서 오늘날을 위하여 얻어 낼 수 있는 교훈은 무엇인가?

휴식

(10분)

말씀과의 만남

(40분)

성경 본문: 요엘 2:1-27

공부 반원들에게 눈을 감고 당신이 본문을 크게 읽을 때에 소리와 냄새와 시각과 맛과 촉감에 귀를 기울여 보라고 하라. 그리고 그들에게 본문을 조용히 읽으면서 자신에게 오감을 통하여 오는 정보의 목록을 각자 만들라고 하라. 짝과 함께 본문과 목록을 낱낱이 이야기하라. 다음 질문에 대하여 토의하라: 당신의 오감을 통하여 다른 정보가 당신에게 올 때 당신은 무슨 감정의 차이를 깨닫게 되었나? 이 말씀을 통하여 당신이 얻게 된 새로운 이해는 무엇인가? (효과적인 성경 교수법 48-56쪽을 보라.)

순종하는 공동체의 모습

(20분)

하나님은 신실한 분이시기 때문에 순종하는 믿음의 공동체는 소망에 차고, 성령이 충만하고, 믿음의 비전을 가지고 사는 삶을 산다.

"인간의 모습"을 조용히 읽어라. 그리고 순종하는 공동체의 모습을 함께 읽어라. 둘씩 짝을 지어, 하나님의 신실하심이 그 두 경험 사이에 어떤 중요한 역할을 하는지 말하라. 당신의 신앙공동체가 소망에 차고, 성령이 충만하고, 비전으로 인도를 받고 있다는 표적을 밝혀라. 그리고 다른 그룹과 합하여 "순종하는 공동체의 모습" 아래 있는 두 질문에 대해 토의하라.

폐회 기도

(5분)

16과를 열고 금주의 기도제목을 적어라. 기도로 폐회하라.

16 이스라엘에게 주어진 하나님의 사명

개회 기도

(5분)

토의 시작

(20분)

준비

발표자: 데빗 노엘 프리드만 교수

이 토의 시작은 하나님께서 그가 약속한 심판에 대하여 마음을 바꾸시는 것이다. 내용을 듣기 전에 혹은 읽기 전에 예레미야 26:1-19를 낭독하라.

우리 모두는 이야기의 주요 구성 요소가 큰 물고기라는 것을 알고 있다. 그것은 저자가 우리의 주의를 끌려고 하는 것이기 때문에 매우 중요하다. 어떻게 주의를 끌 수 있는가? 무슨 특별한 일이 벌어지게 함으로 주의를 끌 수 있다. 이것이 성경의 특징적인 방법이다. 대부분, 기적의 기능은 기적보다 훨씬 더 중요한 것이 벌어지고 있다는 데 주의를 기울이게 하는 것이다. 물고기 없이는, 그저 한편의 이야기에 불과하다. 요나도 물고기가 중요하다는 것을 알고 있다. 우리도 그 점을 알고 있어야 한다.

이야기는 하나님이 요나에게 니느웨 성으로 가서 선포하라고 명하심으로 시작된다. 하나님의 명령에 대한 요나의 반응은 아주 독특한 모습으로 묘사되어 있다. 요나는 그저 일어나서 욥바로 떠나는데, 욥바는 니느웨와 반대 방향이다! 이것은 선지자의 첫째 임무를 분명히 어기는 일이다. 간단히 말해서 선지자의 첫째 임무는 질문 없이 순종하는 일이다. 그것이 선지자가 할 일의 전부이고, 그 일을 해 내야 한다. 다른 길이란 없다. 요나는 분명히 선지자가 해야 할 일을 하지 않고 있었다.

다른 민족에 대한 요나의 편견에 대하여는 많이들 언급을 한다. 아마 요나는 이방인을 좋아하지 않았던 것 같다. 바로 그것이 그가 니느웨로 가기를 원하지 않았던 이유 같다. 이방인이 구원을 받을 수 있다니 말이다. 이러한 가정에 따라 요나서는 우리 모두가 가지고 있어야할 관용적이고 보편주의적인 태도를 북돋우기 위하여, 이러한 편협주의를 비판하기 위하여 쓰여졌다고들 한다. 나는 이것이 정말 그 중심 주제는 절대로 아니라고 생각한다. 한 예로, 그것은 요나에게 부당하다. 그는 모두가 이방인인 선원들, 그와 함께 배 위에 탔던 선원들에게 철저히 공손할 뿐 아니라, 그는 그들의 생명을 구하기 위하여 스스로 엄청난 위험 부담을 떠맡기까지 한다. 즉 자기자신을 배 밖으로 던지게 한다. 그것은 그의 동료 인간에 대하여 편협한 마음을 가지고 있는 사람의 행위가 아니다.

정말 문제는 다른 것이다. 요나는 하나님에 대하여 매우 고정된 관념을 가지고 있었다. 그것이 정말 논쟁의 쟁점이며, 그가 니느웨로 가기를 원하지 않았던 이유다.

요나의 문제는 "악에 대하여 하나님이 뜻을 돌이키는 것"이라는 주전 8세기의 가르침에 관한 것이었는데, 하나님이 그런 일을 하시겠다고 하신 바로 그것이 요나의 걱정이었다. 이것은 8세기의 가르침이었다. 8세기 이전에는 잘못에 대한 처벌이나 보응이 있어야만 했다. 받을 만한 것을 받는 것이다.

인간의 회개가 똑같이 하나님이 마음을 바꾸셔서 만사가 다 탕감이 되고 또 다시 새로 시작할 수 있다는 개념은 주전 8세기 이전에는 나오지 않는다. 요나서는 이러한 상관적인 회개에 대한 새 관점을 설명하고 뒷받침하기 위하여 마련되었다. 만일 너희가 회개하면, 하나님이 뜻을 돌이키실 것이다. 누구든지 상관이 없다. 회개란 모든 이, 심지어는 니느웨 사람들도 할 수 있는 것이다. 요나는 이것을 용납하지 않았다. 그는 정서적으로, 심리적으로, 신학적으로 이를 반대하였다. 그래서 그는 도망하였다.

요나가 결국에 니느웨에 도착하여 "사십 일이 지나면 니느웨가 무너지리라"는 메시지를 전할 때 모든 니느웨 사람들이 회개하였다. 처음에 백성들, 그 다음 왕이, 그리고 마침내는 가축까지 회개하였다.

무엇 때문에 니느웨 사람들은 이 낯선 사람의 말을 믿고 회개하였는가? 나는 그것이 물고기의 기적이라고 믿는다. 만일 물고기의 뱃속에서 사흘 낮과 사흘 밤을 지난 어떤 사람이 와서 그가 전할 소식이 있다는 말을 여러분이 듣는다면, 여러분은 그의 말을 들으러 가서, 그의 말에 귀를 기울여 보지 않겠는가? 온 도성이 듣고 회개하였고, 그리고 나서 하나님도 뜻을 돌이키시어 도성이 보존되었다. 요나 3:10은 "하나님이… 뜻을 돌이키사 그들에게 내리리라 말씀하신 재앙을 내리지 아니하시니라"고 적고 있다.

그 후 하나님과 요나 사이에 신랄한 논쟁이 벌어진다. "내가 이런 분이 하나님 당신인 줄 내내 알고 있었습니다," 요나가 하였다. 모세가 말했던 것과 같이 하나님은 "죄있는 이를 죄없다 아니하리라"고 이야기하는 대신에, 요나는 "악을 돌이키시는" 분으로 하나님을 바꾸어 묘사하였다. 간단히, 요나는 "나는 처음부터 무슨 일이 벌어질지를 알고 있었습니다. 그것이 내가 도망한 이유입니다"고 말하고 있다.

비록 요나는 일어난 일이 새로운 질서에 따른 것이라는 것을 인정해야만 했어도, 요나가 보기에는 그 결과가 모두 잘못된 일이었다. 내 자신의 추측으로는 요나의 정의감이 상한 것이다. 마음의 변화가 진정한 것인가가 그의 주요 관심사였다고 나는 생각한다. 그는 하나님이 너무 관대하고 남을 너무 쉽게 믿어버리는 분이라고 생각한다. 니느웨의 회개는 가식이라는 것이다. 그가 성밖에 앉은 이유는 이 사십 일 동안 많은 사람이 다시 타락할 것이라는 그의 이론을 시험하기 위한 것이었다.

48

제자

그러나 요나는 부인할 수 없었다. 원칙대로 일이 벌어졌다. 니느웨 사람들은 회개할 기회를 얻었고, 회개하였다. 그래서 하나님은 그의 마음을 바꾸셨다.

(나머지 비디오 내용은 87쪽에서 계속됩니다)

정보 (내용 요약)

이야기의 중심 구성 요소는 큰 물고기다.

기적의 기능은 기적보다 더 중요한 어떤 것에 주의를 끌려는 일이다.

요나는 선지자가 해야 할 일을 하지 않고 있다.

요나는 하나님에 대하여 어떤 고정 관념을 가지고 있다.

요나서는 인간의 회개가 똑같이 하나님으로 하여금 마음을 바꾸시게 한다는 관점을 설명하고 이를 뒷받침하고 있다.

니느웨 사람들 모두가 회개한다: 그래서 하나님이 뜻을 돌리셨다.

요나는 니느웨 사람의 회개는 거짓이라고 생각한다.

하나님은 니느웨 사람에게서 회개로 나타난 그 자체가 그들을 구원하기에 충분한 것이라고 말씀하신다.

대화

당신이 이스라엘과 앗수르와의 관계에 대하여 알고 있는 것을 잠시 생각하여 보라. 선지자의 주된 목적은 무엇이며, 요나는 어떻게 그것을 방해하였는가? 이러한 8세기의 신관 (doctrine of God)에 새로운 것이 무엇인가? 큰 물고기와 박넝쿨의 기적의 기능은 무엇인가?

성경과 교재

(50분)

요나의 *지리적 역사적 배경*을 살펴 보라. 주위 역사의 인물과 사건들에 각별한 주의를 기울이면서 역사적 배경 연대표에서 요나를 찾아 보라. *선지자들: 주전 8, 7, 6세기 연대표*를 써서 요나의 고향과 사명을 찾아 보라. 니느웨에 대하여 연구를 한 사람에게서 정보를 들어 보라.

첫째 그룹은 둘째 날과 세째 날의 성경 읽기와 노트를 가지고, 둘째 그룹은 세째 날과 네째 날의 성경 읽기와 노트를 가지고, 요나가 받은 두 차례의 부르심을 연구하라. 요나가 자기자신이 누구라고 생각했는지를 가르쳐 주는 실마리는 무엇인가? 이스라엘의 사명을 어떻게 이해하여야 하는가? 그것은 하나님의 공의와 하나님의 자비와의 관계를 어떻게 다루고 있는가? 요나서 2장의 시를 통하여 요나서를 새롭게 볼 수 있는 관점을 제공해 준다는 점을 주목하라. 그 시를 혼자서, 그리고 둘씩

짝을 지어 연구하라. 하나님에 대한 요나의 헌신의 증거, 그리고 언약에 기초한 하나님의 요구 사항을 찾아라. 삶과 죽음이 어떻게 묘사되어 있으며, 하나님의 구원의 성격은 무엇인가? 이 시는 포로시대에 살아 남은 사람들이나 위기에 처해 있는 사람에게 어떤 면에서 의미가 있는 말씀인가?

휴식

(10분)

말씀과의 만남

(40분)

성경 본문: 요나서 1장

요나서 1장과 두 개의 배경 구절인 출애굽 34:5-8과 예레미야 18:7-8을 큰 소리로 읽어라. 3명씩 짝지어 다음 질문들을 사용하라: 요나서 1장이 하나님에 대하여 우리에게 말해 주는 것은 무엇인가? 요나서 1장이 인간에 대하여 우리에게 말해 주는 것은 무엇인가? 요나서 1장이 하나님과 인간의 관계에 대하여 우리에게 말해 주는 것은 무엇인가? 본문과 이 질문들을 혼자서 하나씩 연구하고, 그리고 그룹으로 질문들에 대하여 토의하라. 이 구절들은 하나님의 자비와 하나님의 공의와 관계 된 질문에 어떤 깨달음을 주는가?

순종하는 공동체의 모습

(20분)

순종하는 믿음의 공동체는 모든 사람에게 하나님의 자비롭고 용서하는 사랑을 베풀고, 심판하는 일은 하나님께 맡긴다.

"인간의 모습"을 다음 질문을 염두에 두고 조용히 읽어라: 우리가 개인이나 집단을 용서해야 한다는 메시지를 꺼려하는 다른 이유에는 어떤 것이 있는가? 2명씩 짝을 지어 이야기하라. 그리고 순종하는 공동체의 모습을 함께 소리내서 읽어라. "순종하는 공동체의 모습" 아래 나오는 두 번째와 세 번째 질문을 토의하라. 세 그룹으로 하여금 나머지 세 질문에 대하여 연구하라.

폐회 기도

(5분)

17과를 열고 금주의 기도제목을 적어라. 기도로 폐회하라.

49

비고란

제자

바울 서신

17 하나님의 은혜로 부르심을 받음

개회 기도

(5분)

토의 시작

(20분)

준비

발표자: 리앤더 E. 켁

사도행전은 바울이 죽은 지 20년 후에 기록되었다는 사실을 기억하라.

그 누구보다도 신약성경의 더 많은 부분을 기록했던 바울이 예수님의 12제자 중의 하나가 아니었다는 사실이 이상하지 않은가? 사실 그는 예수님의 13번째 제자라고 불린다. 그는 그렇게 불리는 것을 거부하지 않을 것이다. 바울은 하나님이 자신을 다른 12제자와 똑같이 취급하셨다고 주장하였다. 왜냐하면 부활하신 예수님이 그들에게 나타나셨던 것처럼 자신에게도 나타나셨기 때문이다. 이런 체험을 통하여 그는 예수님이 하나님의 아들이라는 확신을 가지게 되었다. 그는 이방인들에게 보내진 그리스도의 사도였다. 그러나 바울은 모든 사람들이 그를 인정하고 받아들인 것이 아니었기 때문에 자신의 사도직에 대해서 되풀이하여 강조해야 했다. 그는 멸시와 존경을 다같이 받았다. 그가 죽고 난 후 1세기가 채 흐르기 전에 말시온이라는 사람이 등장하였다. 그는 바울을 아주 존경하던 사람이었지만 교회는 그의 잘못된 가르침으로부터 바울을 구해내야 했다. 말시온은 바울이 말한 것만이 진리라고 주장하면서 자신을 따르는 교회에 바울의 서신과 누가복음만이 든 성경을 제공하였다. 그는 구약성경과 창조주에 대해서 긍정적으로 이야기한 부분은 모두 제거해 버렸다. 그는 바울의 가르침에 근거해서 교회를 개혁하려 하였으나 사실 그는 바울을 잘못 이해하고 있었다. 이에 대하여 교회는 구약성경과 누가복음 하나 대신에 4복음서 전부, 그리고 다른 사도들의 편지도 성경에 포함시킴으로써 그에게 대항하였다.

또한 교회는 예수님의 단순한 복음을 그에 관한 복잡한 종교로 바꾸려한다는 바울의 적대자들로부터 그를 구해야 했다.

바울은 진정 누구이며, 그의 사상을 이해하는 것이 왜 그렇게 어려운가? 첫 번째 이유는 바울 자신에게 달려 있다. 그는 복잡한 사람이다. 그는 사랑의 능력에 대해서 기억에 영원히 남아 있을 정도로 강력하게 글을 쓸 수 있는 반면에 냉소적이고 비통한 글을 쓸 수도 있다. 그는 새로운 성도들에게는 자상한 사람이었지만, 자신이 세운 교회에서 그의 위치를 과소평가하는 사람들에게는 양보를 하지 않는 사람이기도 했다. 바울에 대해서 정확하게 알기 어려운 또 다른 이유는 자료의 부족에

있다. 사도행전과 바울의 서신이 우리가 그에 대해서 가지고 있는 자료의 전부인데 이것들은 우리에게 자세한 내용을 전해주지 않는다.

바울 서신은 자신이 그 편지를 썼기 때문에 1차적인 자료가 되며, 사도행전은 바울이 죽은 후 20여년 후에 누가가 그에 대하여 쓴 것이기 때문에 2차적인 자료가 된다. 사도행전은 바울의 선교여행에 대해서 우리가 가지고 있는 유일한 기록이다. 불행하게도 사도행전에서는 바울의 서신이 언급되지 않는다. 또한 바울의 서신에서도 사도행전에 있는 내용을 거의 언급하지 않는다. 바울은 다른 이야기를 할 때 자신이 생각하기에 도움이 된다고 생각하는 선교사역에 관한 것만을 언급한다.

우리는 사도행전에 있는 바울의 이야기 가운데 세 가지를 기억할 필요가 있다. 첫째, 사도행전에서는 20년 후에 누가가 볼 때 기독교인들에게 중요하다고 생각하는 바울과 그의 선교사역에 관한 것들이 강조되어 있다. 우리가 바울에 대해서 가지고 있는 질문이 누가가 대답하고자 하는 것과 항상 일치하는 것은 아니다. 바울의 이야기를 이해하는 한 가지 방법은 그 이야기 속에서 무엇이 강조되었는가를 알고 다음과 같은 질문을 하는 것이다: 이 이야기는 바울에 대해서 초기 기독교인들이 가지고 있던 질문에 대해서 어떤 답변을 주는가?

둘째, 누가가 어떤 관점에서 바울의 이야기를 보고 있느냐 하는 것은 사도행전 20장 바울이 밀레도에서 에베소 교회의 장로들에게 한 고별 설교에 나타나 있다. 여기에서 바울은 자신이 떠난 후에 이리들이 교회에 들어 올 것이며, 교회 안에 진리를 왜곡하는 자들이 나타날 것이라고 하였다. 여기에서 바울이 떠난다는 것은 자신의 죽음을 의미하고 있는 것이다. 다시 말하면, 바울이 떠난 후에, 즉 누가 당시에 혼돈, 갈등, 이단의 시기가 올 것이라는 말이다.

셋째, 사도행전에서 바울의 선교는 성령에 의해 시작되었으며, 그 후에도 주님과 성령의 인도하심에 의해서 이루어졌다. 이것은 누가복음에 있는 예수님의 탄생, 세례, 나사렛에서의 예수님의 가르침과 일치한다. 다시 말하면, 모든 이야기의 초점은 하나님이 성령의 사역을 통하여 구약의 약속을 어떻게 성취하셨느냐 하는 것이다. 사도행전은 바울이 세운 교회에 무슨 일이 일어났으며, 그가 어떻게 반응을 보였는가에 대해서는 아무런 말이 없다. 왜냐하면 그것은 누가의 관심사가 아니기 때문이다. 그것에 관한 정보와 바울에 관한 지식을 얻기 위해서는 그의 서신을 보아야 한다.

그러나 우리는 곧 문제에 직면하게 된다: 한편으로, 바울은 우리가 지금 가지고 있는 것보다 더 많은 편지를 쓴 것처럼 보인다. 한 예로 고린도전서에서 그는 지금 우리에게 전해지지 않는 편지의 잘못된 오해를 바로 잡고 있다. 또 다른 면에 있어서는 신약성경에는 실제로 바울이 쓴 것보다 더 많은 편지들이 마치 바울이 저자인 것처럼 받아들여지고 있다. 학자들도 이런

종자들에 의해서 바울의 이름으로 쓰여졌는가에 대해서는 일치문제점을 알고 있지만, 어떤 편지가 바울이 죽은 후에 그의 추를 보지 못하고 있다. 다음 일곱 개의 편지를 바울이 썼다는 데에는 의심의 여지가 없다: 로마서, 고린도전서, 고린도후서, 갈라디아서, 빌립보서, 데살로니가전서, 빌레몬서. 우리는 이편지들을 통해서 바울에 대해 알 수 있다.

(나머지 비디오 내용은 88쪽에서 계속됩니다)

정보 (내용 요약)

바울의 편지는 자신이 그것을 기록했기 때문에 가장 중요한 자료가 된다.

사도행전은 다른 사람이 바울에 대하여 쓴 것이기 때문에 2차적인 자료이다.

사도행전에 나오는 바울의 이야기는 누가가 기독교인들에게 중요하다고 생각한 것을 강조한다.

바울의 선교는 성령에 의해서 시작되었고 하나님의 인도하심을 받았다.

대화

우리가 바울에 관한 정보의 자료로서 사도행전을 읽을 때 무엇을 기억해야 하는가? 우리는 사도행전을 통하여 바울의 어떤 면을 알 수 있는가?

성경과 교재

(50분)

무엇이 바울에게 영향을 주었는지 생각하라. 바울에 대해서 추가 연구를 한 사람에게 들으라. 그 다음에 네 명이 한 그룹이 되어 학생용 교재, 성경 읽기와 자신의 기록, *역사적 배경* 연대표, *바울의 선교여행 지도*를 사용하여 무엇이 바울에게 영향을 주었는지를 찾으라. 또한 바울에게 영향을 미친 사실들의 의미를 찾으라. 예를 들어, 바울의 모국어가 희랍어였다는 사실은 그의 정체성과 행동에 어떤 영향을 주었는가? 모든 자료에 대해서 이런 질문을 한 후에 결론을 내리라.

두 명씩 짝을 지어 사도행전 13:16-43에 있는 유대인들에게 한 설교와 17:22-31에 있는 이방인들에게 한 설교를 비교하라. 설교를 읽을 때 다음과 같은 질문을 염두에 두라: 예수님에 관한 사실 중에 어떤 것이 포함되었고, 어떤 것이 제외되었으며, 무엇이 강조되었는가? 바울은 예수님을 설명하기 위해서 어떻게 성경을 사용하는가? 그는 사람들에게 어떤 선택의 자유를 주는가? 두 설교가 그 느낌과 내용에 있어서 어떻게 다른가?

네 명이 한 그룹이 되어 바울의 체포와 재판에 관하여 공부하라. 각자에게 성경구절을 배정한다: 사도행전 21:15-23:35; 24:1-27; 25:1-12; 25:13-26:32. 이 말씀 속에서 누가가 바울을 좋은 유대인으로 묘사하려고 하는가를 알아본다. 두 명씩 짝을 지어 바울의 체포와 재판에 관련된 일련의 사건들과 그가 어떻게 묘사되고 있는가에 대해서 말해본다.

휴식

(10분)

말씀과의 만남

(40분)

성경 본문: 사도행전 28:16-31

사도행전 28:16-31을 심리 드라마로 연출해 보라. 이 구절을 큰 소리로 읽어라. 두 명씩 짝을 지어 이 사건이 어디에서 발생했으며, 누가 나오며, 무슨 일이 일어나고 있는지를 확인하라. 사람들에게 눈을 감게 하고, 자신들을 사도 바울이라고 생각하게 하라. 바울의 생각, 느낌, 행동에 대해서 물어 보라. 각 질문에 생각할 시간을 준다. 그들의 반응을 공개할 필요는 없다. 이런 과정을 반복하면서 이번에는 자신들을 바울을 지키는 병사로, 그리고 유대인 지도자들 중의 하나로 생각하게 하라. 두 명씩 짝을 지어 다음 질문에 대해 토의하라: 사람들과 이 말씀에 대해서 어떤 통찰력을 가지게 되었는가? 각 사람의 역할에 대해서 어떻게 느끼는가? (*효과적인 성경 교수법* 94-100쪽을 보라.)

순종하는 공동체의 모습

(20분)

순종하는 믿음의 공동체는 정열을 가지고 생명의 말씀을 받아들이며 그것을 다른 사람들에게 신속히 전달한다.

"인간의 모습"과 순종하는 공동체의 모습을 읽어라. 두 명씩 짝을 지어 어떻게 한 문장을 닫고 다른 문장을 열 것인지에 대해서 이야기해 보라. 다같이 모여 다음 질문에 대해 토의하라: 소명을 받은 사람에게 주어진 가장 중요한 일은 메시지를 전하는 것이라는 바울의 말에 동의하는가? 어떤 의미에서 그러한가? "순종하는 공동체의 모습"에 있는 질문들에 대하여 토의하라.

폐회 기도

(5분)

18과를 열고 금주의 기도제목을 적어라. 기도로 폐회하라.

18 바울의 편지

개회 기도

(5분)

토의 시작

(20분)

준비

발표자: 데빗 E. 어니

그 당시의 편지 쓰는 양식을 바울이 자신의 목적을 위해서 어떻게 변형하고 있는가를 살펴 보라. 수사학의 토론에 주의를 기울이라.

편지는 초대 기독교에 있어서 가장 일반적인 문학형태였다. 사실 신약의 27권 중에 21권은 편지이며, 이중에 14개가 일반적으로 바울이 썼다고 전해진다. 바울의 편지는 신약에서 가장 먼저 쓰여졌으며, 데살로니가전서(주후 49)가 최초의 서신이다. 그의 편지는 아주 독특한 유대인과 희랍인의 스타일을 가지고 있는데, 바울은 편지를 통하여 멀리 떨어져 있는 초기 기독교 공동체의 삶과 사상에 큰 영향을 끼쳤다. 바울의 편지는 주후 49년부터 10여 년 동안에 쓰여졌다. 그러나 가장 커다란 영향은 주후 100년경에 그의 편지가 모두 수집되었을 때였다. 바울의 편지는 주후 125년경에 수집된 복음서와 함께 신약정경의 두 부분을 이룬다. 신약은 복음서와 사도들의 기록으로 되어 있다. 많은 사람들이 바울의 독특한 편지 스타일을 모방하였다. 데살로니가후서 2:2에 보면 바울과 그의 동역자들의 이름으로 된 거짓 편지에 대해 경고하고 있다. 일반적으로 학자들은 에베소서와 디모데전후서 그리고 디도서는 바울이 쓴 것이 아니고, 그가 죽은 후에 그의 제자들에 의하여 기록되었다고 믿고 있다.

바울의 편지를 이해하기 위해서는 그의 독특하고 강력한 스타일에 영향을 주었던 요소에 초점을 맞추는 것이 좋다. 적어도 세 가지 요소가 있었다: 첫째, 희랍 세계의 편지 쓰는 전통이다. 둘째, 유대인들의 편지 쓰는 전통이다 (이것은 희랍의 전통을 흡수한 것이었다). 그리고 셋째, 희랍-로마의 웅변적인 전통이다. 이 당시의 사람들은 말과 글을 통하여 다른 사람들을 설득할 수 있도록 이런 전통에 대해서 배웠다.

희랍 세계의 편지 스타일은 주전 3세기에서 주후 3세기까지 별로 변하지 않았다. 희랍어 편지에는 세 가지 종류가 있다: 일반적인 편지 (사람들이 편지를 읽고 그냥 버린다), 문학적인 편지 (교육을 받은 사람들이 출판하기 위해서 쓴다), 공식적인 편지 (왕, 황제, 관리들이 공공생활을 규제하기 위해서 특정한 도시에 쓴다). 일반적인 또는 개인적인 편지는 애굽(이집트)의 사막에 보전된 수많은 파피루스를 통하여 우리에게 전해지고

있다. 일반적으로, 메시지가 담겨 있는 중간 부분은 아주 짧지만 (이것은 바울의 편지와는 대조적이다) 서론과 결론은 바울의 편지와 유사한 점이 많다. 전형적인 편지의 서론을 보면 세 요소가 들어 있다: 발신자, 수신자, 그리고 인사말이다. 어떤 편지를 보면 서론에 기도가 들어 있기도 하다. 이런 특징들이 주전 168년경 이집트에서 쓰여진 파피루스의 편지에 나타나 있다: "아시아스가 그녀의 형제 헤파스티온에게 문안드립니다. 당신이 잘 지내고 모든 일이 잘 되기를 신들에게 항상 기도합니다."

모양은 약간씩 다르지만 이런 모든 요소들이 바울의 편지에 나타나 있다. 데살로니가전서 1:1-2가 좋은 예이다: "바울과 실루아노와 디모데는 하나님 아버지와 주 예수 그리스도 안에 있는 데살로니가인의 교회에 편지하노니 은혜와 평강이 너희에게 있을지어다 우리가 너희 무리로 말미암아 항상 하나님께 감사하며 기도할 때에 너희를 기억함"이라.

두 편지 모두 발신자, 수신자, 인사 그리고 기도를 포함하고 있다. 그러나 데살로니가전서의 특징은 이 편지가 비록 바울에 의하여 쓰여졌지만, 바울과 실루아노 그리고 디모데의 이름으로 한 개인이 아닌 데살로니가 교회에 보내졌다는 것이다. "은혜와 평강이 있을지어다"라는 인사는 아주 특이하다. 바울은 여기에서 단어를 아주 재치 있게 사용하고 있다. 전형적인 희랍어 인사에서는 편지에서나 공적으로 사람을 만날 때 "카이레인"이라는 단어를 사용한다. 바울은 이것을 비슷한 발음을 가진 "카리스 (은혜)"로 바꾸어 사용하고 있다. 그는 유대인들의 편지에서 인사말로 사용되는 히브리어 "샬롬"을 번역한 평강이라는 말도 함께 사용하였다. 바울은 "은혜와 평강"은 하나님에게서 오는 것이기 때문에 이 말 자체가 기독교 복음을 뜻하는 것이라고 주장한다. 이 단어들은 마치 십자가가 기독교 신앙의 눈에 보이는 상징이듯이, 신앙을 말로 표현하는 상징이다. 둘 다 기독교의 구원을 가리킨다. "은혜"는 기독교인들이 하나님으로부터 값없이 받는 선물이며, "평강"은 그리스도를 통하여 하나님과 그의 백성의 회복된 관계를 강조하는 것이다.

바울은 정치 지도자들이 자신들이 다스리는 도시의 공공생활을 규제할 목적으로 보내는 희랍의 공식적인 편지의 영향도 받았다. 이 편지들은 돌에 새겨져 보전되었다. 이것은 고대 사회에서 법적인 문서들을 보관하는 일반적인 방법이었다. 이런 공식적인 편지는 고대 도시에서 수없이 발견할 수 있다. 주전 262년 이집트의 프톨레미 2세의 편지가 그 전형적인 예이다: "나 프톨레미가 밀레도의 의원들과 백성들에게 문안하노라."

개인적인 편지의 저자들과는 달리 공적인 관리들은 자기의 직함을 사용하여 자신의 신분을 밝혔다. 그래서 바울도 자신의 편지에서 "예수 그리스도의 사도"라고 말하고 있다. 바울이 자신의 편지를 교회에 보냈던 것처럼, 공식적인 편지는 정치적인 그룹에 보내졌다. 공식적인 편지는 지방행정관의 요청에 따라

서 지역적인 일에 관여하는 수단이 되기도 하였다. 그것은 바울이 편지를 통하여 사람들의 믿음과 행동을 바꾸려고 했던 것과 마찬가지이다.

바울 서신의 중심 부분은 희랍-로마의 수사학의 영향, 즉 보다 효과적이고 설득력 있는 언어의 사용을 생각하면 이해하기가 쉽다. 고대 수사학에는 세 종류가 있었다: (1) 사법적인 수사학—과거의 사건에 대해서 판사들과 배심원들을 설득하기 위해서 법원에서 사용된 언어, (2) 의도적인 수사학—어떤 사람들로 하여금 미래에 특별한 행동을 취하도록 하기 위해서 정치에서 사용하는 언어, (3) 전시적인 수사학—지금 사람들의 의견과 가치를 바꾸기 위해서 사용하는 언어이다. 우리는 바울의 정규교육에 대해서는 잘 알 수 없지만 그의 편지를 보면 그는 아주 설득력이 강한 웅변가였음을 알 수 있다. 그는 자신의 편지에서 위에 언급한 모든 수사학을 구사하고 있다.

(나머지 비디오 내용은 89쪽에서 계속됩니다)

정보 (내용 요약)

바울의 서신은 신약에 있는 최초의 기독교 문서이다.

희랍의 편지양식, 유대인들의 편지 쓰는 전통, 수사학의 전통이 바울에게 영향을 주었다.

은혜와 평강이 기독교 복음을 대변하는 역할을 한다.

바울은 자신을 "예수 그리스도의 사도"라고 말한다.

수사학에서는 연설을 네 부분으로 나눈다: 서론, 이야기, 논쟁, 요약.

대화

바울은 어떻게 그 당시의 편지양식과 설득력 있는 언어를 사용하고 있는가? 바울의 편지양식의 독특한 점은 무엇인가?

성경과 교재

(50분)

바울의 편지내용을 공부하라. 각 부분과 연관된 성경의 내용을 비교하라. 세 그룹으로 나누라. 첫 번째 그룹—첫째 날, 인사, 성경말씀, 성경 읽기 기록; 두 번째 그룹—둘째 날, 감사, 성경말씀, 성경 읽기 기록; 세 번째 그룹—다섯째 날, 결론, 성경말씀, 성경 읽기 기록. 비교를 위해서 다음과 같은 질문들을 사용하라: 어떤 내용이 들어있는가? 각 부분의 내용 중에 어떤 점이 유사하고 또 어떤 점이 다른가? 바울의 목적은 무엇인가? 각 그룹은 각 부분의 성격과 목적을 한 문장으로 요약하여 전체 그룹에 발표한다.

바울 서신의 본문에는 일반적으로 교리와 실제적인 문제에 관한 내용들이 들어있다. 성경말씀과 세 번째 날과 네 번째 날의 기록, 그리고 학생용 교재에 있는 정보를 이용하여 바울이 교리와 실제적인 문제에 대해서 언급하고 있는 경우를 확인한다. 무엇이 바울로 하여금 이런 특별한 내용을 기록하게 했는지에 대해서 토의하라.

다음과 같은 질문들을 2-3명씩 짝을 지어 토의하라: 바울은 어떤 확신을 가지고 기록하였는가? 바울은 자신의 권위를 어디에 두는가? 바울은 독자들의 주의를 끌기 위해서 자신의 언어 기술과 설득하는 지혜를 어떻게 사용하는가? 그의 서신을 볼 때 바울이 훌륭한 전달자가 될 수 있었던 것은 무엇 때문인가? 학생용 교재 146쪽에 있는 질문에 답하라.

휴식

(10분)

말씀과의 만남

(40분)

성경 본문: 빌립보서 1:3-11

다른 사람이 이 말씀을 읽을 때 잘 들어라. 사람들에게 이 구절을 조용히 읽게 하고, 이 부분을 바울의 감사로 생각하며 듣게 하라. 중요한 사상들을 찾아서 당신 자신의 말로 다시 적어라. 세 사람씩 그룹을 만들어 자신들이 쓴 것을 읽게 하라. 다음과 같은 질문에 대해 토의하라: 이 감사의 구절에 나타난 정보와 느낌은 어떠한가? (효과적인 성경 교수법 63-68쪽을 보라.)

순종하는 공동체의 모습

(20분)

순종하는 믿음의 공동체는 사람들을 사랑으로 초대하며, 도와주고, 권면하며, 설득하면서 전도한다.

"순종하는 공동체의 모습"에 있는 첫 번째 질문에 다같이 대답하라. "인간의 모습"과 순종하는 공동체의 모습을 읽어라. 사람들이 두 번째 질문에 대해서 어떤 반응을 보이는지 들어 보라. 당신의 그룹에서는 어떤 사람에게 편지를 쓸 것인지를 결정하라. 편지의 각 부분에 나타난 사상을 같이 묶도록 두 그룹을 만들라. 다같이 편지를 완성하라.

폐회 기도

(5분)

19과를 열고 금주의 기도제목을 적어라. 기도로 폐회하라.

19 주님의 재림

개회 기도

(5분)

토의 시작

(20분)

준비

발표자: 빅토 폴 퍼니쉬

유대인들의 기대와 바울이 예수님을 메시야로 믿은 사실이 데살로니가전서에서 그의 주장에 어떤 영향을 미치는지 살펴보라.

데살로니가전서는 우리에게 전해진 가장 초기의 기독교 문서이다. 따라서 우리는 다른 어떤 문서보다도 이 편지를 통하여 최초의 성도들의 믿음에 더욱 가깝게 접근할 수 있다.

그들은 그리스도의 재림을 믿고 있었다. 바울은 그리스도의 재림을 파루시아(Parousia)라고 하였다. 이 말은 회랍어로서 "현존" 또는 "도착"을 의미하는 단어였으나, 일반적으로 데살로니가전서 2:19에서처럼 "강림"(Coming)으로 번역되고 있다. 바울은 그리스도의 재림을 "주의 날"이라고 부르기도 하였다.

구약의 어떤 선지자들은 다가올 "주의 날"에 대해서 예언을 하였다. 그들은 이 날이 하나님에게 신실하지 못했던 사람들에게는 "진노의 날"이 될 것이라고 믿었다. 진노는 감정을 조절하지 못하는 "분노"가 아니다. 그 말은 하나님이 신실하게 악에 대항하시며, 불의하면서도 자신을 의롭다고 생각하는 사람들과 계산을 하신다는 뜻이다. 아모스 선지자는 다음과 같이 하나님의 말씀을 전하고 있다: "가난한 자를 삼키며 땅의 힘없는 자를 망하게 하려는 자들아 이 말을 들으라…그 날에… 너희 절기를 애통으로, 너희 모든 노래를 애곡으로 변하게" 하리라 (8:4-10). 그러나 선지자들은 신실한 자들에게는 그 날이 구원의 날이 될 것이라고 말하였다. 이사야는 다음과 같이 선포한다: "그 날에 못 듣는 사람이 책의 말을 들을 것이며 어둡고 캄캄한 데에서 맹인의 눈이 볼 것이며 겸손한 자에게 여호와로 말미암아 기쁨이 더하겠고 사람 중 가난한 자가 이스라엘의 거룩하신 이로 말미암아 즐거워하리"라 (29:18-19).

유대인이었던 바울은 죽은 자들의 부활을 믿었다. 그리스도의 탄생 이전 주전 200년경에 어떤 유대인들은 부활과 죽음이 후의 삶을 믿었다. 예를 들어, 제2마카비서를 보면 일곱 아들이 순교를 당한 어머니는 그들이 부활할 것을 굳게 믿고 있었다. 그녀는 다음과 같이 말한다: "인류를 시작하신 창조주 하나님이 자비를 베푸시어 그들에게 다시 생명을 주실 것이다" (7:23). 주전 1세기 유대인의 기록을 보면 다음과 같이 되어 있다: "하나님을 경외하는 사람은 영생을 얻을 것이며, 그들의 삶이 하나님의 빛 가운데 있으며, 결코 끝나지 않을 것이다" (솔로몬의 시편 3:12).

이러한 유대인들의 기대가 데살로니가전서에서 바울이 주장하는 바의 배경이 되고 있다. 그러나 한 가지 다른 점은 바울은 예수님이 바로 그리스도라는 절대적인 믿음을 가지고 있다는 사실이다. 그리스도인들에게 있어서 예수님은 이미 메시야로 오셨으며, 우리를 위해 죽으셨고, 죽음에서 다시 살아 나셨으며, 다시 오실 분이시다. 또한 바울은 그리스도의 재림이 있기 전에 죽은 사람들도 제외되지 않을 것이라는 확신을 가지고 있었다. 예수님이 죽음에서 부활하셨기 때문에 그들도 부활할 것이다. 바울에 의하면, 그 날에 그리스도는 하나님의 대행자가 되어 신실한 자들의 삶은 인정하시고, 신실하지 못한 자들과는 계산을 하실 것이다.

히브리 선지자들과는 달리 바울은 다가올 미래가 이 세상에서 전개될 것이라고 생각하지 않았다. 고대 이스라엘 사람들은 하나님의 백성들을 그들의 적들로부터 구해내고 영광스러운 승리를 가져다줄 다윗과 같은 왕을 기대하고 있었다. 그러나 교회는 하나님의 다스림을 어떤 정치적인 기구와 동일시하지 않았다. 바울은 예수님을 정치적인 메시야로 보지 않았다. 그에 의하면 미래는 단순한 현재의 연장이 아니라, 우리를 향한 하나님의 목적이 성취되는 새로운 현실이 될 것이다.

그러나 바울은 하나님이 가져오실 이 새로운 현실에 대해 설명하기를 매우 주저하였다. 그는 데살로니가전서에서 이것에 대해 아주 간단히 언급한다: "우리가 항상 주와 함께 있으리라" (4:17). 이것이면 충분하다. 그리스도인들에게 있어서는 "하나님과 함께 한다"는 것이 중요하다. 이러한 관계는 우리가 누구의 것이며, 누구의 것이 될 것인가를 설정한다.

우리는 데살로니가 성도들에게 주는 바울의 메시지를 로마서를 통해서 정리할 수 있다: "우리 중에 누구든지 자기를 위하여 사는 자가 없고 자기를 위하여 죽는 자도 없도다 우리가 살아도 주를 위하여 살고 죽어도 주를 위하여 죽나니 그러므로 사나 죽으나 우리가 주의 것이로다" (로마서 14:7-9). 바울은 이러한 확신을 가지고 데살로니가 성도들을 격려하였다.

"격려"라는 말은 "호소"를 뜻하는 희랍어를 번역한 것이다. 데살로니가전서에는 이 두 가지 의미가 다 들어 있다. 바울의 격려의 말 속에는 호소하는 힘이 들어있다. 데살로니가 성도들은 소망을 가질 필요가 있었고, 바울은 죽은 자들이 하나님과 같이 다스리기 위하여 부활할 것이라는 확신을 줌으로써 그들을 격려하였다. 그러나 그의 복음은 단지 소망에 관한 것만은 아니다. 그의 모든 편지는 미래보다 현재에 더 초점이 맞추어져 있다. 바울은 데살로니가 성도들을 "그 날의 자녀"라고 부른다. 그 날은 바로 "여호와의 날"을 뜻한다. 그리고 그는 다음과 같이 호소한다: "그러므로 우리는 다른 이들과 같이 자지 말고 오직 깨어 정신을 차릴지라" (5:6). 바울은 미래뿐만 아니라 현재도 하나님에게 속해 있다는 사실을 강조한다. 우리는 하나님과의 은혜로운 관계를 통해서 우리에게 빼앗길 수 없는 소망이 있음을 안다. 우리는 이 시대에 하나님의 사랑을 전하는 전파 자임을 기억해야 한다.

그래서 소망과 더불어 믿음과 사랑이 데살로니가전서의 중요한 주제이다. 시작부터 바울은 데살로니가 성도들의 "믿음의 역사와 사랑의 수고와 우리 주 예수 그리스도에 대한 소망의 인내"(1:3)에 대해 하나님께 감사를 드린다. 그리고 편지의 끝에 그는 다음과 같이 말한다: "우리는 낮에 속하였으니 정신을 차리고 믿음과 사랑의 호심경을 붙이고 구원의 소망의 투구를 쓰자" (5:8). 바울에게 여기에 있는 단어들은 다음과 같은 의미가 있다:

믿음은 그리스도의 죽음과 부활을 통하여 보여준 하나님의 우리의 사랑에 대한 "긍적적인 응답"이다.

사랑은 믿음에 생명을 더해 주는 것이다 (갈라디아서 5:6). 믿음으로 산다는 것은 이 세상에서 하나님의 사랑을 실천하는 것을 뜻한다.

(나머지 비디오 내용은 89쪽에서 계속됩니다)

정보 (내용 요약)

데살로니가전서는 가장 초기의 기독교 문서이다.
초대 기독교인들은 그리스도의 재림을 믿었다.
유대인이었던 바울은 죽은 자의 부활을 믿었다.
차이점은 예수님을 그리스도로 받아들이는 그의 신앙이다.
바울은 미래에 대해서 다음과 같이 말한다: "우리는 언제나 주님과 같이 할 것이다."
바울은 데살로니가 성도들에게 죽은 자들이 하나님과 같이 다스리기 위해서 다시 부활할 것이라는 확신을 주었다.

대화

예수님을 메시야로 믿는 신앙이 "주님의 날"에 대한 바울의 이해에 어떤 변화를 가져왔는가? 유대인들의 기대는 바울이 그리스도의 재림을 말하는데 있어서 어떤 배경을 제시해 주는가?

성경과 교재

(50분)

데살로니가전서가 바울의 서신에서 어떤 위치를 차지하는가를 보기 위해서 바울 서신 연대표를 참조하라. 바울의 선교여행 (2차 여행) 지도와 사도행전 17:1-15를 이용하여 데살로니가전서와 연관이 있는 장소를 살펴 보라.

데살로니가 성도들과 바울의 관계를 보기 위해서 성경과 성경 읽기 기록을 사용한다. 바울은 교회를 어떻게 시작하였는가? 바울은 그들이 공동체를 형성하도록 어떻게 인도하였는가? 바울은 그들을 어떻게 격려하고 양육하였는가? 바울은 자

신과 성도들과의 관계를 어떻게 보았는가? 오늘날의 성도들은 어떻게 인도해야 하는가?

거룩한 삶을 촉구하는 바울의 말을 살펴 보라. 두 사람씩 짝을 지어 데살로니가전서 4:1-12와 5:12-28을 읽는다. 이 구절들은 성결한 삶에 대해서 무슨 말을 하는가? 이런 문제들과 연관하여 사람들이 가지고 있는 갈등을 파악하라. 학생용 교재 125쪽에 있는 질문들에 대해 토의하라. 성령의 내재, 자기 자신의 조절, 주님을 경외함이 갈등을 해결하는데 어떤 힘을 주는가?

휴식

(10분)

말씀과의 만남

(40분)

성경 본문: 데살로니가전서 4:13-5:11

두 사람씩 짝을 지어 다음과 같은 질문들에 대해 토의하라: 당신은 죽은 후의 세계와 그리스도의 재림에 대해서 언제 생각하는가? 이런 사건을 생각할 때 어떤 느낌이 드는가? 죽음과 그리스도의 재림에 관한 당신의 생각과 느낌에 대해서 성경은 무엇이라고 말하는가? 데살로니가전서 4:13-5:11을 큰 소리로 읽어라. 세 사람 혹은 네 사람씩 짝을 지어 교회가 이 구절에 대해서 어떻게 해석해 왔는지를 확인하라. 다음과 같은 질문을 사용하라: 교회와 성도들이 이 말씀에 대해서 무엇이라고 말하는가? 성경과 성경에 대한 교회의 가르침은 죽음과 그리스도의 재림에 관한 당신의 생각에 대해서 어떻게 말하는가? 당신의 생각과 교회의 가르침 사이에 차이가 있을 때 당신은 그것을 어떻게 해결하는가? (효과적인 성경 교수법 34-40쪽을 보라.)

순종하는 공동체의 모습

(20분)

순종하는 믿음의 공동체는 언제나 주님의 재림을 대비하며 산다.

순종하는 공동체의 모습을 같이 조용히 읽어라. 2-3명씩 짝을 지어 학생용 교재 153쪽에 있는 질문에 대해 토의하라. "인간의 모습"을 읽고 다음의 질문에 대해 토의하라: 순종하는 공동체의 모습에 신실하게 반응을 보일 때 인간의 모습은 어떻게 변화하는가? "순종하는 공동체의 모습"에 있는 질문을 각 그룹에 나누어주고 토의하게 하라.

폐회 기도

(5분)

20과를 열고 금주의 기도제목을 적어라. 기도로 폐회하라.

20 열심히 일하라

개회 기도

(5분)

토의 시작

(20분)

준비

발표자: 빅토 폴 퍼니쉬

그리스도의 재림에 대해서 초대교회 성도들의 기대가 어떻게 바뀌어졌는지를 살펴본다.

언뜻 보기에 데살로니가후서는 데살로니가전서를 약간 수정한 정도의 것으로 보일 수도 있다. 그러나 두 편지가 유사한 점이 많지만 각각 다른 이유 때문에 쓰여지게 되었다.

데살로니가전서의 목적은 독자들에게 소망을 불어넣기 위한 것이었다. 이 편지를 통하여 바울은 그리스도의 재림 이전에 죽은 성도들도 제외되지 않을 것이라는 확신을 주었다. 주님이 오실 때 그들도 그리스도처럼 부활할 것이다. 데살로니가전서의 중심 메시지는 소망이다.

그 후에 쓰여진 데살로니가후서에서도 그리스도의 재림에 대한 소망이 없어진 것은 결코 아니다. 그러나 이 편지의 목적은 독자들이 가지고 있는 잘못된 생각을 고쳐주기 위한 것이다. 그들은 그리스도의 재림의 날이 이미 이르렀다고 믿었다. 데살로니가후서의 중심 메시지는 인내이다. 이것은 다음과 같은 말씀 속에 잘 나타나 있다: "형제들아 우리가 너희에게 구하는 것은 우리 주 예수 그리스도의 강림하심과 우리가 그 앞의 모임에 관하여…주의 날이 이르렀다고 해서 쉽게 마음이 혼들리거나 두려워하거나 하지 말아야 한다는 것이라 누가 어떻게 하여도 너희가 미혹되지 말아야 한다" (2:1-3).

이러한 호소와 더불어 이 편지는 그리스도의 재림 이전에 생길 많은 일들에 관하여 말한다. 이 부분은 우리들과 마찬가지로 그 당시의 독자들을 혼동시켰을 것이다. 그러나 중요한 것은 그리스도의 재림이 있기 전에 정확히 무슨 일이 있을 것인지 혹은 그가 언제 재림할 것인지가 아니다. 바울은 그리스도의 재림이 곧 있을 것이라고 생각하지 말고 인내를 가지고 지금 이 땅에서 그리스도인으로서 열심히 살라고 말한다.

우리는 초대교회 성도들이 예수님이 곧 재림할 것이라고 믿었다는 사실을 알고 있다. 그러나 시간이 지나도 그리스도가 재림하지 않자 그들의 생각은 바뀌기 시작하였다. 그들은 복음에 대한 헌신이나 자신들의 소망을 버리지 않았다. 그러나 그들은 복음을 새롭게 이해하기 시작했으며 자신들의 소망의 의미에 대해서 생각하였다. 이런 면에서 그들은 우리에게 좋은 본보기가 된다: 신앙에 대해서 진지하게 생각하며, 신앙이 무엇인지 보다 깊은 이해를 추구하며, 소망의 의미를 묵상한다.

이것은 우리가 데살로니가후서에서 볼 수 있는 것이다. 우리는 성도들이 다음과 같은 질문을 하는 것을 본다: "그리스도의 재림이 우리가 처음 생각했던 것보다 늦어진다면 그 사이에 무슨 일이 일어날 것인가?" 처음에 성도들은 이 세상에서 한가롭게 지낼 수가 있었다. 하나님의 통치가 곧 임한다면 이 세상에 대해서 걱정할 필요가 무엇인가? 그러나 데살로니가후서가 쓰여질 즈음에 기독교인들은 자신들이 이 세상일에 대해서 염려해야 한다는 것을 깨달았다.

한 가지 염려는 그들이 비기독교적인 사회에서 당하는 핍박이었다. 이러한 염려가 편지 서두에 언급되고 있다. 그들은 모든 핍박과 환난을 참아야 했다 (1:4).

그들은 교회 안에서 생기는 문제도 걱정해야 했다. 교회 안에서 신앙과 소망에 대해 자신들과 다르게 생각하는 사람들이 있었다. 그들은 복음을 잘못 이해하는 것과 올바로 이해하는 것을 어떻게 구별할 수 있었는가? 이 일을 위해서 교회는 전통을 수집하고 조직화하기 시작하였다. 다음과 같은 말에 그것이 잘 나타나 있다: "굳건하게 서서 말로나 우리 편지로 가르침을 받은 전통을 지키라" (2:15).

이 편지에는 많은 기독교인들이 인정할 수 없는 방법으로 믿거나 행동하는 사람들에 대한 염려도 나타나 있다. 편지의 끝에는 이러한 가르침에 순종하기를 원치 않는 사람들의 이름이 언급되어 있다 (3:14-15). 저자는 독자들에게 그들을 적으로 간주하지 말고 그리스도 안에서 형제자매 같이 권하라고 말한다. 또한 그들을 부끄럽게 하기 위해서 그들과 사귀지 말라는 충고도 한다. 이런 말은 좀 심한 것 같으나 그 당시의 상황을 보면 그럴 만한 이유가 있었을 것이다. 우리는 바울이 일반적으로 어떤 충고를 했는지 잊어서는 안 된다: "형제들아 사람이 만일 무슨 범죄한 일이 드러나거든 신령한 너희는 온유한 심령으로 그러한 자를 바로 잡으라" (갈라디아서 6:1).

데살로니가후서에 나타나 있는 가장 큰 염려는 다음과 같은 호소를 볼 때 분명해진다: "너희는 선을 행하다가 낙심하지 말라" (3:13). 어떤 사람들은 그리스도의 재림을 너무나 기다린 나머지 "게으르게 행하여 도무지 일하지 아니하고 일을 만들기만" 하였다 (3:11). 그들은 자신들의 신앙과 소망을 잘못 이해하였다. 그들은 복음에는 약속뿐만 아니라 일도 포함되어 있다는 사실을 망각하였다. 우리는 이 세상에서 사는 날 동안 하나님과 다른 사람들을 섬겨야 한다. 선을 행하다가 낙심하지 말라는 말은 우리의 신앙과 소망이 우리 삶에 아무런 변화를 가져올 수 없다면 그것은 진정한 것이 아님을 상기시키는 것이다.

그래서 이 편지를 읽는 독자들은 인내심을 가지고 주를 기다리며 그 동안에 하나님의 뜻을 행하라는 권고를 받고 있다. 2천년이 지난 지금도 우리는 기다리고 있다. 그러나 우리 기독교인들에게 기다림은 특별한 의미를 가진다. 필자는 수년 전에 기차정거장에서 두 개의 싸인을 본 적이 있다. 하나는 "대합실" 이라는 싸인이었다. 그 밑에 작은 글씨로 "빈둥거리지 말라"는 말이 적혀 있었다. 기다리는 것과 빈둥거리는 것 사이에는 차이가 있다. 빈둥거린다는 것은 시간을 죽이며 낭비하는 것을 말한다. 빈둥거리는 사람은 특별한 목적이나 책임감 없이 서성거리는 자들이다. 그들에게는 시간이 짐이다. 그러나 소망 가운데 기다리는 사람에게 시간은 선물이다. 우리는 기대하며, 준비하면서, 반응을 보인다. 우리의 기다림에는 목적이 있다. 그리고 그러한 목적의식은 우리가 지금 처한 상황에서 책임감을 갖게 한다.

이것이 데살로니가후서의 메시지이다. 복음은 우리로 하여금 기다리게 하지만 빈둥거리게 하지는 않는다. 신앙은 그리스도가 올 때까지 "시간을 소비하는 것"을 뜻하지 않는다. 신앙은 우리에게 주어진 시간이 길든 짧든 하나님의 뜻을 행하기 위해서 현재의 시간을 잘 사용하는 것이다.

(Victor Paul Furnish)

정보 (내용 요약)

데살로니가후서의 중심 메시지는 *인내*이다. 그리스도가 곧 재림할 것이라고 기대하지 말라.

데살로니가후서에서 우리는 성도들이 다음과 같이 묻는 것을 볼 수 있다: "그리스도의 재림이 우리가 처음에 생각한 것보다 더 늦어진다면 그 사이에 무슨 일이 일어날 것인가?"

초대교회 성도들간에 복음에 대한 다른 이해가 생기기 시작하였다.

교회는 그 전통을 수집하고 조직하기 시작하였다.

복음에는 일과 약속이 모두 들어있다: 하나님과 다른 사람을 돕는 일을 지금 시작하라.

대화

자신들이 기대했던 대로 그리스도가 재림하지 않자 초대 기독교인들의 반응은 어떠했는가? 주님의 재림을 기다리면서 그 사이에 우리는 어떻게 살아야 하는가?

성경과 교재

(50분)

데살로니가후서에 관한 정보를 얻기 위해서 *바울 서신 연대표*와 *바울이 인용한 구약성경 도표*를 참조하라. 두 그룹으로 나누어 공부할 시간을 주라. 데살로니가전후서에 있는 구절과 구약에 있는 같은 구절을 비교하면서 바울 서신에서는 어떻게 사용되고 구약에서는 어떻게 사용되고 있는가를 보기 위해서 참고 구절을 몇 절 읽어라.

데살로니가후서 2:1-12는 마지막 때를 다루고 있다. 사람들에게 이 말씀을 조용히 읽고 그 의미를 묵상하게 하라. 주석 책이나 주해가 있는 성경책에서 이 구절에 대한 정보를 수집하라. 네 사람으로 그룹을 만들어 데살로니가전서 4:13-5:11에 있는 주님의 재림과 비교하라. 어떤 차이점이 있는가? 데살로니가후서 2:1-12에 대한 해석은 어떠한가? 성경말씀으로부터 무엇을 확실히 알 수 있는가? 데살로니가후서 2:11-12와 로마서 11:32를 비교하라. 어떤 차이점이 있는가?

2-3명씩 짝을 지어 토의하라: 당신은 그리스도의 재림을 어떻게 이해하는가? 무엇이 당신을 곤란하게 하며, 무엇이 당신에게 확신을 주는가? 당신의 교회에서는 사람들을 그리스도에게 인도하는 것에 대해서 언제, 그리고 어떻게 강조하는가? 당신은 소망의 복음과 그리스도의 재림의 관계에 대해서 어떻게 생각하는가?

휴식

(10분)

말씀과의 만남

(40분)

성경 본문: 데살로니가후서 3:6-15

이 구절을 큰 소리로 읽어라. 다음 질문들에 대해서 개인적으로 공부하라: 저자는 무엇을 전하려고 하는가? 이 구절은 무엇에 대해 말하는가? 네 사람이 한 그룹이 되어 질문에 대하여 토의하라. 이 질문들에 대해서 개인적으로 공부하라: 우리는 이 구절을 어떻게 이해하는가? 하나님은 이 구절을 통하여 우리에게 무엇을 말씀하시는가? 이 구절은 우리에게 무엇을 요구하는가? 그룹으로 모여 토의하라. (*효과적인 성경 교수법* 41-47쪽을 보라.)

순종하는 공동체의 모습

(20분)

순종하는 믿음의 공동체는 노동자들을 존중하며, 노동이 꼭 필요한 은혜로운 것이라는 사실을 안다.

다음 질문에 대해 토의하라: 일에는 어떤 가치가 있는가? "인간의 모습"과 순종하는 공동체의 모습을 읽고 다음 질문에 대해 토의하라: 하나님이 우리에게 주신 시간을 생각해 볼 때 우리가 하는 일이 긴급하다고 느껴지는가? "순종하는 공동체의 모습"에 있는 처음 두 질문을 한 그룹에 그리고 나머지 두 질문을 다른 그룹에 할당하여 토의하게 하라. 다같이 공동의 프로젝트에 관하여 계획을 세우라.

폐회 기도

(5분)

21과를 열고 금주의 기도제목을 적어라. 기도로 폐회하라.

21 선을 바라봄

개회 기도

(5분)

토의 시작

(20분)

준비

발표자: 윌리엄 말라드

빌립보서는 짧은 찬송—이야기 형식으로 그리스도의 신성과 인성을 나타낸다. 그리스도가 자신을 비우시는 것의 의미에 대해서 생각해 보라.

우리는 신약 4복음서에 있는 예수님의 이야기를 잘 알고 있다. 그러나 우리는 바울 역시 자신의 편지에서 종종 예수님의 이야기를 하고 있다는 사실을 깨닫지 못할 때가 있다. 그의 말은 아주 짧지만 몇 구절 속에 중요한 내용이 다 들어있다. 빌립보서 2:5-7의 말씀을 들어 보라: "너희 안에 이 마음을 품으라 곧 그리스도 예수의 마음이니 그는 근본 하나님의 본체시나 하나님과 동등됨을 취할 것으로 여기지 아니하시고 오히려 자기를 비어 종의 형체를 가지사 사람들과 같이 되"셨다. 바울은 이렇게 이야기를 시작한다.

빌립보서 2장에 일곱 구절로 되어 있는 예수님에 관한 이 이야기는 학자들에 의하면 초대교회의 찬송이었는데, 바울이 자신의 편지에 인용한 것이라고 한다. 이것은 마치 당신이 편지를 쓸 때 "나 같은 죄인 살리신"이라는 찬송을 인용하는 것과 같다. 골로새서 1:15-20에도 초대교회의 찬송이 인용되어 있다. 빌립보서에 있는 이 찬송의 인용은 우리가 편지의 나머지 부분을 더 잘 이해하는 데 도움을 준다. 우리는 후에 이것을 알게 될 것이다.

이제 찬송-이야기를 보다 자세히 살펴보고 그 의미를 살펴보자:

6절: "그(그리스도)는 하나님의 본체시나 하나님과 동등됨을 취할 것으로 여기지 아니하시고." 그리스도는 탄생하기 이전에 이미 하나님과 동등한 위치에 있었다. 후에 기독교인들은 이것을 그의 "신성"이라고 불렀다.

7절: "오히려 자기를 비어 종의 형체를 가지사 사람들과 같이 되셨고 사람의 모양으로 나타나사." 다시 말하면 하나님의 아들이라는 특별한 하늘의 특권을 포기하고 사람들 사이에 인간으로 오셨다.

8절: "자기를 낮추시고 죽기까지 복종하셨으니 곧 십자가에 죽으심이라."

9절: "이러므로 하나님이 그를 지극히 높여 모든 이름 위에 뛰어난 이름을 주사."

10-11절: "하늘에 있는 자들과 땅에 있는 자들과 땅 아래 있는 자들로 모든 무릎을 예수의 이름에 꿇게 하시고 모든 입으로 예수 그리스도를 주라 시인하여 하나님 아버지께 영광을 돌리게 하셨느니라." 부활하신 예수님의 권위와 그의 하늘의 신성이 이 이야기의 대단원을 장식한다.

신이신 예수님, 인간 예수님, 다시 신이 되신 예수님을 보여주는 것에 대해서 어떻게 생각하는가?

그러나 무엇인가 빠진 것 같은 느낌이 든다. 예수님은 하늘에서만 신이셨는가? 예수님의 신성과 인성은 이 땅 위에서는 사실이 아니었던가? 그가 죽은 나사로를 살리고, 물을 포도주로 바꾸었을 때 그는 신이 아니셨던가? 또한 바울은 하나님이 그리스도 안에 계시고 화목하게 하신다고 하였다. 바울은 그리스도가 신이시며 인간이라는 사실을 분명히 알고 있었다.

당신은 다음과 같이 말할 것이다: 예수님이 완전한 인간이며 동시에 완전한 신이셨다는 말인가? 나는 이것이 잘 이해가 되지 않는다! 그러나 분명히 예수님이 가장 인간적이셨을 때보다 신적인 모습이 더 잘 드러난 적은 없다. 그는 우리의 죄를 위하여 십자가에서 고통을 당하시고 죽으셨다. 그의 신성이 변하여 우리에게 선물을 주신 것이다. 그의 인성과 신성은 서로 모순되지 않으며 오히려 서로를 확인시켜 주고 있다.

이렇게 생각해 보라: 두 사람이 서로 사랑할 때 그 사랑은 그들을 아주 강력하게 만든다. (나는 당신을 위하여 가장 높은 산에라도 올라갈 수 있다!) 그러나 사랑은 연약한 면이 있어서, 사랑 때문에 그들은 전에는 알지 못했던 상처를 서로에게 줄 수도 있다. (내 사랑하는 사람의 심장이 멈춘다면 이 세상은 끝나는 것이다!) 사랑의 힘은 그리스도의 신성과도 같다. 그리고 사랑의 연약성은 그리스도의 인성과 같다. 하나님은 우리를 너무나 사랑하셔서 강함과 약함의 상징인 십자가를 통하여 우리와 함께 상처를 당하셨다. "그는 자신을 비우셨고… 순종하셨으며… 죽기까지 복종하셨다." 하나님이 인간과 함께 상처를 받으실 수 있다면 하나님은 또한 그의 백성을 새롭게 하고, 변화시키며, 화목하게 하실 수 있다.

바울은 빌립보서의 찬송-이야기를 통하여 성도들이 무엇을 발견하고 있는가를 말한다: 그것은 우리를 사랑하사 이 세상에 오시고 모든 피조물을 새롭게 하시기 위해서 승천하신 하나님과 동등하신 분의 이야기이다. 이 이야기를 통하여 이 세상을 새롭게 볼 수 있다. 성경적인 용어를 사용한다면 그러한 새로운 관점은 "종말론적인 계시"이다. 그것은 종말에 일이 어떻게 되어갈 것인지를 보여준다. 그 누가 전능하신 창조주가 모든 것을 새롭게 하기 위해서 우리의 아픔과 고통에 참여하실 것이라고 생각했는가?

그러한 드라마는 마치 예배의 우주적인 모습과도 같이, 이 세상은 우리가 생각하는 것과는 다르다는 것을 보여준다. 바울 당시의 사람들은 다른 현실 속에서 살았다. 그들은 다음과 같이 물었다: 이러한 새로운 현실 속에서 우리는 어떻게 행동해야 하는가? 우리는 어떻게 찬송에 나오는 그리스도에게 속하는가? 빌립보서는 이러한 새로운 현실 속에서의 삶을 보여준다. 이제 우리는 이 세상을 바울이 겪었던 것과 같은 상처와 고립 그리고 감옥생활이 물러가고 밀접한 사랑을 나눌 수 있는 장소가 되게 해야한다. 우리는 빌립보 성도들이 당했던 어려움을 통하여 우리가 어떻게 연합하여 서로를 붙들어 줄 수 있는가를 배울 수 있다. 하나님께서 그리스도의 새로운 주권 하에서 모든 것을 회복하시고, 치유하시며, 연합하기 위해 이 세상에 오셔서 상처를 받으셨기 때문에 이 모든 것이 가능하다.

(William Mallard)

정보 (내용 요약)

빌립보서 2장에서 바울은 예수님에 관한 이야기를 일곱 구절로 모두 설명한다.

그리스도는 하나님의 본체이시나 자기를 비어 사람의 모양으로 나타나셨으며 죽기까지 복종하셨다.

그리하여 하나님이 그를 지극히 높이셨다.

바울에게 그리스도는 신이며 인간이시다.

하나님과 동등한 분이 사랑으로 우리에게 오셔서 모든 피조물을 새롭게 하고 승천하셨다.

이 이야기는 만물이 최종적으로 어떻게 될 것인지를 보여준다.

대화

그리스도는 어떻게 동시에 완전한 신이며 인간이실 수 있는가? 그리스도가 자신을 비우셨다는 것은 무슨 의미인가?

성경과 교재

(50분)

바울 서신 연대표에서 빌립보서의 연대를 확인하고, 역사적 배경 도표에서 학생용 교재에 언급된 사람과 사건을 찾아라. 그룹에 있는 사람들이 이야기를 나누는 동안 바울의 선교여행 (2차 여행) 지도에 있는 사도행전 16장에 나오는 사건을 추적해 보라. 여섯 명을 골라서 한 이야기씩 말하게 하라: 사도행전 16:1-5, 6-10, 11-15, 16-24, 25-34, 35-40. 모든 사람들에게 사도행전 16장을 읽게 하라.

두 사람씩 짝을 지어 성경과 성경 읽기 기록을 사용하여 바울과 빌립보 교회의 관계를 설명하라. 반대와 고통 가운데서도 용기와 기쁨을 잃지 않는 바울로부터 교훈을 얻는다. 빌립보서에 나타나는 기쁨과 즐거운 모습의 특징은 무엇인가? 고통을 견디는 것과 모든 일에 즐거워하는 것 사이에는 무슨 관계가 있는가?

바울은 우리에게 그리스도의 마음을 가지라고 말한다. 사람들에게 빌립보서 2:5-11을 조용히 읽고, 두 사람씩 짝을 지어 우리가 어떻게 그리스도를 닮을 수 있는지 이야기하게 하라. 자신을 완전히 포기한다는 것은 무슨 의미인가? 우리를 완전히 그리스도에게 준다는 것은 무슨 의미인가? 그리스도를 주님이라고 부르는 것과 자신을 포기하는 것 사이에 무슨 관계가 있는가? 그리스도의 섬김에 대해서 말해 보라.

빌립보서를 요약하면서 사람들에게 바울이 빌립보 성도들에게 준 충고를 기반으로 해서 그리스도인의 삶을 위한 3-4가지의 좌우명을 적게 하라. 다같이 모여 한 사람이 하나씩 말하게 하라.

휴식

(10분)

말씀과의 만남

(40분)

성경 본문: 빌립보서 3:7-16

이 말씀을 큰 소리로 읽어라. 세 사람씩 짝을 지어 중요한 사상과 그 의미를 생각하게 하라. 그리고 이 말씀을 자신의 말로 적어 보게 하라. 각 그룹에서 자신들이 쓴 것을 나눈 후에 전체 그룹에서 발표하도록 자원자를 뽑아라. (효과적인 성경 교수법 63-68쪽을 보라.)

순종하는 공동체의 모습

(20분)

순종하는 믿음의 공동체는 모든 체험과 상황을 하나님의 변화시키는 능력이 역사하는 기회라고 생각한다.

"인간의 모습"을 읽고 그것이 자신들의 체험을 얼마나 정확하게 묘사하는지를 생각하게 하라. 두 사람씩 짝을 지어 말한다. 순종하는 공동체의 모습을 같이 읽고 세 번째 항목에 간단하게 대답할 수 있는 사람을 찾아라. 다같이 두 번째 문제를 토의하라. 시간이 허락하는 대로 나머지 문제에 대해 답하라.

폐회 기도

(5분)

22과를 열고 금주의 기도제목을 적어라. 기도로 폐회하라.

22 그리스도의 몸

개회 기도

(5분)

토의 시작

(20분)

준비

발표자: 후스토 곤잘레스

영혼의 불멸과 육체의 부활에 대한 믿음의 차이를 살펴 보라.

바울이 편지를 보낸 고린도는 아주 혼란한 곳이었다. 또한 우리를 혼란스럽게 만든다.

몇 세기 전에는 모든 일이 훨씬 단순했을 것이다. 만일 당신이 주전 4-5세기에 고대 그리스에서 태어났다면 당신이 누구이며, 사회에서 당신의 위치가 어디에 속하는지 분명히 알았을 것이다. 종교는 문제가 되지 않았을 것이다. 왜냐하면 고린도에 태어난 모든 사람들이 같은 신을 믿고 있었기 때문이다. 다른 신과 사상을 가지고 당신을 혼동스럽게 만들 수 있는 외국인들도 아주 적었다.

그러나 바울 시대에는 상황이 달랐다. 지중해 연안의 모든 세계가 로마 제국 하에 있었다. 제국 내에서 사람들은 이동이 자유로웠다. 제국 밖으로도 갈 수 있었다. 사람들은 서로 섞였고 다른 문화와 신들을 접하게 되었다.

고린도에도 여러 곳에서 온 많은 사람들이 있었다. 고린도는 육로와 해로의 여행에 있어서 아주 중요한 곳에 위치해 있었다. 동남쪽으로부터 고대 이집트의 신화와 전통이 전래되었다. 동쪽으로부터 유대인들이 성경과 율법을 가지고 왔다. 동북쪽에서 주신제(orgies)의 특성을 가진 고대 종교가 전래되었다. 그리스에서 플라톤과 아리스토텔레스 같은 희랍 철학의 대가들과 그 전통이 수입되었다.

다시 말하면, 고린도는 국제적인 도시(cosmopolitan)였다. 코스모폴리탄이라는 말은 도시를 뜻하는 폴리스(polis)와 전 세계를 의미하는 코스모스(cosmos)가 합쳐진 단어이다.

따라서 고린도에 있는 사람들이 혼동한 것은 당연한 일이다. 오늘날 많은 사람들처럼 그들은 혼동하였다. 특별히 그들은 부활과 죽음 후의 삶에 대해서 혼동하였다.

그 당시에도 오늘날과 마찬가지로 육체적인 죽음이 모든 삶의 끝이라고 믿는 사람들이 많이 있었다. 그것이 사실이라면 먹고 마시고 즐기는 것 밖에는 할 일이 없었다. 그러나 바울은 이런 사람들에게 "만일 그리스도 안에서 우리가 바라는 것이 다만 이 세상의 삶뿐이면 모든 사람 가운데 우리가 더욱 불쌍한 자이리라"(고린도전서 15:19)고 말한다.

물론 죽음 후의 삶을 믿는 사람도 있었지만 그들은 바울과 초대교회의 가르침대로 믿지는 않았다. 오늘날 많은 사람들처럼 그들도 혼의 불멸을 믿었다. 이것이 소크라테스와 플라톤, 그리고 많은 동방의 신비주의자들의 철학적인 가르침이었다. 혼은 바로 생명이다. 그것은 아무도 죽일 수 없다. 어떤 사람들은 죽은 자의 혼이 다른 사람 또는 동물을 통하여 다시 돌아올 수 있다고 주장하였다.

이런 사람들에게 있어서 종교는 죽음 후에도 살아 있는 혼의 문제였지, 육체에 관한 것이 아니었다. 그래서 고린도에 있는 어떤 사람들은 육체를 가지고 무슨 일을 하든지 그것은 중요하지 않다고 주장하였다. 성욕은 육체와 연관된 것이고, 영원한 삶은 혼의 문제이다. 이런 이유 때문에 어떤 사람들은 다른 사람이 굶주리는 데도 배가 터지도록 먹었다. 중요한 것이 혼이라면 다른 사람들이 굶주리고 있다는 것이 무슨 상관인가?

혼이 불멸하다면 우리는 염려할 필요가 없다. 아무도 그것을 죽일 수 없기 때문에 우리는 무슨 일이 있어도 안전할 것이다.

그러나 바울은 그렇게 생각하지 않았다. 그는 우리의 신앙은 혼의 불멸에 근거한 것이 아니라 예수 그리스도의 부활에 근거한 것이며, 우리가 소망하는 것은 죽은 후에 우리의 혼이 계속 살아 있는 것이 아니라, 그리스도와 함께 부활하는 것이라고 말한다.

이것은 아주 중요하다. 거기에는 몇 가지의 이유가 있다.

우리의 육체와 마찬가지로 죽음 후의 삶도 하나님의 선물이다. 고린도에 있는 어떤 사람들은 부활이 불가능하다고 주장하였다. 우리가 어떤 몸을 가질 것인가? 그것은 어떻게 생겼을까? 우리는 다른 곳에서도 부활을 반대하는 사람들을 만난다. 그들은 만일 몇 사람이 오랫동안 같은 물건을 공유하고 있었다면 부활의 때에는 물건이 충분치 않아서 어떤 육체는 구멍만이 남게 될 것이라고 주장한다.

그러나 중요한 사실은 부활은 창조와 마찬가지로 하나님이 하시는 일이라는 것이다. 창조시에 하나님은 여러 형태의 육체를 만드셨다: 사람의 몸, 동물의 몸, 새의 몸, 생선의 몸. 부활의 때에는 하나님이 새로운 세계에 필요한 대로 우리에게 육체를 허락하실 것이다.

우리의 미래의 삶은 현재의 자연적인 결과가 아니다. 그것은 하나님의 놀라운 권능의 자비이다. "빛이 있으라 하시매 빛이 있었다"고 하는 것과 같은 능력의 산물이다.

우리는 지금 육신의 부활을 논하고 있다. 우리가 지금 우리의 육신을 가지고 무엇을 하며, 다른 사람들의 육체에 어떤 일을 하는가는 영원히 중요한 문제이다. 그래서 바울은 고린도 교회의 부요한 성도들에게 적게 가진 다른 사람들과 나누라고 말한다. 또한 기독교인들은 자신의 몸을 성적으로 사용하는 데에 책임이 있다. 미래의 영원한 삶은 육체적인 것이다. 따라서 우리는 지금 여기에서 우리에게 약속된 미래의 삶을 위해서 실천하는 것이 좋다. (나머지 비디오 내용은 89쪽에서 계속됨.)

정보 (내용 요약)

고린도 교회의 교인들은 부활과 죽음 후의 삶에 대해서 혼동을 하였다.

많은 사람들은 육체의 죽음이 삶의 끝이라고 생각하였다.

어떤 사람들은 혼은 영원하다고 생각하였다.

바울은 우리의 신앙은 혼의 불멸에 기초한 것이 아니라 예수 그리스도의 부활 신앙에 근거한다고 하였다.

우리도 그리스도와 함께 부활할 것이다.

창조와 마찬가지로 부활도 하나님의 역사이다.

지금 여기에서 우리의 육체를 가지고 무엇을 하느냐 하는 것이 영원한 중요성을 갖는다.

예수님은 실제로 죽으셨다. 죽음은 우리에게도 실제적인 것이다.

예수님은 죽음에서 부활하사 사망을 이기셨고 생명과 부활의 새로운 장을 여셨다.

대화

왜 우리는 죽음 후의 삶에 대한 믿음을 예수 그리스도의 부활에 두는가? 현재의 몸과 미래의 몸에 대해서 당신은 어떻게 생각하는가?

성경과 교재

(50분)

다음 세 가지 학습 활동을 할 때 지도와 연대표를 사용하라. 그래서 세 그룹이 같이 활동을 할 수 있도록 한다.

고린도전서에 대한 시기와 지리적인 상황을 설정하라. 바울이 언제 어디에서 이 서신을 썼고, 이 편지는 바울의 전체 서신 중에서 어떤 위치에 있는가를 보기 위해서 *바울 서신 연대표*를 살펴 보라.

바울의 선교여행 (2차 여행) 지도를 사용하여 사도행전 18장에 있는 장소들을 찾아 보라.

바울이 고린도전서에서 구약을 어떻게 사용하고 있는지 공부하라. *바울이 인용한 구약성경* 도표에 있는 20구절을 사람들에게 나누어주라. 개인적으로 혹은 두 사람씩 짝을 지어 공부하라. 이 말씀이 어떻게 사용되었는지를 알기 위해서 고린도전서의 말씀과 그 주위의 구절들을 읽는다. 구약의 참고 구절에 대해서도 이와 같이 하라. 같은 구절을 바울은 어떻게 사용했으며, 구약에서는 어떻게 사용되었는지 그 의미와 목적에 있어서의 유사점과 차이점을 확인하라. 다음 질문에 대해 토의하라: 바울의 사상과 그의 성경관에 대해서 어떤 단서를 얻을 수 있는가?

고린도 교회의 분열에 대한 바울의 대답은 "십자가에 달리신 그리스도"였다. 한 사람으로 하여금 고린도전서 1:4-2:5를 큰 소리로 읽게 한다. 네 그룹에서 십자가의 권능에 대한 모든 것을 적어 보게 하라. 첫째 날에서 네째 날까지의 성경 말씀과 기록을 살펴보고, 거기에 언급된 분열과 문제점들을 확인한다. 분열과 문제점들을 하나씩 생각해 보고 다음 질문에 답하라: 이런 상황에서 십자가는 연합을 가져올 수 있는 어떤 힘을 가지고 있는가?

휴식

(10분)

말씀과의 만남

(40분)

성경 본문: 고린도전서 13장

이 말씀을 큰 소리로 읽어라. 개인적으로 13장의 중요한 메시지가 무엇인지 요약해 보라. 두 사람씩 짝을 지어 그 의미에 대해 토의하라. 다시 개인적으로 공부하라. 13장의 배경이 되는 12장과 14장을 읽어라. 이런 배경을 가지고 13장을 읽을 때 새로 떠오르는 의미는 무엇인가? 두 사람씩 짝을 지어 말하라.

순종하는 공동체의 모습

(20분)

순종하는 믿음의 공동체는 복음을 위하여 다양한 가운데 일치를 추구한다.

"인간의 모습"과 고린도전서 3:1-3을 조용히 읽어라. 그리고 순종하는 공동체의 모습을 한 목소리로 읽는다. 3-4명이 그룹을 만들어 다음 질문에 대해 토의하라: 그리스도의 죽음과 부활의 메시지가 분열된 공동체를 어떻게 변화시킬 수 있는가? 학생용 교재 "순종하는 공동체의 모습"에 있는 질문에 대해 토의하라.

폐회 기도

(5분)

23과를 열고 금주의 기도제목을 적어라. 기도로 폐회하라.

23 신뢰의 위기

개회 기도

(5분)

토의 시작

(20분)

준비

발표자: 수잔 R. 개럿

바울이 고통의 원인으로서 죄와 죽음을 어떻게 이해하고 있는지, 그리고 기독교인들이 당할 고통에 대해서 살펴 보라.

바울은 고통의 문제에 깊은 관심을 가졌다. 그는 사도로서 많은 고통을 당하였다. 고린도후서 11장에서 그는 자신의 시험과 환난에 대해서 말한다. 그는 매와 태장과 돌로 맞았으며, 파선을 당하고, 바다에 표류하며, 주리고 목마르며, 굶고 춥고 헐벗었다. 바울은 사도뿐만이 아니라 모든 기독교인들은 고통을 당할 수 있다고 가르친다. 그는 얼마 전에 핍박을 당한 데살로니가 성도들에게 저희가 이러한 핍박을 당해야 할 것임을 알고 있었다고 말한다. "우리가 너희와 함께 있을 때에 장차 받을 환난을 너희에게 미리 말하였는데 과연 그렇게 된 것을 너희가 아느니라"고 말한다. 그러면 바울이 그리스도를 따르는 것은 고통을 당하는 것이라고 가르쳤는데 왜 그의 말을 들었던 사람들이 기독교인이 되었는가? 그 이유는 바울이 그리스도가 약한 자들에게 그러한 시련을 감당할 힘을 주신다는 것을 강력하게 증거하였기 때문이다.

바울은 그러한 고통이 이 세상에서 역사하는 사단의 영적인 힘 때문에 생긴 것이라고 믿었다. 그리고 그는 이런 힘을 여러 곳에서 다른 이름으로 표현하고 있다: 예를 들어, 그는 "사단", "권능과 주관자", "이 세상을 다스리는 자"라는 표현을 사용한다. 로마서에서 그는 "죄"와 "죽음"이라는 두 가지 사단의 힘에 대해서 말한다. (여기에서 우리는 이 말들을 이해하려면 우리의 일상적인 사고방식에서 벗어나야 한다: 바울은 우리가 저지르는 작은 죄나 사람들에게 임하는 죽음을 말하는 것이 아니라, 이 세상에서 역사하는 엄청난 힘과 권능을 말한다.) 죄 (Sin)는 사람들을 하나님의 길에서 멀어지게 하는 힘을 가지고 있다. 죽음(Death)은 인간과 다른 피조물을 고통스럽게 하고, 죽이며, 부패시키는 힘이다. 바울은 이 두 힘이 아담이 에덴 동산에서 하나님께 불순종한 이후로 이 세상에서 권세를 가지고 있다고 말한다. 그리스도는 죄와 죽음의 권세로부터 인간을 구원하시고, 온 피조물을 하나님이 바라시는 축복된 상태로 회복시키기 위하여 오셨다. 그리스도는 십자가에서 죽기까지 하나님께 순종하는 완전한 믿음을 보여주심으로, 자신으로 하여금 하나님께 불순종하게 할 수도 있었을 죄의 권세를 물리치

셨다. 예수님은 무덤에서 부활하심으로 죽음의 권세가 그를 감당할 수 없음을 보여주셨다.

바울은 그리스도의 이름으로 세례를 받은 사람은 이미 죄에 대해서 그리스도의 승리에 동참하였으며, 그러한 사람은 더 이상 죄의 다스림을 받지 않는다고 말한다. 그들의 새 주인은 그리스도이시다. 또한 바울은 죽음의 권세가 그리스도인들을 위하여 아직 완전히 정복된 것은 아니라고 한다. 그리스도의 부활로 인해서 사망의 궁극적인 종말은 확실한 것이지만 아직도 죄는 인간의 삶과 이 세상에서 역사하여 모든 질병, 고통, 파멸, 부패를 일으킨다. 사망의 권세는 계속해서 이 세상에서 그리스도가 다시 오실 그 날까지 고통과 죽음을 야기할 것이다. 그러나 부활의 그 날이 오면 하나님께 대항하는 모든 힘들이 그리스도에게 복종할 것이다.

바울은 그리스도인들은, 특별히 사도들은, 믿지 않는 자들보다 더 고통을 당할 것을 각오해야 한다고 말한다. 왜 그러한가? 사도들과 모든 기독교인들은 그리스도를 만유의 주로 고백하기 때문이다. 바울이 빌립보서에서 말하듯이 그리스도인들은 하나님이 예수님을 높이시고 "모든 이름 위에 뛰어난 이름을 주사 하늘에 있는 자들과 땅에 있는 자들과 땅 아래 있는 자들로 모든 무릎을 예수의 이름에 꿇게 하시고 모든 입으로 예수 그리스도를 주라 시인하여 하나님 아버지께 영광을 돌리게 하셨"다고 고백한다.

예수님을 주라 고백함으로써 사도들과 모든 기독교인들은 이 세상에서 자신들의 권능을 행사하는 세력들에 도전한다. 기독교인들의 고난은 사탄의 세력이 그리스도를 주라 고백하지 못하게 하며, 이 세상에서 하나님의 일을 하지 못하게 공격해 올 때 생긴다.

바울은 그리스도의 죽음과 부활이 자신의 삶을 형성하였다고 주장한다. 그리스도는 악의 세력에 대항했기 때문에 고통을 당하셨다. 마찬가지로 바울도 이 세상의 악한 세력에 대항한다. 그렇기 때문에 바울은 자신이 고통을 당할 것을 알고 있었다. 그리스도는 하나님께 순종하셨으며, 하나님이 자신을 신앙으로 살게 하신다는 사실에 대해서 조금도 의심하지 않았다. 바울은 자신이 그리스도 때문에 죽음을 당할 것이라는 것을 알았지만 조금도 동요하지 않았다. 그는 자신의 육체의 죽음은 그리스도와의 영원한 삶을 의미한다는 것을 알고 있었다. 바울은 이와 마찬가지로 모든 기독교인들은 그리스도를 주라 고백하기 때문에 고통을 당할 수 있다는 것을 생각하며, 하나님의 영광에 동참한다는 소망을 가지고, 흔들리지 말며 인내를 가지라고 말한다. 바울이 로마서 8장에서 말한 것처럼 성도들은 자신들이 하나님의 자녀라는 것을 안다. "자녀이면 또한 상속자 곧 하나님의 상속자요 그리스도와 함께 한 상속자니 우리가 그와 함께 영광을 받기 위하여 고난도 함께 받아야 될 것이니라" (8:17). 바울은 하나님이 고통의 원인이라고 말하지 않는다.

그러나 로마서에서 바울은 하나님이 그러한 고통을 궁극적으로 성도들에게 도움이 되는 목적으로 사용하신다고 말한다. 기독교인들이 고통을 겪을 때 그들은 이미 고통을 당하신 그리스도의 모습을 닮아 가는 것이다. 하나님은 그리스도를 사망에서 생명으로 옮기셨다. 언젠가 하나님은 시련과 슬픔을 당하는 기독교인들을 영광스러운 새로운 삶으로 인도하실 것이다.

(나머지 비디오 내용은 89쪽에서 계속됩니다)

정보 (내용 요약)

바울은 고통이 죄와 죽음에 의해서 초래되었다고 믿었다.

그리스도는 십자가에 죽으심으로 죄의 권세를 물리치셨다. 그는 죽음에서 부활하셔서 죽음이 자신을 다스릴 수 없음을 보여주셨다.

그리스도를 주님으로 고백하는 모든 기독교인들은 고난받을 것을 각오해야 한다.

고난을 통하여 기독교인들은 그리스도의 형상으로 바뀌어 간다.

대화

바울은 고통의 원인으로서 죄와 죽음에 대해서 무엇이라고 하는가? 우리의 고통과 우리가 그리스도의 형상으로 바뀌어 가는 것에는 어떤 관계가 있는가?

성경과 교재

(50분)

바울의 선교여행 지도에서 고린도를 찾아보고, *바울 서신 연대표*에서 고린도후서가 기록된 연대를 확인하라. 바울이 고린도후서에서 성경을 어떻게 사용하고 있는가를 보기 위해서 *바울이 인용한 구약성경* 도표에 있는 성경 구절들을 살펴 보라.

고린도후서는 다른 어떤 서신보다 우리에게 바울에 관하여 더 많은 정보를 제공해 준다. 첫째 그룹은 첫째 날과 둘째 날의 성경말씀과 기록을 참조하고, 둘째 그룹은 세째 날에서 다섯째 날까지의 것을 살펴본다. 무엇이 우리에게 참된 바울의 모습을 보여주는가? 그의 인간성은 어떻게 나타나는가? 우리는 어디에서 그의 용기와 겸손, 약함과 강함을 볼 수 있는가? 우리는 바울이 자기자신을 극복하기 위해서 몸부림치는 모습을 어디에서 볼 수 있는가?

두 사람 혹은 세 사람씩 짝을 지어 고린도후서 2:14-17을 읽어라. 2:14-15에 나타난 이미지에 의미를 부여하라. 로마서 12:1-2와 어떻게 연관을 지을 수 있는가?

고린도후서 4:1-6:13은 기독교인의 사역에 관한 것이다. 3명이 한 그룹을 이루어 한 사람이 한 장씩 맡아 공부를 하면서 사역자가 된다는 것의 중요성에 대해서 생각해 보라. 사역과 새로운 창조로서의 기독교인의 삶 사이의 관계에 대해서 설명하라. 무엇이 우리로 하여금 다른 사람들을 위해 살도록 하는가? 학생용 교재 180쪽에 있는 질문에 답하라.

3명이 한 그룹을 이루어 기금 마련을 위한 바울의 호소에 나타난 그의 용의주도한 논리전개를 살펴 보라. 가난한 사람들을 돕기 위해서 풍성한 헌금을 요청하는 그의 신학적인, 그리고 윤리적인 근거는 무엇인지 확인하라. 오늘날 기독교인들에게 말하고자 하는 바는 무엇인지 열거해 보라.

휴식

(10분)

말씀과의 만남

(40분)

성경 본문: 고린도후서 5:11-6:13 3-4명이 한 그룹을 이루어 고린도후서 5:11-6:13을 조용히 읽어라. 다음과 같은 질문을 사용하여 이 구절을 공부하라: 이 구절의 내용은 무엇인가? 바울은 독자들에게 하나님에 대해서 무슨 말을 하려고 하는가? 이 구절은 오늘날의 교회에 대해서 무엇을 말하는가? 우리가 이 말씀을 신중하게 받아들인다면 우리의 삶에 어떤 변화가 올 것인가? (효과적인 성경 교수법 24-28쪽을 보라.)

순종하는 공동체의 표

(20분)

순종하는 믿음의 공동체는 연약함 가운데서 복음을 증거하며, 그 약함을 극복하기 위해서 하나님의 능력을 의지해야 한다는 것을 안다.

믿음의 공동체의 모습을 보여주는 "인간의 모습"을 읽어라. 세 사람이 한 그룹을 이루어 "순종하는 공동체의 모습"에 있는 첫 번째 질문을 토의하고, 다른 세 사람은 마지막 질문에 관해서 토의하라. 우리가 약함 속에서 복음을 증거할 수 있다는 사실을 신중하게 받아들인다면, 그것이 우리로 하여금 어떻게 성도들 간의 차이점을 직면하고 다룰 수 있게 도와주는가?

폐회 기도

(5분)

24과를 열고 금주의 기도제목을 적어라. 기도로 폐회하라.

24 하나님의 구원의 의

개회 기도

(5분)

토의 시작

(20분)

준비

발표자: 리챠드 B. 헤이스

다음과 같은 점에 유의하라: 바울의 복음은 구약에 근거하고 있다.

사도 바울은 자신이 전한 복음의 메시지가 기본적으로 이스라엘 사람들의 성경에 근거하고 있다고 말한다. 그는 고린도전서 15장에서 다음과 같이 말한다: "내가 받은 것을 먼저 너희에게 전하였노니 이는 성경대로 그리스도께서 우리 죄를 위하여 죽으시고 장사 지낸바 되었다가 성경대로 사흘만에 다시 살아나"셨다 (15:3-4). 바울이 고린도후서를 쓸 때 아직 복음서는 기록이 되지 않았다. 그는 구약을 가리키고 있는 것이다. 바울은 초대 기독교 공동체의 성도들과 마찬가지로 예수님의 죽음과 부활은 하나님이 이스라엘에게 이전에 약속하신 것이 성취된 사건이라는 분명한 확신을 가지고 있었다.

이런 확신이 로마서에 아주 강하게 나타나 있다. 그는 여기에서 구약을 50번 이상 인용한다. 또한 로마서에는 구약에 대한 수없이 많은 암시가 들어있다. 그는 로마서를 다음과 같이 시작한다: "바울은 사도로 부르심을 받아 하나님의 복음을 위하여 택정함을 입었으니 이 복음은 하나님이 선지자들을 통하여 그의 아들에 관하여 성경에 미리 약속하신 것이라" (1:1-2). 바울은 사도로서의 자신의 일이 이 성경 말씀을 깊이 연구하여 새로 시작된 교회를 위하여 그 의미를 해석해 주는 것이라 생각했다. 그의 임무는 모든 이방인들이 복음을 믿고 순종하게 하는 것이었다 (1:5). 바울은 그리스도 안에서 갖게 된 자신들의 새로운 정체성이 어떻게 이스라엘의 역사에 의해서 형성될 수 있는지 잘 이해가 가지 않는 이방인들에게 성경을 해석해 주어야 했다.

동시에 그는 유대인들이 하나님의 말씀을 맡았음에도 불구하고 (로마서 3:2) 왜 복음을 거부하는가를 설명해야만 했다. 이스라엘은 성경을 알고 있었지만 그리스도가 율법의 목적이라는 사실(10:4)을 깨닫지 못했기 때문에 성경의 의미를 오해하였다. 이스라엘의 불신앙의 신비가 로마서의 주제이며, 바울은 구약을 새롭게 해석함으로써 이 신비를 설명한다.

바울은 성경을 인용할 때 히브리 원문을 사용하지 않았다. 그는 회랍어를 말하는 사람들을 위해서 회랍어로 글을 썼기 때문에 구약성경을 회랍어로 번역한 70인역(Septuagint: 이 단어는 70을 뜻하는 라틴어에서 온 것이다)을 인용하였다. 이 번역본이 70인역이라 불려지는 이유는 이집트 왕 프톨레미 2세의 명령에 따라서 70인(어떤 전통에 의하면 72인)의 유대인 장로들이 번역했기 때문이다. 모세오경의 70인역은 주전 3세기 이집트의 알렉산드리아에서 만들어졌다. 그러나 구약성경의 다른 책들이 회랍어로 번역된 것은 오랜 과정을 거쳐 주전 1세기경에 이루어졌다. 이 회랍어 성경에는 후에 구약외경이라고 불리는 책들이 포함되었다. 이 구약외경은 팔레스틴에서 사용하는 히브리 정경에는 들어 있지 않다. 바울에게 있어서 가장 중요한 것은 이사야, 시편, 창세기, 신명기였다. 바울은 이 책들을 자주 사용하였으며, 특별히 이사야를 가장 많이 인용(28번)하였다.

바울은 자신이 인용한 성경 구절들을 어떻게 사용하였는가? 그의 해석은 창조적이고 전통에 구애받지 않는다. 예를 들어, 신명기 30장에 이스라엘 백성들에게 율법의 명령에 엄격하게 순종하라는 말이 있는데 바울은 이 구절을 명령에 순종하라는 것이 아니라 자신이 전하는 복음을 믿으라는 의미로 해석한다 (로마서 10:6-10). 또 로마서 4장에서 바울은 이방인들도 할례를 받지 않고 하나님이 약속하신 축복을 받을 수 있다는 것을 보여 주기 위해서 최초로 할례를 받았던 이스라엘의 조상 아브라함의 이야기를 재해석한다. 그 당시의 많은 유대인들이 바울의 성경 해석을 보고 크게 놀라 반감을 가졌던 것은 당연한 일이다.

바울은 성경 본문을 인용하거나 언급할 때 그 인용구절이 들어있는 보다 넓은 상황을 고려해 넣는다. 바울의 논쟁을 완전히 이해하기 위해서는 구약성경을 알아야 한다. 예를 들어, 로마서 3:20에서 바울은 모든 인간들이 죄인이며 어떤 사람도 율법으로는 하나님 앞에 의롭게 되지 못한다는 것을 주장하기 위해서 시편 143:2를 인용한다. 그러나 우리가 시편 143편 전부를 읽어보면 그것이 단순한 인간의 죄에 대한 정죄가 아니라 하나님의 의로우심이 구원의 근원임을 호소하며 간절하게 구원을 바라는 기도임을 알 수 있다 (시편 143:1, 11). 그래서 바울은 3:21에서 다음과 같이 말한다: "이제는 율법 외에 하나님의 한 의가 나타났으니 율법과 선지자들에게 증거를 받은 것이라." 바울은 시편 143편의 기도를 진심으로 드린 사람은 시편 기자가 간구했던 하나님의 구원의 의가 마침내 나타난 것을 즉시 알 수 있을 것이라고 주장한다.

우리는 반복해서 바울이 인용한 말씀을 살펴보고 그가 구약을 어떻게 해석했는지를 생각해 보아야 한다. 때때로 그의 성경 해석이 이상하게 보이는 이유는 그가 예수 그리스도의 죽음과 부활을 통하여 이 세상을 구속하시고, 유대인과 이방인 성도들이 함께 하나님을 찬양하도록 새로운 공동체를 만들기 위해서, 하나님이 역사하셨다는 확신을 가지고 성경을 보기 때문이다.

이런 점에 근거하여 우리는 바울의 성경 해석에 관한 다섯 가지 결론을 내릴 수 있다:

1. 그는 성령의 인도 하에 아주 자유롭게 성경을 읽는다. 그는 우리가 말하는 문자적이고 역사적인 것에 구애를 받지 않는다.

2. 바울은 구약과 복음 사이에 연관성이 있다고 주장한다. 그의 해석은 혁신적이다. 복음은 결코 구약을 쓸모 없는 것으로 취급하지 않으며 오히려 완성하고 굳게 세운다 (로마서 3:31). 로마서 4장에서 아브라함의 이야기를 언급하는 이유는 이 점을 보여주기 위한 것이다.

(나머지 비디오 내용은 90쪽에서 계속됩니다)

정보 (내용 요약)

바울의 복음은 구약에 근거하고 있다.

바울은 그리스도의 죽음과 부활을 하나님이 이스라엘에게 하신 약속의 성취로 이해한다.

바울은
• 성령의 인도 하에서 커다란 자유를 가지고
• 구약과 복음 사이에 계속성이 있다는 것을 주장하며
• 성경을 선택과 약속의 이야기로 보며
• 성경을 교회에 직접 주시는 말씀으로 읽으며
• 성경을 새로운 눈으로 본다.

대화

성경을 다루면서 왜 바울은 유대인들과 이방인들을 염두에 두어야 했는가? 바울은 어떤 다섯 가지 관점을 가지고 성경을 읽는가?

성경과 교재

(50분)

바울 서신 연대표를 사용하여 로마서의 연대를 확인하라.

바울이 인용한 구약성경 도표에 있는 처음 14군데의 로마서의 말씀을 각 사람에게 나누어주고 바울이 인용한 구약성경과 비교하게 하라. 그 의미의 유사점과 차이점은 무엇인가? 앞뒤에 있는 구절들이 어떻게 도움이 되는가? 바울은 성경을 어떻게 읽고 있는가?

죄의 성격과 편만함을 보기 위해서 3-4명이 같이 공부하라. 성경 읽기 첫째 날에서 세째 날까지의 성경 읽기와 노트를 사용하여 다음 질문에 대하여 토의하라: 죄는 무엇이며, 우리에게 어떤 영향을 미치는가? 모든 사람이 죄를 지었고 하나님의 심판 아래 있다는 것을 어떻게 이해해야 하는가? 하나님의 공의는 죄를 정죄하고 용서하시는 것을 통해서 나타난다는 사상

은 하나님의 공의를 이해하는 데 어떤 영향을 미치는가? 학생용 교재 187쪽에 있는 진노에 관한 부분을 살펴보고 거기에 있는 질문에 답하라. 이 토의를 하나님의 신실하심과 정의에 연관시키도록 하라.

우리 믿음의 조상이며, 신앙의 모범인 아브라함에 대해서 생각해 보라. 네째 날에 있는 성경 읽기와 노트를 사용하라. 두 사람씩 짝을 지어 이 일을 마친 후에 다른 한 쌍과 같이 서로의 의견에 대해 토의하라.

네 그룹으로 나누어 아담과 그리스도의 영향에 대해서 비교하라. 다섯째 날에 있는 성경 읽기와 노트를 사용하라. 두 그룹은 아담의 영향에, 그리고 다른 두 그룹은 그리스도의 영향에 대해서 공부하라. 그리고 서로 비교하기 위해서 아담을 공부한 그룹이 그리스도를 공부한 그룹과 짝을 만들라.

휴식

(10분)

말씀과의 만남

(40분)

성경 본문: 로마서 3:21-31

한 사람이 이 말씀을 큰 소리로 읽어라. 이 말씀을 각자가 공부하면서 다음과 같은 질문에 답하라: 하나님에 대해서 무슨 말을 하는가? 인간에 대해서 무슨 말을 하는가? 하나님과 인간의 관계에 대해서 무슨 말을 하는가? 3-4명이 한 그룹을 이루어 이 말씀에 관해 토의하라. (효과적인 성경 교수법 29-33쪽을 보라.)

순종하는 공동체의 모습

(20분)

순종하는 믿음의 공동체는 믿음을 통하여 하나님과의 관계가 올바르게 될 수 있다는 것을 주장하며 다른 사람들이 그것을 경험하도록 초대한다.

각자에게 자신이 경험하는 "인간의 모습"에 대해서 다른 사람들에게 말하게 하라. 공동체와 개인이 가지는 인간의 모습의 체험은 순종하는 공동체의 모습에 의해서 어떻게 변화되는가? "순종하는 공동체의 모습"에 있는 처음 두 질문에 대해 답하라.

폐회 기도

(5분)

25과를 열고 금주의 기도제목을 적어라. 기도로 폐회하라.

25 만인을 위한 구원

준비

발표자: 리앤더 E. 켁

로마서에 나오는 바울 사상의 흐름을 살펴 보라.

로마서는 바울이 쓴 가장 영향력 있는 편지이다. 또한 가장 이해하기 어려운 서신이기도 하다. 그는 11장까지는 주로 신학적인 문제를 다루고 그 이후에는 실제적인 문제를 언급한다. 로마서는 로마에 있는 성도들에게 쓴 편지이다. 이 편지에는 특정한 사람들에게 쓴 구체적인 내용과 신학적인 논쟁이 담겨 있으며, 이것으로 해서 로마서는 바울의 다른 서신과 구별된다. 로마서는 많은 설명을 필요로 한다. 왜냐하면 편지의 시작과 끝 부분이 마치 바울의 여행계획을 말하는 형태로 되어 있기 때문이다. 그리고 시작과 끝 사이에 신학을 다루는 부분이 열한 장, 이어서 일반적인 도덕적인 충고가 두 장, 성도들의 분열을 가져온 구체적인 문제에 대한 토론이 들어 있다.

바울은 이제 20년 전에 시작한 소아시아와 그리스에서의 선교 사역을 마치고 스페인에 가서 새로운 일을 하려는 시점에 있다. 그는 이 일을 오랫동안 계획해 왔다. 바울은 스페인으로 가는 도중에 그들을 방문하겠다는 것을 분명히 말하고 있다. 바울은 자신이 전한 복음이 예루살렘에서 논쟁을 일으켰기 때문에 거기에 가는 것이 별로 좋지 않다는 것을 알고 있었지만 예루살렘 교회 성도들을 위하여 모은 헌금을 반드시 전달해야 된다고 생각했다. 그의 예상은 적중하였다. 후에 그는 로마에 죄수의 몸으로 오게 되고, 스페인에 갈 기회를 잃는다.

왜 바울은 자신의 여행계획에 대해서 짧게 쓰고 그대로 실행하지 않았을까? 왜 그는 자신의 편지에 모든 신학적인 문제와 도덕적인 충고를 포함시켰을까? 왜 그는 복음이 처음에 유대인들에게 주어졌으나 나중에는 이스라엘이 이방인들 다음으로 구원을 얻을 것이라고 말하였는가? 그의 미래에 대한 비전은 그가 스페인에 가는 것과 어떤 상관이 있는가? 왜 바울은 고상한 신학적인 이야기와 논쟁에 관한 충고에서부터 채식주의에 관한 세상적인 일까지 그의 편지에서 언급하고 있는가?

14-15장에서 바울은 독자들에게 그런 것에 관한 싸움을 중단하라고 말한다. 무슨 일이 일어나고 있었는가? 그리스도를 믿음으로 인해서 모든 종교적인 제약으로부터 벗어났다고 확신하는 사람들은 자신들을 신앙이 강한 자로 생각하고, 의심이 많은 사람들을 신앙이 약한 자라고 부르며 멸시하였다. 이 신앙이 강한 자들은 자신들의 견해를 바울의 말에 근거하여 합리화하였다. 그들의 견해는 로마서 16장에 언급된 사람들을 통하여 알 수 있다. 그러나 만일 바울이 문제의 원인이었다면, 그는 로마에서 환영받기를 기대할 수 없었을 것이다. 또한 그는 성도들이 자신의 스페인 전도여행을 도와줄 것이라고 기대할 수도 없었을 것이다. 그는 가능하면 그들의 도움을 받기를 원했다. 그래서 그는 로마에 도착하기 전에 성도들간의 분쟁 문제를 다루고 싶었다.

그러나 바울이 보기에 더욱 심각한 문제는 기독교인이 아닌 유대인들, 또는 유대계 기독교인들에 대한 이방인 기독교인들의 자세였다. 50년대 후반 이 편지가 쓰여졌을 당시에 대부분의 유대인들은 복음을 받아들이지 않았고, 기독교는 이방인들을 위한 종교가 되었다. 어떤 이방인들은 자신들은 예수님을 약속한 메시야로 그리고 하나님의 아들로 받아들이는 반면에 유대인들은 자신들에게 약속한 메시야를 받아들이지 않기 때문에 자신들이 더 우수하다고 생각하였다. 바울에게는 이런 우월감이 없었다. 그래서 9-11장에서 바울은 하나님은 한 번 선택한 민족을 버리지 않으시며, 이방인들의 회심은 모든 민족이 그를 통해서 축복 받을 것이라는 아브라함에게 하신 약속을 지키는 방법이라고 주장한다. 이 일이 있은 후에는 모든 이스라엘이 구원받을 것이다. 다시 말하면 이스라엘이 복음을 거부하는 것은 일시적인 일이며, 그 동안에 이방인들이 복음을 들을 기회를 갖게 된 것이다. 바울이 유대인이 거의 없는 스페인에 가려는 목적은 이방인들을 회개시켜 모든 이스라엘이 구원받는 것을 앞당기기 위한 것이었다. 그는 언젠가 모든 유대인들이 이방인 기독교로 개종할 것이라고 말하지는 않았다. 9-11장은 바울이 나중에 한 생각이 아니라 처음부터 로마서 전체의 한 중요한 부분이다. 이 점을 이해하지 못하면 로마서를 잘못 해석하게 된다.

1-8장과 9-11장은 인간의 불순종 가운데에서도 신실하신 하나님의 모습을 주제로 하고 있다. 이방인들은 우상을 숭배하고 부도덕하며, 유대인들은 율법을 지키지 않으며 복음을 받아들이지 않는다. 어찌 되었든 하나님과의 관계가 심하게 왜곡되었으며 오직 하나님만이 그것을 바르게 할 수 있다. 관계를 올바로 하는 것이 바로 바울이 말하는 "칭의"이다. 우리는 이것을 "교정"이라고 번역할 수도 있다. 하나님은 이것을 하실 수 있다. 왜냐하면 하나님은 인간의 잘못된 생각에 희생을 당하지 않으시며 인간의 반역에 뒤로 물러서지 않으시기 때문이다. 하나님은 언제나 자유로우시며 하나님의 방식대로 약속을 지키신다. 다시 말해서 바울이 9-11장에서 이스라엘이 복음을 계속 거부하는 데도 그에 대한 하나님의 사랑은 변치 않으신다고 말하는 것은 1-8장에서 이스라엘에게 적용시켜 말한 믿음으로 인한 칭의의 신학을 가리키는 것이다. 하나님과의 관계는 인간의 손이나 업적에 결코 달려 있지 않다. 9장에서 바울이 말한 대로 하나님은 그들이 태어나기도 전에 또한 선택을 받을 시

간적인 여유를 갖기도 전에 에서 대신 야곱을 택하셨다. 언제나 하나님이 주도권을 행사하셨다. 이것이 바울이 말하는 예정이다.

(나머지 비디오 내용은 90쪽에서 계속됩니다)

정보 (내용 요약)

로마서는 바울의 다른 서신들과는 달리 길고 복잡한 신학적인 논쟁을 다룬다.

바울은 하나님이 한 번 선택한 사람은 버리지 않으시며, 이방인들의 회심은 하나님이 아브라함에게 하신 약속을 지키시는 것이라고 주장한다.

이스라엘이 복음을 거부하는 것은 일시적인 현상이다. 이 기간 동안에 이방인들이 복음을 들을 수 있는 시간적인 여유를 갖는다.

바울은 언젠가 모든 유대인들이 이방인들이 믿는 기독교로 개종할 것이라고 말하지는 않는다.

하나님과의 관계가 너무나 왜곡되어 있어서 오직 하나님만이 그것을 바로 하실 수가 있다.

모든 사람들을 위한 복음은 하나뿐이다.

대화

바울은 인간의 상태와 거기에 대한 하나님의 응답을 어떻게 설명하는가?

성경과 교재

(50분)

바울이 인용한 구약성경 도표를 사용하라. 참고구절을 세 그룹에 나누어주라—로마서 7:7-9:33; 10:5-21; 11:2-35. 앞뒤에 있는 구절에도 주의를 기울이라. 바울이 성경을 어떻게 읽고 해석하는가에 대하여 말해 보라.

자신에 대하여 죽고 새롭게 산다는 것이 무슨 의미인지에 대해 공부하라. 세 사람을 한 그룹으로 하여 로마서 6장과 학생용 교재 194쪽에 있는 주석의 첫 번째 부분을 공부하라. 세례에 관한 해석과 우리는 죄의 노예가 되거나 아니면 순종의 노예가 될 수밖에 없다는 사실에 대해서 특별한 주의를 기울이라.

성경에 대한 체험을 비교하라. 다음과 같은 지시를 각 그룹에 주라: 로마서 7:7-25를 읽고 당신의 경험과 일치하는 점들을 말해 보라. 이 구절을 당신 자신의 말로 적어 보라. 한 번에 한 부분씩 공부하라—7:7-12, 13-20, 21-25. 다른 그룹과 같이 모여 각자가 쓴 것을 읽는다.

세 사람을 한 그룹으로 하여 로마서 9-11장에 있는 질문을 다루라: 하나님은 세상을 구원하기 위해서 무슨 일을 하고 계시며, 무엇을 계획하고 계시는가? 다음과 같은 사실은 토의를 하는데 도움이 될 것이다: 하나님의 약속은 어긋나지 않는다. 하나님의 말씀은 변하지 않는다. 하나님은 자유롭게 행동하신다. 하나님은 사람들을 그들의 인격이나 행위 때문에 구원하시는 것이 아니다. 다음의 질문에 대해 토의하라: 하나님은 이 목적을 달성하기 위해서 어떻게 행동하는가?

휴식

(10분)

말씀과의 만남

(40분)

성경 본문: 로마서 11:13-36

이 말씀을 큰 소리로 읽어라. 다음의 질문에 대해 개인적으로 공부하라: 이 말씀이 실제적으로 의미하는 바는 무엇인가? 옆에 있는 사람과 이 말씀에 대해서 의견을 나누고 다음의 질문에 대해서 토의하라: 이 말씀을 처음으로 들었던 독자들에게 본문은 무슨 의미가 있었을까? 지금 이 말씀은 오늘날 우리에게 무슨 의미가 있는가? 우리가 이 말씀을 신중하게 받아들인다면 우리의 삶의 방식을 어떻게 바꿀 수 있을 것인가? (효과적인 성경 교수법 24-28쪽을 보라.)

순종하는 공동체의 모습

(20분)

순종하는 믿음의 공동체는 하나님이 자신의 뜻에 따라 목적을 이루어 가시는 자유로운 분이라는 사실을 인정한다.

사람들에게 로마서 7:14-23과 "인간의 모습"을 조용히 읽게 하라. 성경 말씀과 "인간의 모습"이 그들 자신의 경험을 어떻게 반영하는지 세 사람씩 그룹을 만들어 이야기해 보라. "순종하는 공동체의 모습"에 있는 처음 두 항목에 대해서 말하라. 순종하는 공동체의 모습을 큰 소리로 읽고, 왜 은혜가 순종하는 공동체의 모습과 인간의 모습을 연결하는 다리가 되는지 말해 보라.

폐회 기도

(5분)

26과를 열고 금주의 기도제목을 적어라. 기도로 폐회하라.

26   그리스도 안에서의 새로운 삶

개회 기도

(5분)

토의 시작

(20분)

준비

   발표자: 토마스 E. 부머샤인

   바울이 사용한 *"희생"*과 *"변화"*라는 말은 우리가 기독교인으로서 어떻게 행동해야 하는가를 결정하는 데 도움이 된다. 로마서 12:1-2를 큰 소리로 읽어라.

   당신이 로마 사람의 조그마한 집에 10-20명 정도의 다른 사람들과 같이 앉아 있는데 뵈뵈라는 여인이 그리스의 고린도로부터 바울의 편지를 가지고 왔다고 상상해 보라. 모든 사람들이 자신들이 사랑하는 선생님이 무엇이라고 썼는지 듣기 위해서 뵈뵈 주위에 몰려들 것이다. 이 편지는 누군가가 바울의 말을 받아 적은 것이며, 그 안에는 바울의 마음이 잘 드러나 있다. 뵈뵈는 사랑과 자비의 마음으로 사람들에게 그 편지를 큰 소리로 읽어 준다. 이제 곧 핍박과 순교가 올 것이라는 긴박성을 느낄 수 있다.

   뵈뵈는 사람들에게 이 편지는 바울이 예루살렘에 있는 가난한 성도들에게 헌금을 전해 주기 위해서 그 곳으로 떠나기 바로 전에 쓴 것이며, 바울은 자신이 예루살렘에서 체포되어 죽을지도 모른다는 것을 알고 있었다고 말한다. 바울의 주장은 로마나 그 어디에 있는 교회든 논쟁, 다툼, 갈등에 의해서 분열되어서는 안 된다는 것이다. 로마서 1-11장에서 바울은 우리가 예수 그리스도를 믿음으로 말미암아 의롭게 되었고, 하나님과의 관계가 올바르게 되었다고 말한다. 우리들이 옳다는 것을 증명하려는 노력은 쓸데없는 일이다. 우리는 믿음에 의해서 의롭게 되었기 때문에 자랑할 것이 아무 것도 없다. 바울은 하나님으로부터 주어지는 이런 놀라운 선물에 대해서 분명히 말한 후에 우리가 그리스도인으로서 어떻게 행동을 하고, 무엇을 해야 하는가에 대해서 은혜의 역할을 설명한다.

   이 집에 누가 있는지 주위를 돌아 보라. 바울이 편지를 써서 보낸 이 사람들은 누구인가? 그들은 모두 남자들인가? 바울은 일반적으로 "형제"라는 말을 사용한다. 희랍어로는 "아델포이"(adelphoi)이다. 새표준번역본 이전의 거의 모든 번역본에서는 이 말이 "형제"라고 번역되었으나 새표준번역본에는 "형제자매"라고 되어 있다.

   16장에서 바울은 여러 사람들에게 구체적인 안부를 전한다. 이 명단에 나오는 여자들을 자세히 보도록 하자. 여기 언급되는 29명 중에 여자는 9명이다. 처음에 나오는 사람이 뵈뵈와 브리스가이다. 뵈뵈는 집사로서 겐그레아 교회의 지도자였다. 그녀는 바울이 인정하는 메신저로서 로마 교인들에게 천거되었다. 메신저는 그 당시 사회에서는 큰 권위를 가지고 있었다. 바울이 남자와 여자 모두에게 편지를 보내는 것이 분명하기 때문에 "아델포이"라는 말은 "형제자매"로 번역하는 것이 가장 적합하다. 바울은 자신의 예루살렘으로의 운명적인 여행을 앞두고 54-58년 사이에 고린도에서 이 편지를 쓰고 있는 것이다.

   바울은 회생제사라는 말을 사용한다. 이 당시 예루살렘 성전에서는 하나님께 동물의 회생제사가 드려지고 있었으며, 로마 제국 내의 여러 지역에서도 다른 신들에게 회생제사가 드려지고 있었다. 이제 예배의 형태가 회생제사를 드리는 것에서부터 성경을 읽고 해석하는 모습으로 바뀌어 가고 있다.

   바울이 말하는 이러한 회생제사는 두 단어에 잘 나타나 있다. 첫 번째는 "유아레스톤"(euareston)이다. 이 말은 "받으실 만한"으로 번역되었다. 그러나 구약에서 이 단어가 사용되고 있는 30여 군데를 살펴보면 이 말은 "기뻐하시는"이라는 뜻이다. 이 단어는 창세기 8장에서 노아의 회생제사가 하나님이 "기뻐 받으시는 향기 있는" 제물이 되었다는 것을 설명하기 위해서 처음으로 사용되었다. 그리고 이 말은 창세기, 출애굽기, 레위기, 민수기에서 백성들의 회생제사를 기뻐하시는 하나님의 모습을 나타내기 위해서 사용되고 있다. 이 단어는 하나님을 기쁘시게 했던 이스라엘의 모든 회생제사를 기억나게 한다.

   또 다른 하나의 중요한 단어는 일반적으로 "영적인" 예배라고 번역된다. 그러나 흠정역본에서 볼 수 있듯이 이 단어는 "합당한" 예배라는 뜻이다. 여기에서 사용되고 있는 희랍어(logicane)에서 "합당한" 또는 "영적인"이라는 의미의 논리적(logical)이라는 단어가 파생되었다. 이것은 예배의 초점이 동물의 회생제사로부터 하나님을 생각하고 묵상하는 형태로 바뀌어 가고 있음을 반영하는 것이다. 이것이 초대 기독교의 특징이었다. 따라서 로마서는 바울이 이스라엘의 역사를 재해석하며 하나님의 구속사에서 이스라엘의 역할과 목적이 무엇인가를 밝히는 서신이다.

   그렇다면 우리는 어떻게 산 제사를 드릴 수 있는가? 이 세상을 본받지 말아야 한다. 그러나 이 말은 이 땅, 장소로서의 이 세상, 인간사회에 적용하지 말라는 뜻이 아니다. 여기에 사용된 희랍어 "아이온"(aion)은 "시간" 또는 "시대"를 뜻하며, 예수님이 마가복음 1:15와 비유를 통해서 계속해서 말씀하신 하나님 나라의 새 시대와 반대되는 지금 이 시대를 의미하는 것이다. 예수님과 바울은 묵시적인 세계관에 대해서 말하고 있는데 여기에서는 시간의 흐름이 미래에서 현재로 진행한다. 미래의 하나님 나라의 힘이 현재에 뚫고 들어와서 과거의 모든 생각들을 바꾸어 놓는 것이다. 바울은 그들이 완전히 바뀌어야 하며 마음의 변화를 체험해야 한다고 말한다. 그들은 자신들의 마음을 하나님의 새로운 시대에 집중함으로써 그리고 성령의 능력으로 살아감으로써 이러한 변화를 체험할 수 있다.

이런 새로운 마음의 특징은 무엇인가? 자신을 과시하려는 것보다 올바르게 자신을 판단하는 것이다. 누가 더 나은지 또는 더 거룩한지에 상관없이 서로 사랑한다. 그들은 로마에 대항하여 필사적인 반란을 일으켰던 이스라엘의 열심당원들과는 반대로 권위에 저항하지 않는다. 그리고 가장 어려운 일이지만 판단하지 않는다.

누구와 같이 무엇을 먹느냐 하는 음식에 관한 법이 안식일을 지키는 법과 마찬가지로 예수님의 사역 활동에 있어서 주요한 논쟁거리였다. 바울이 관심을 가지고 다룬 두 가지 문제는 고기를 먹는 것과 안식일을 지키는 것이었다. 로마에서 모든 고기는 이방의 신전에서 회생제사로 드려졌다. 따라서 고기를 먹는 사람은 다른 신에게 드려진 것을 먹게 되는 것이다. 따라서 율법을 철저히 지키는 사람들은 고기를 먹지 않았다. 그리고 그들은 안식일을 지켰다.

(나머지 비디오 내용은 91쪽에서 계속됩니다)

정보 (내용 요약)

바울은 회생이라는 말을 사용하며, 회생제사를 드리는 것에서 성경을 읽고 해석하는 형태로 예배의 형태가 바뀌는 것에 대해 언급한다.

우리는 어떻게 산 제사를 드릴 수 있는가?
• 이 세상을 본받지 않는다.
• 하나님의 새로운 시대에 초점을 맞춤으로써 우리의 마음이 변화되도록 한다.
• 성령의 능력으로 산다.

마음을 새롭게 하는 것은 하나님의 뜻을 분별하기 위한 것이다.

로마서 12-16장에는 하나님의 은혜를 받아들이고 신앙의 공동체 안에서 서로를 용납하자는 정신이 나타나 있다.

대화

우리의 생각과 행동을 새롭게 하기 위해서 바울은 회생과 변화라는 말을 사용한다. 이것을 설명하라. 우리의 삶을 어떻게 산 제사로 드릴 수 있는가? 새로운 마음의 목적과 특징은 무엇인가?

성경과 교재

(50분)

3-4명이 한 그룹이 되어 로마서 1-11장에 나타난 바울의 신학사상의 흐름을 추적해 보라. 다음 성경구절에서 중요한 가르침을 찾아 보라―로마서 1:1-3:20; 3:21-4:25; 5-8; 9-11. 로마서 12:1-15:13에서 그리스도인의 실천하는 모습의 특징을 살펴 보라. 행동을 통하여 가르침이 어떻게 나타나는지 말해 보라.

각자가 기독교인으로서 어떻게 살고 있는지 생각해 보도록 몇 분의 여유를 주라. 로마서 12:9-21을 읽고 그 주에 신중하게 다룰 한두 가지의 가르침을 선택한 후에 자신들이 어떻게 그 가르침대로 살 것인가를 적어 보게 하라.

두 그룹으로 나누어 바울이 로마에 가기를 희망하는 사실에 대해서 공부하라. 한 그룹은 로마서 15:14-29를 읽고 바울의 말이 그의 감정과 생각을 어떻게 전달하고 있는지 말해 보라. 두 번째 그룹은 사도행전 27:1-28:14에 있는 바울의 전도여행을 살펴보고 바울의 선교여행 (로마를 향한 여행) 지도에서 그것을 찾아 보라. 이번에는 서로 역할을 바꾸어서 해 보라.

휴식

(10분)

말씀과의 만남

(40분)

성경 본문: 로마서 13:1-10

이 구절을 큰 소리로 읽어라. 세 사람이 한 그룹이 되어서 다음의 질문을 다룬다: 본문은 무엇을 말하는가? 바울은 무슨 말을 하려고 하는가? 본문에는 어떤 상황이 전개되고 있는가? 우리는 본문을 어떻게 이해하는가? 하나님은 우리에게 무슨 말씀을 하시는가? 이 구절은 우리에게 무엇을 요구하는가? (효과적인 성경 교수법 41-47쪽을 보라.)

순종하는 공동체의 모습

(20분)

마음을 새롭게 하고 목표의식이 달라진 순종하는 믿음의 공동체는 다른 사람들을 매일 기쁨으로 섬기며 그리스도께 순종의 향기 나는 제사를 드린다.

그룹의 절반으로 하여금 "인간의 모습"을 읽게 하고, 나머지 반은 "순종하는 공동체의 모습"을 읽게 한다. 두 사람씩 짝을 지어 그 차이점에 대해서 설명하게 한다. "순종하는 공동체의 모습"에 있는 첫 번째 질문에 대해 토의하라. 순종하는 공동체의 모습은 어떻게 "인간의 모습"을 바꾸도록 요구하는가? 다른 질문에 대해서도 답하라.

폐회 기도

(5분)

27과를 열고 금주의 기도제목을 적어라. 기도로 폐회하라.

27 성령의 열매

개회 기도

(5분)

토의 시작

(20분)

준비

발표자: 베벌리 라버츠 가벤타

바울이 말하는 어머니와 자녀의 관계의 의미를 살펴 보라.

극작가 조지 버나드 쇼는 한때 사도 바울을 여성들의 "영원한 적"이라고 말한 적이 있다. 바울의 서신을 읽어본 적이 없는 많은 사람들도 이 의견에 동조한다. 그들도 바울이 여성들은 교회에서 잠잠해야 하며 머리에 수건을 써야한다고 말한 것을 알고 있다.

우리는 쇼의 주장을 확인시켜 줄 성경구절을 찾기 위해서 노력할 필요는 없다. 고린도전서 11장에서 바울은 여성들은 머리에 수건을 써야 하고 남자는 머리를 짧게 해야한다고 주장한다. 그는 "남편은 아내의 머리가 된다"는 말에 자기주장의 근거를 둔다. 그리고 그는 (혹은 바울의 제자) 여성들은 교회에서 잠잠해야 한다고 말한다.

그러나 이런 주장과 아주 상반되는 구절도 있다. 로마서 16장에서 바울은 뵈뵈를 칭찬하며 교회의 집사라고 부르고 있다. 그리고 사도들에게 잘 알려진 유니아라는 여자에게 안부를 전한다. 이것은 바울이 세운 교회에서 여성들이 지도자적인 역할을 하고 있었음을 분명히 보여준다. 갈라디아서 3:28에서 바울은 복음이 모든 사회적인 계층의 장벽에 근본적으로 도전하는 것임을 알려준다: "너희는 유대인이나 헬라인이나 종이나 자유인이나 남자나 여자나 다 그리스도 예수 안에서 하나이니라."

바울의 주장이 이렇게 차이가 있는 것처럼 보이기 때문에 우리는 혼동하기가 쉽다. 실제로 많은 사람들이 이 문제에 대해서 끝없이 토의를 해왔고 자신들의 생각을 주장하기 위해서 이런 저런 성경구절을 인용해 가며 싸움을 해왔다.

그러나 우리는 싸우는 대신에 서로를 이해해야 한다. 우리는 바울 자신이 교회를 돌보는 어머니의 입장에서 이 말을 하고 있다는 것을 기억해야 한다.

가장 흥미로운 구절은 갈라디아서 4:19이다: "나의 자녀들아 너희 속에 그리스도의 형상을 이루기까지 다시 너희를 위하여 해산하는 수고를 하노"라.

이 말이 얼마나 복잡한가 주의해 보라. 바울은 믿는 성도들의 어머니이다. 그는 그들을 다시 출산하는 과정에 있다. 그들의 신앙에 대한 위협이 너무나 커서 그는 이것을 두 번째의 출산이라고 말한다. 바울은 단지 아이가 태어날 때까지만 수고하는 것이 아니라, 그 아이 안에 그리스도가 태어날 때까지 수고하는 것이다. 우리는 여기서 자신의 교회를 위하여 바울이 얼마나 많은 고통을 체험했는지를 알 수 있다.

그는 다른 서신에서도 비슷한 표현을 사용한다. 데살로니가전서 2:7에서 자신이 처음으로 데살로니가를 방문했을 때를 회고하면서 바울은 그와 자신의 동역자들이 마치 유모가 자기 자녀를 기르는 것과 같이 그들을 돌보았다고 말한다. 얼마나 충격적인 이미지인가!

이 당시 로마 사회에서는 아이들을 키우기 위해서 유모를 고용하는 경우가 많았다. 이들 유모들은 아주 사랑을 받았고, 아이들이 장성했을 때에 그들은 유모를 기억할 뿐 아니라 존경하였다. 바울은 이런 사실을 상기시킴과 아울러 자신의 역할은 그 이상이라고 말한다. 그는 아이들을 돌보는 단순한 유모가 아니라 자기 자녀를 키우는 유모이다.

고린도전서 3장을 보면 책망하는 모습이 있다. 바울은 그들의 성숙하지 못한 행동 때문에 고린도 교인들을 책망하며 다음과 같이 말한다: "내가 신령한 자들을 대함과 같이 너희에게 말할 수 없어서 육신에 속한 자 곧 그리스도 안에서 어린 아이들을 대함과 같이 하노라 내가 너희를 젖으로 먹이고 밥으로 아니하였노니 이는 너희가 감당하지 못하였음이거니와 지금도 못하리"라 (3:1-2). 이 말은 우유병과 우유를 먹고 자라는 데에 익숙해 있는 우리들에게는 생소하게 들릴지 모른다. 그러나 바울 당시에는 젖을 먹이는 것이 어머니나 유모의 역할이었으며 그 누구도 이 일을 대신할 수 없었다.

어머니와 자녀의 관계를 나타내는 이런 표현에서 우리는 무슨 의미를 찾을 수 있는가? 적어도 세 가지를 알 수 있다.

첫째, 바울이 이런 표현을 사용하는 이유는 그리스도인들 사이의 가족관계를 키우기 위한 것이다. 사도의 자녀가 된다는 것은 사도와 그의 다른 자녀들과 밀접한 관계를 맺는 것을 의미한다. 우리는 한 가족이다. 가족간에 문제가 있을 수도 있지만 우리는 좋은 때나 나쁜 때나 한 가족의 일원이다.

둘째, 바울은 자신을 어머니로 표현함으로써 스스로를 위험에 처하게 한다. 해산을 하는 여인은 자신이 위태로워질 수도 있다는 것을 안다. 그녀는 해산이 어떤 식으로 진행될지 그리고 아이가 과연 잘 태어날지 알 수가 없다. 유모 역시 아이들에게 의지해야 할 때가 있다. 그들이 젖먹일 시간을 아무리 잘 짜 놓는다 해도 언제 배가 고픈지는 아이들이 더 잘 안다!

셋째, 그 당시에 어머니는 아버지와 같은 권한이 없었다. 바울이 자신을 어머니로 표현하는 것은 아버지의 권한을 자발적으로 포기하는 것이며, 그렇게 함으로써 그는 여자의 모습을 한 남자라는 창피를 당할 수도 있다.

우리가 이 구절에 대해서 별로 말하지 않는다는 것이 놀랍다. 성서학자들의 주석에도 이것에 대한 언급이 별로 없다. 그러나 바울의 말을 진심으로 감사하게 받아들였던 초대교회 성도들은 그렇지 않았다. 11세기에 캔터베리의 안셀름은 바울을 생각하며 다음과 같은 기도문을 썼다: "신실한 성도들의 유모라고 불렸던 성 바울은 어디에 있는가? 어디에서든지 자신은 해산을 하고 있다고 말하던 그 사랑스런 어머니는 누구인가? 사랑스러운 유모, 사랑스러운 어머니, 당신이 해산을 하고 양육하며, 그리스도의 신앙을 가르치고 인내하며 훈육했던 사람들은 누구입니까?"

쇼의 말이 맞는가? 과연 바울은 여성들의 적인가? 아니면 다른 사람들과 같이 여성들을 가장 잘 옹호한 사람인가?

이 질문에 대한 답은 양쪽 다 아니다. 바울은 여성들의 적이 아니며 그들을 남성들의 권위에 복종하게 만들려고 하지도 않았다. 또한 그는 의도적으로 여성들을 해방시키려고 노력하지도 않았다.

지금도 자신을 다른 사람들의 어머니로 생각하는 사람은 예수 그리스도의 복음은 우리로 하여금 이 세상 사람들과 같이 남성이나 여성의 기준으로 모든 것을 판단하지 못하게 한다는 것을 안다. 그는 여성을 동역자로서 환영한다.

(Beverly Roberts Gaventa)

정보 (내용 요약)

바울은 복음이 모든 사회의 차별에 대한 과감한 도전이라고 보았다.

바울은 자신이 세운 교회의 어머니인 것처럼 말한다.

바울은 성도들의 어머니이다.

그는 그들을 다시 출산하는 과정에 있다.

바울이 어머니라는 용어를 사용한 것은 성도들 사이에서 가족관계를 이루도록 하기 위한 것이다.

자신을 어머니로 묘사하는 사람은 예수 그리스도의 복음이 우리로 하여금 이 세상 사람들이 말하는 남성이나 여성의 기준이 아닌 다른 기준에서 살도록 한다는 것을 안다.

대화

바울에 대해서 얻은 새로운 깨달음은 무엇인가? 바울은 자신의 사역을 어떻게 보았는가? 바울이 어머니와 자녀의 표현을 사용하는 것이 당신에게는 무슨 의미가 있는가?

성경과 교재

(50분)

바울 서신 연대표와 성경 읽기 첫 번째 날에 나오는 선교여행 지도를 사용하여 갈라디아서의 역사적 그리고 지리적인 상황을 파악하라. 바울이 성경을 어떻게 사용했는지를 보기 위해서 바울이 인용한 구약성경 도표에 있는 갈라디아서의 구절을 살펴 보라.

두 명씩 짝을 지어 다음의 질문을 토의하라: 할례와 모세의 율법에 순종하는 것에 대해서 바울은 어떻게 생각하는가? 율법의 목적은 무엇인가? 바울에 의하면, 사람들은 어떻게 하나님과 올바른 관계를 갖게 되는가? 갈라디아 성도들의 상황이 어떻게 교회의 연합을 위협하는가? 매일 성경 읽기와 그 기록을 이용하라.

기독교가 시작되면서 갈라디아 성도들이 한 중요한 역할을 알아보기 위해서 세 명씩 짝을 지어 갈라디아서 1-2장을 공부하라. 여기에서 초대교회사에 관한 정보를 얻을 수 있다. 기독교를 유대교와 분리시키고 세계적인 종교로 만든 신학적인 내용을 알아보기 위해서 갈라디아서 3-4장을 공부하라.

성령의 열매에 관해 알기 원하면 로마서 5:22-26과 학생용 교재 213-14쪽에 있는 주석을 사용하라. 이 말씀을 읽고 다른 사람과 같이 다음 질문에 관하여 토의하라: 당신의 삶 속에서 사랑의 열매가 어떻게 맺히고 자라는가에 대해서 무엇을 배웠는가? 각 열매에 이 질문을 적용해 보고 매번 파트너를 바꾸라. 네 명이 그룹을 이루어 학생용 교재 213쪽에 있는 질문과 215쪽에 있는 마지막 두 질문에 관하여 토의하라.

휴식

(10분)

말씀과의 만남

(40분)

성경 본문: 갈라디아서 3:19-29

이 말씀을 큰 소리로 읽어라. 두 명씩 짝을 지어 이 말씀을 공부하고 다음과 같은 질문에 관하여 토의하라: 하나님에 대해서 무엇이라고 하는가? 인간에 대해서 무엇이라고 하는가? 하나님과 인간의 관계에 대해서 무엇이라고 하는가? (*효과적인 성경 교수법* 29-33쪽을 보라.)

순종하는 공동체의 모습

(20분)

순종하는 믿음의 공동체는 성령께서 그 공동체 안에서 마음껏 역사할 수 있도록 모든 것을 개방한다.

"인간의 모습", 요절, 순종하는 공동체의 모습을 큰 소리로 읽어라. 두 사람씩 짝을 지어 다음 질문에 관하여 토의하라: 성령께서는 우리들이 바라는 것을 신앙공동체 안에서 어떻게 양육하시는가? 다같이 "순종하는 공동체의 모습"에 있는 세 번째의 질문에 관하여 토의하라.

폐회 기도

(5분)

28과를 열고 금주의 기도제목을 적어라. 기도로 폐회하라.

28 만유의 그리스도

토의 시작

(20분)

준비

발표자: 윌 콜만

다음의 질문을 마음속으로 생각해 보라: 예수 그리스도가 교회와 우주의 절대적인 권위가 된다는 것은 무슨 의미인가?

골로새서의 주제는 모든 생활과 많은 현실의 문제에 있어서 기독교인들이 그리스도와 연합하는 것이다. 그리스도는 기독교인들이 누릴 수 있는 합당한 신비주의를 제시한다. 그것은 우리를 이 세상으로부터 도피하게 하는 신비주의가 아니라, 우리로 하여금 하나님의 선하신 창조의 질서 안에서 완전하고 충만한 자유로운 삶을 누리게 하는 의미에서의 신비주의이다.

우리가 그리스도와 연합하는 것은 매일의 삶 속에서 구체적으로 자리잡아야 한다. 그리스도와의 연합은 이 세상에서의 기독교인의 청지기 직분, 친교, 선교에 중요한 의미를 갖는다. 동시에 그것은 다가올 세상에서 우리가 삼위일체의 하나님과 완전하게 연합될 것을 소망하며 일상의 기쁨과 슬픔을 초월하게 한다.

골로새인들은 그리스도를 우주와 교회의 중심으로 생각했다. 골로새서에 나오는 그리스도는 하나님 아버지와 성령과 함께 천지를 창조하고 다스리는 분이다. 삼위일체의 하나님은 그리스도의 몸인 교회와 특별한 신앙의 공동체를 포함하여 모든 것을 창조하였다. 이 우주의 창조와 구속은 온 우주의 삶과 개혁에 참여하기를 원하시는 하나님의 소망을 보여준다. 또한 교회는 다른 많은 생명체들과 같이 이 광활한 우주에 살고 있는 인간들의 운명에 하나님이 특별한 관심을 가지고 계시다는 표시이다.

우리 인간들은 예수 그리스도 안에서의 하나님의 구속은 교회뿐만 아니라 모든 피조물을 위한 것이라는 사실을 잊을 때가 있다. 우리의 구원은 모든 피조물의 회복에 반드시 필요하다. 하나님의 구속에 사람뿐만 아니라 모든 피조물을 포함시킴으로써 저자는 만유의 주, 구속주, 창조주와 피조물 사이의 유일한 중재자로서의 그리스도의 본성과 사역을 이해하도록 올바른 관점을 제시해 주고 있다.

예수 그리스도는 하나님 아버지와 하나이시다. 그는 우주와 그 안에 있는 모든 것들을 다스리시는 절대주이시다. 그가 임재하지 않는 곳은 없다. 그의 선재와 성육신을 통하여 그리스도는 추상적인 사고와 현실의 모든 영역을 가득 채웠다. 그는 창조주 하나님과 모든 피조물을 하나로 묶어 주시는 분이다. 그는 십자가 위에서의 자신의 희생적인 죽음을 통하여 하나님과 피조물 사이에 있는 모든 증오를 제거하였다. 자신의 부활을 통하여 그는 우리에게 새 시대에 관한 약속을 보여주셨다.

골로새서는 예수 그리스도가 유일한 중재자이시며, 존재하는 모든 만물의 구속주라는 것을 가르친다는 사실에 주의하라. 이것은 그 누구도 그의 자리를 대신하거나, 그를 대체할 수 없다는 뜻이다. 그가 모든 현실의 영역을 다스리고 있기 때문이다. 하나님의 유일한 아들인 그분이 인간이 무엇인지 알기 위해서 우리와 같이 삶과 죽음을 체험하셨다. 그는 하나님으로부터 분리되어 있었던 우리들을 다시 하나님에게로 회복시키기 위해서 인간이 되셨다. 그 어떤 예식이나 규칙도 예수님보다 더 우리를 하나님께 가까이 데려다 줄 수 없다. 예수님은 자신의 구속사역을 통하여 이 일을 이루셨다.

기독교인들은 이러한 사실을 깨닫고 그리스도와 연합하여, 다른 사람들과 동반자로서 같이 친교를 나누며 살아가도록 부르심을 받았다. 기독교인의 소명 가운데 가장 중요한 것은 말과 행동을 통하여 하나님의 구원과 구속함의 기쁜 소식을 다른 사람들과 같이 나누기 위해서 자신의 삶을 헌신하는 것이다.

그리스도의 몸인 교회는 사랑, 자비, 겸손, 평등, 인내, 관용, 친절, 용서, 지혜, 지식과 같은 덕목을 나타내야 한다. 교회와 모든 성도들은 이 세상에서 하나님의 대변자로서 자신들의 삶을 하늘의 소명에 맞추어야 할 책임이 있다. 이런 부르심을 통해서 모든 관계에 복음적인 증거가 이루어진다.

부활하신 그리스도는 영적인 일에만 관련이 있는 것이 아니다. 그는 모든 피조물을 다스리는 주님이시다. 교회와 모든 성도는 새로운 피조물의 본보기이다. 그들은 화해라는 하나님의 크신 선물을 자유롭게 나눌 수가 있다. 새로운 피조물이 되었다는 가장 분명한 증거는 오랫동안 해왔던 예식을 행하거나 새로운 종교적인 율법주의를 만드는 것이 아니라, 화해를 통하여 얻어진 이 새로운 자유를 하나님의 모든 피조물과 나누는 것이다.

우주의 창조주가 되시며, 가장 작은 미세포 신경에서부터 가장 거대한 은하계까지 다스리시는 하나님은 인간의 구속을 위하여 성육신하여 이 세상에 오셨고 인간들과 관계를 맺으셨다. 하나님은 예수 그리스도를 통하여 피조물과의 궁극적인 조화와 계속적인 친교를 완전하게 회복시키기를 바라신다. 그 어떤 인간이나 피조물도 하나님의 이러한 숨겨진 비밀에서 제외되지 않는다. 하나님은 그리스도 안에서 우리와 같은 모습으로 우리에게 오신다. 하나님은 그리스도를 통하여 소외의 장벽을 헐어버리신다. 하나님은 그리스도에 의해서 모든 피조물들의 구속을 완성하신다.

이러한 골로새서에 나오는 그리스도에 대한 이해는 기독교의 신경(creed)과 교리에 잘 나타나 있다. 교회에서 사용하는 가장 오래된 두 신경(사도신경과 니케아 신경)에 골로새서에 나오는 신앙의 내용이 들어가 있는 것을 보면 아주 흥미롭다. 전세계의 많은 기독교인들이 오랫동안 자신들의 종교적인 정체성과 삼위일체 하나님에 대한 헌신의 표시로서 자신들의 신앙을 확인하기 위해서 이 신경들을 암송해 왔다. 이것은 새로운 우주의 질서의 상징인 "거룩하고 보편적이며 하나인 사도적인 교회"에 대한 그들의 증거의 표현이다.

골로새서는 우리를 가르치며 우리에게 영감을 준다. 우리가 누구에게 속해 있는가를 생각하게 하며, 그리스도가 다스리시는 우주적인 영역에 대해서 말한다. 또한 우리로 하여금 다른 사람들, 그리고 피조물과 화해함으로써 그리스도와 연합이 되었음을 나타내게 한다.

(Will Coleman)

정보 (내용 요약)

골로새서의 주제는 그리스도와의 연합이다.

골로새서에서는 그리스도를 우주와 교회의 중심에 둔다.

그리스도는 성부 하나님, 그리고 성령과 함께 창조주이시며 보호자이시다.

예수 그리스도 안에서 이루어지는 하나님의 구속은 교회뿐만 아니라 모든 피조물을 위한 것이다.

그리스도는 만유의 주시며, 구속주, 그리고 창조주와 피조물 사이의 유일한 중재자이시다.

대화

예수 그리스도가 교회와 만유의 주라는 사실을 당신은 어떻게 이해하는가? 하나님의 구속은 모든 피조물을 위한 것이라는 사실을 어떻게 생각하는가?

성경과 교재

(50분)

바울의 선교여행 지도에서 골로새와 편지에 언급된 다른 도시들을 찾아 보라. 바울 서신 연대표에서 골로새서와 빌레몬서의 기록연대와 그 편지를 쓴 장소를 확인하라. 구약성경의 구절들이 어떤 상황에서 쓰여졌는가를 보기 위해서 바울이 인용한 구약성경 도표를 이용하라. 지도와 도표를 세 그룹이 돌려가면서 사용하도록 하라.

두 사람씩 짝을 지어 매일 성경 읽기에서 그리스도, 교회, 그리스도 안에서의 새 사람에 관한 특별한 의미에 대해서 말하는 부분을 찾아 보라.

3-4명이 함께 골로새서 1:15-23과 2:8-23을 읽으면서 그리스도의 다스리심에 관해 공부하라. 처음에 1:15-23을 읽

고, 그 후에 자신들의 말로 그 의미를 바꾸어 써 보게 하라. 그 다음에 2:8-23을 읽고 거기에 나오는 경고의 말씀이 1:15-23과 어떻게 연관이 되는지 말해 보라. 2:8-23에서 오늘날 적용할 수 있는 진리를 찾아 보라. 그리스도의 주권에 관한 골로새서의 가르침의 기준은 무엇인가? 어떤 철학과 유행이 오늘날 기독교인들로 하여금 예수님에 대한 신앙과 다른 믿음을 혼합하게 만드는가? 그리스도의 주권에 관한 믿음은 인간의 불안과 두려움을 어떻게 해결하는가?

골로새서는 우리가 선포하는 신비에 대해서 말한다. 이 신비의 내용은 무엇인가? 골로새서 1:24-29를 읽어라. 이 신비의 선포를 위해서 어떤 문이 열려져 있는가를 확인하라.

휴식

(10분)

말씀과의 만남

(40분)

성경 본문: 골로새서 3:1-17

이 말씀을 큰 소리로 읽어라. 그 다음에 세 사람씩 그룹을 이루어 조용히 이 말씀을 읽고 각 부분에 대해 공부하라—3:1-4, 5-11, 12-17. 사람들로 하여금 각 부분의 의미에 대해서 말하게 하고, 자신들의 말로 다시 써 보게 하라. 모든 그룹이 자신들이 쓴 것을 읽는다. 다같이 골로새서 3:1-3을 암기하라. (효과적인 성경 교수법 69-72쪽을 보라.)

순종하는 공동체의 모습

(20분)

순종하는 믿음의 공동체는 하나님의 지혜인 그리스도에게 영적인 중심을 두며 모든 일에 있어서 그리스도에게 우선권을 준다.

사람들에게 "인간의 모습"을 조용히 읽고 다음 질문에 대해 생각하게 하라: 이러한 인간의 모습은 어떤 면에서 내가 하는 선택, 내가 좋아하는 책과 오락, 내 인생을 인도하는 생각과 일치하는가? 두 명씩 짝을 지어 말하라. 순종하는 공동체의 모습을 읽고 소그룹으로 나누어 "순종하는 공동체의 모습"에 있는 질문에 대해 토의하라.

폐회 기도

(5분)

29과를 열고 금주의 기도제목을 적어라. 기도로 폐회하라.

29 하나님의 전신갑주

개회 기도

(5분)

토의 시작

(20분)

준비

발표자: 댄 P. 콜

바울의 선교 사역에 있어서 중요한 기지가 되었던 에베소에 대해서 살펴 보라.

우리는 에베소서를 공부할 때 먼저 에베소라는 도시를 살펴 보아야 한다. 에베소는 바울의 중요한 활동무대였다. 그리고 에베소는 후에 바울의 서신을 수집하는 데도 중요한 역할을 하였다.

사도행전 13-20장을 보면 바울이 7년(주후 48-55)에 걸쳐 세 번 전도여행을 한 것을 알 수 있다. 처음 3년 동안 바울은 구브로, 소아시아, 마게도냐 지역을 다니며 10개의 중요한 도시에 교회를 세웠다. 그는 보통 한 도시에 2-3개월 머무르면서 그리스도의 복음을 전하는데 힘썼으며, 이 세상의 종말이 곧 올 것이라고 생각하였다.

그는 고린도에서 18개월 동안 체류하였다. 그리고 에베소로 온 후에 거기에서 2년 반 동안 머물렀다. 그러나 바울은 전도여행의 후반부에는 순회를 하지 않고 고린도와 에베소에 머물렀다. 그는 그 어느 도시에서보다도 에베소에 더 오래 있었다.

왜 그랬을까? 그 중요한 이유는 고린도와 에베소가 지중해 북쪽 지역을 지나는 여행객들의 요충지였기 때문에 바울은 그들을 개종시키면 그들이 다른 지역에 복음을 전할 수 있을 것이라고 생각했기 때문이다. 에베소는 고린도보다 전략적으로 더 중요하였다. 에베소는 항구 도시였으며, 동서로 가는 여행객뿐만 아니라 북쪽 또는 남쪽의 애굽이나 내륙에 있는 소아시아로 가는 사람들이 머물다 가는 곳이었다.

그리고 바울은 여기에서 자신이 소아시아와 마게도냐 그리고 그리스에 세운 교회들과 쉽게 편지로 연락을 할 수 있었다. 이 당시 로마 제국 내에서 대도시 사이에는 통신이 원활하였다. 바울은 고린도에서 데살로니가전서를 기록하였고, 에베소에서 고린도전서를 포함한 다른 몇 개의 편지를 썼다.

에베소의 고고학적인 유물을 보면 왜 이 도시가 선교 기지로서 바울에게 그렇게 매력이 있었는지 그 이유를 알 수 있다.

에베소는 로마 제국에서 가장 큰 도시 중의 하나였다. 고고학자들은 에베소의 인구가 25만명 정도였을 것이라고 한다. 이 도시는 아주 풍요로웠고, 거리는 대리석으로 되어 있었으며, 큰 기둥, 기념물, 모자이크 장식, 신전, 공공장소들이 많이 있

었다. 고고학자들에 의해서 부유한 귀족들의 사치스럽게 장식된 집들이 발굴되었다. 바울은 에베소 교회가 크게 성장해서 복음을 전파하는데 지도적인 역할을 할 수 있다는 것을 알고 있었다.

에베소는 또한 동서의 교차로에 있었다. 고고학적인 발굴 결과 이 도시는 희랍의 이오니아 양식과 동방의 페르시아의 궁전을 본뜬 소머리 양식이 교묘히 혼합을 이룬 건축양식을 하고 있었다. 이렇게 예술과 건축양식이 절묘하게 절충된 것을 보면 에베소가 국제적인 도시였음을 알 수 있다. 바울은 그리스도 안에서 동서의 장벽을 없애고 유대인들을 이방인들과 연합시키기 위하여 노력하였다. 에베소는 자유롭게 복음을 전파하기에 적합한 환경을 가지고 있었다.

에베소는 또한 중요한 지성의 중심지였다. 최근에 다시 세워진 셀서스의 웅장한 도서관은 바울이 거기를 떠난 지 50년 후에 만들어진 것이지만, 이 지역에서는 수세기 전부터 학문과 지적인 탐구가 이루어지고 있었다. 이 지역에서 위대한 인물들이 많이 나왔다: 수학의 아버지 탈레스, 철학자 아낙시맨더와 아낙시매네스, 역사학자 헤로도투스, 물리학자 히포크라테스. 바울은 거기에서 유명한 학자들과 논쟁을 벌이는 일을 즐거워했을 것이다. 그들과의 만남을 통하여 그는 에베소에서 고린도 성도들에게 한 편지에서 하나님의 미련한 것이 사람보다 지혜 있다고 말하게 되었을 것이다.

에베소에는 여신 아데미(로마 사람들은 다이애나라고 부름)의 거대한 신전이 있었다. 최근에 에베소에서 발굴된 동상은 그 신전 근처에 서 있던 여러 동상 중의 하나이다. 아데미 신은 어머니 신으로서 명성을 얻고 있었고, 강한 생식력을 상징하였다. 그 신전은 세계 7대 불가사의 중의 하나이며, 지중해 온 지역에서 많은 순례객들이 찾아 들었다.

아데미 신의 숭배는 바울에게 커다란 도전이 되었다. 사도행전 19장에서 아데미 신의 장식품을 만들어 팔던 은장색들이 바울의 설교로 인하여 자신들의 장사가 영향을 받자 소요를 일으킨 장면을 볼 수 있다. 그들은 25,000명을 수용할 수 있는 극장에 모여서 "위대한 에베소의 아데미 신"을 외치며 바울을 감옥에 가두려 하였다. 바울은 고린도전서 16:9에서 자신이 왜 에베소에 오래 머물렀는지를 설명하면서 다음과 같이 말한다: "내게 광대하고 공효를 이루는 문이 열리고 대적하는 자가 많음이니라." 아데미의 숭배는 틀림없는 대적 중의 하나였다.

지리적으로나 고고학적으로 볼 때 에베소는 바울에게 중요하였다: 전략적인 위치, 도시의 규모와 부, 동서양 문화의 만남, 중요한 지성의 중심지, 아데미 신전에 순례를 오는 사람들의 특별한 도전이기 때문에 중요하였다.

에베소는 바울과 우리에게 아주 중요하다. 바울이 죽은 지 몇 년 후에 그가 교회에 쓴 편지들을 수집하여 출판하기를 원하는 사람들이 있었다. 많은 학자들은 이러한 바울의 편지 수

집이 에베소에서 이루어졌을 것이라고 생각한다. 다른 서신들로부터 많은 내용을 빌려온 에베소서는 바울이 쓴 다른 편지들과 함께 유통시키기 위해서 그의 메시지를 일반적으로 소개하는 형식으로 그 당시에 쓰여졌다는 말도 있다.

에베소서가 바울에 의해서 쓰여졌든 아니면 후에 바울의 영향을 받은 다른 사람이 기록하였든 간에 우리가 바울의 편지를 수집하여, 전달하고, 보전할 수 있었던 것은 에베소 교회의 덕택이다.

(Dan P. Cole)

정보 (내용 요약)

고린도와 에베소는 지중해 북쪽을 건너는 여행객들에게는 중요한 도시였다.

에베소는 동서의 문화적인 교차로였다.

에베소는 바울이 복음을 잘 전할 수 있는 좋은 환경을 제공하였다.

에베소는 중요한 지적인 장소였다.

에베소에는 아데미 여신의 거대한 신전이 있었다.

대화

선교와 전도의 기지로서 에베소가 매력적이었던 이유는 무엇인가? 바울이 복음을 전파하는 데 있어서 그 당시 로마 제국의 상황이 어떤 도움을 주었는가?

성경과 교재

(50분)

에베소서의 역사적인 그리고 지리적인 상황을 알기 위해서 바울의 선교여행 지도와 바울 서신 연대표를 사용하라.

에베소서에 나타나는 사상을 분명히 이해하고 그 의미를 파악하기 위해서 두 사람씩 짝을 지어 1-6장을 공부하라. 다음과 같은 지시사항과 함께 한 그룹에 한 장씩 배정하라: 배당된 장을 자세히 읽으며 중요한 사상을 찾아내고 그 의미에 대해서 말해 보라. 매일 성경 읽기 노트를 참조하라. 중요한 사상을 당신 자신의 말로 적어 보라. 그리고 그 장의 메시지를 요약해서 써 보라. 각 그룹이 요약한 문장의 내용과 중요한 사상에 대해서 듣는다.

교회는 하나님의 계획에 어떻게 부합하는가? 3-4명이 한 그룹을 이루어 그리스도의 몸 안에서의 일치와 그리스도의 몸의 결과로서의 일치에 대해서 에베소서 4:1-16이 무슨 말을 하는지 연구하라. 다음과 같은 질문을 하라: 일치는 어디에서 이루어지는가? 그 목적은 무엇인가? 일치와 다양성은 어떻게 같이 공존할 수 있는가? 일치는 어떻게 이루어지는가? 학생용 교재 228-29쪽에 있는 질문에 답하라.

에베소서에서 구약의 언어와 사상이 어떻게 쓰였는지 보기 위해서 바울이 인용한 구약성경 도표를 사용하라. 다같이 학생용 교재 230쪽에 있는 질문에 답하라.

휴식

(10분)

말씀과의 만남

(40분)

성경 본문: 에베소서 4:17-5:20

이 말씀을 큰 소리로 읽어라. 사람들에게 이 구절을 조용히 읽고 그것에 대해서 대화를 나누게 하라. 성경이 그들에게 말하는 것과 그들이 성경에 대해서 생각하는 바를 기록하게 하라. 세 명이 한 그룹을 이루어 다음과 같은 질문에 대해 토의하라: 이 구절은 무엇에 관해 말하고 있는가? 이 구절이 의도하는 바는 무엇인가? 저자는 어떤 태도와 상황에 관해 말하고 있는가? 그리고 개인적으로 기록한 것을 가지고 다음과 같은 질문에 답하라: 오늘날 성경은 우리에게 무엇을 말하는가? 우리는 성경에 대해서 어떻게 생각하는가? 하나님은 본문을 통하여 우리에게 무엇을 말씀하시는가? (효과적인 성경 교수법 41-47쪽을 보라.)

순종하는 공동체의 모습

(20분)

순종하는 믿음의 공동체는 진리와 의, 평화, 신앙, 구원, 그리고 하나님의 말씀으로 무장하여 악에 대항하여 싸운다.

순종하는 공동체의 모습은 큰 소리로, "인간의 모습"은 조용히 읽는다. 우리가 진리와 의, 평화, 신앙, 구원, 하나님의 말씀을 가지고 있다면 인간의 모습에 어떤 반응을 보여야 할 것인지 생각해 보라. "순종하는 공동체의 모습"에 있는 마지막 두 질문에 대하여 토의하라. 그리고 시간이 허락하면 다른 질문들도 다루어라.

폐회 기도

(5분)

30과를 열고 금주의 기도제목을 적어라. 기도로 폐회하라.

개회 기도

(5분)

토의 시작

(20분)

준비

발표자: 맥씨 D. 던님

이 개인적인 편지가 기독교 공동체에 주는 의미를 생각해 보라.

성경 해석사에 있어서 디모데전후서와 디도서는 하나로 취급을 받았다. 그리고 이 서신들은 300년 동안 "목회서신"으로 알려져 왔다. 그러나 이것은 좀 잘못된 것 같다. 왜냐하면 신약에서 빌레몬서를 제외하고는 이 서신들이 개인에게 보낸 유일한 편지이기 때문이다. 물론 여기에 교회생활의 질서와 사역자의 지도력에 관한 조언이 있는 것은 사실이지만, 교회의 전반적인 구조와 행정에 관한 안내서는 아니다. 하지만 신약의 서신 가운데서 두 명의 사역자에게 쓰여진 편지라는 점에서는 목회서신이라고 할 수 있다.

또한 이 편지들은 바울이 디모데에게 말한 것이 기독교인의 삶과 기독교 공동체 안에서의 우리의 생활과 연관이 있다는 의미에서 목회서신이라고 할 수 있다. 바울은 다음과 같은 주제에 관해 말한다:

- 예수 그리스도의 구원하시는 은혜의 중요성
- 올바른 교리의 중요성
- 잘못된 가르침의 위험
- 믿음과 행위의 관계
- 경건한 목회적 지도력의 필요성
- 돈의 위험
- 기독교 공동체의 돌봄

1장은 이 편지의 서론에 해당한다. 그는 복음과 자신의 소명에 대해서 설득력 있게 말한다. 11절에서 그는 "복되신 하나님의 영광의 복음"이라는 말을 사용한다. 우리는 디모데전서를 통해서 복음은 사고와 믿음뿐 아니라 삶의 방법이라는 것을 알 수 있다. 사역자의 가장 중요한 과제 중의 하나는 복음을 분명하게 전하는 것이다. 그리고 모든 기독교인들의 과제는 말과 행동으로 복음을 선포하는 것이다. 복음을 소홀히 하거나 타협하는 것은 그리스도를 배신하는 것이다.

바울은 복음이 사람들을 위하여 무엇을 할 수 있는지를 분명히 말한다. 그는 자신의 죄와 허물을 고백하며 이렇게 말한다: "내가… 긍휼을 입은 것은…우리 주의 은혜가 그리스도 예수 안에 있는 믿음과 사랑과 함께 넘치도록 풍성하였도다"(디모데전서 1:13-14).

만일 그리스도가 바울을 구속하고 과거의 죄로부터 그를 자유롭게 했다면, 그리스도가 나를 구속할 수 있음은 분명하다. 만일 그리스도가 상처투성이인 어리석은 과거로부터 나를 구속할 수 있다면, 그는 당신도 구속할 수 있다. 우리 성도들은 교회 밖에 있는 사람들에게 그들이 자신들을 그리스도에게 맡길 때 그가 어떤 일을 하실 수 있는가를 보여주어야 한다. 당신과 내가 그런 모델이 되어야 한다.

우리는 복음에 대해서 확신을 가져야 될 뿐만 아니라 소명감에 불타야 한다. 나는 사역에 열의를 잃은 많은 사람들을 보았다. 그들은 사역에 대한 정열도 없고, 하나님이 다음에 무슨 일을 하실 것인가를 보기 위해서 기다리지도 못한다. 그래서 바울은 디모데에게 자신의 소명을 기억하라고 촉구한다. 살아있는 소명감은 사역자뿐 아니라 모든 성도들에게 필요하다. 회심을 했을 때, 입교나 세례, 또는 어떤 특별한 순간에 거듭남을 체험했을 때 어떻게 느꼈었는지를 생각해 보라. 나는 황홀경이나 감정의 고조를 말하는 것이 아니다. 물론 이런 것들이 우리에게 필요한 때도 있다. 그러나 나는 우리가 하나님에 의해서 사랑을 받고 부르심을 받았을 때의 놀라움과 경이로움을 말하는 것이다.

바울은 디모데에 관한 예언에 따라 믿음의 아들인 그에게 교훈을 준다고 말한다. 그는 디모데에게 특별한 일을 맡기기 위하여 그에게 안수를 주어 파송한 일을 회상시키고 있는 듯하다. 이런 것은 목사들이 안수를 받을 때 항상 있는 일이다. 그러나 모든 평신도들도 세례를 받고 교회의 일원이 되면 이렇게 세상으로 파송된다는 것을 잊지 말아야 한다.

이 편지는 디모데에게 자신의 소명에 충실하며 복음을 전하는 데 있어서 타협하지 말라는 권고이다. 또한 그는 디모데에게 성도들이 서로 돌보며, 복음적인 삶을 살고, 서로 사랑하도록 강권하라고 말한다.

이제 다른 측면에서 살펴보도록 하자.

하나님의 백성들이 이 세상에서 바울이 말한 대로 살려고 할 때 적어도 세 가지 어려운 문제들이 생긴다.

(1) 돈—우리가 무엇을 귀중하게 생각하는가, 우리가 무엇을 가지고 있는가, 우리가 가진 것을 어떻게 사용할 것인가 하는 질문은 우리가 누구인가를 보여주는 강력한 증거이다.

(2) 성—우리는 여기에서 왜곡된 성의 문제를 직면하게 된다. 바울은 종종 아주 직설적으로 우리의 성적인 죄에 관해서 말한다.

(3) 여성들의 사역—디모데전서 2:9-15에서 바울은 교회 안에 있는 여성의 문제에 관해서 말한다. 이 말씀을 읽으면서 다음과 같은 성경 해석의 원리들을 기억하기 바란다: (1) 우리는 성경 전체의 문맥 속에서 각 구절을 해석해야 한다. (2) 우리는 어떤 특정한 때에 일어난 사건이나 관습을 설명하는 구절

과 시간의 흐름에 상관없이 보편적으로 적용되는 원리를 가르치는 구절을 구별해야 한다. (3) 우리는 성경을 읽을 때 그 당시의 문화, 사회, 역사적인 배경을 고려해야 한다. 우리가 이러한 세 가지 원칙을 적용하면 교회 내의 여성의 문제를 보다 지혜롭게 다룰 수 있다.

우리는 성경을 통해서 다음과 같은 사실을 분명히 알 수 있다: (1) 하나님은 사람을 차별하지 않으신다; (2) 그리스도의 새 질서 안에서는 "유대인이나 헬라인이나 종이나 자유자나 남자나 여자 없이 다 그리스도 예수 안에서 하나이다"(갈라디아서 3:28); (3) 구약과 신약을 보면 여성들이 사역활동과 지도력에 있어서 중요한 역할을 하였다; (4) 여성들은 예수님과 바울의 목회에도 동참하였다. 예수님이 여성들에게 낮은 위치를 부여하시지 않았다는 것은 분명하다.

(나머지 비디오 내용은 91쪽에서 계속됩니다)

정보 (내용 요약)

디모데전후서와 디도서는 "목회서신"이라고 불린다.

복음은 사고하고, 믿고, 살아가는 방법이다.

이 편지에서 바울은 디모데에게 자신의 소명에 충실하며 복음을 전하는 데 있어서 타협하지 말라고 충고한다.

바울은 하나님의 백성들이 이 세상에서 살면서 세 가지 문제에 직면할 수 있다고 지적한다: 돈 (money), 성 (sex), 여성들의 사역 (women in ministry).

이 편지는 디모데에게 보낸 것이지만 초점은 교회이다.

대화

복음, 우리의 소명, 사역에 대한 우리의 정열 사이의 관계는 무엇인가? 기독교인들은 이 세속적인 세상에서 어떻게 두드러진 삶을 살 수 있는가?

성경과 교재

(50분)

디모데전서의 연대를 확인하기 위해서 *바울 서신 연대표*를 사용하라.

매일 성경 읽기에 있는 말씀과 우리의 기록은 거룩함, 가정 생활 문제로서의 기독교, 성경을 오늘날 어떻게 적용할 수 있는가에 대해서 무엇이라고 말하는지 생각해 보라. 그룹의 절반은 첫째 날과 둘째 날의 성경 읽기와 기록에, 나머지 절반은 셋째 날부터 다섯째 날에 초점을 맞추라.

디모데전서는 잘못된 가르침에 대항하기 위해서 건전한 교리를 강조한다. 두 명씩 짝을 이루어 다음 구절을 공부하라—디모데전서 1:17; 2:5-6; 3:16. 어떤 건전한 가르침이 강조되고 있는가? 이 말씀들은 오늘날 어떤 잘못된 가르침에 대항하

는가? 당신은 디모데전서를 통해서 그리스도의 주권과 모든 백성의 하나님의 개념에 대해서 무엇을 배우는가?

교회 지도자들의 자격에 대해서 생각해 보라. 그룹의 절반은 3:1-7을 읽고, 나머지 절반은 3:8-13을 읽는다. 이 말씀을 오늘날의 교회 지도자들에게 적용하면서 개인적으로 공부하라. 어떤 내용을 고수하고, 어떻게 말을 바꾸며, 무엇을 첨가해야 하는지를 결정하라. 그리고 두 명씩 짝을 지어 토의하라.

3-4명이 그룹을 이루어 디모데전서 5:1-22에 있는 교훈을 현대적인 표현으로 바꾸어 보라. 이 교훈으로부터 어떤 의미와 적용을 배울 수 있는가? 그리고 어떻게 표현할 것인가?

디모데전서 6:3-19를 조용히 읽고, 돈에 대해서 무엇이라고 말하는지 생각해 보라. 두 명씩 짝을 지어 학생용 교재 239쪽에 있는 질문에 답하라.

휴식

(10분)

말씀과의 만남

(40분)

성경 본문: 디모데전서 2장

이 말씀을 큰 소리로 읽어라. 다음과 같은 질문에 개인적으로 답하라: 저자는 무엇을 말하려고 하는가? 이 구절이 의도하는 바는 무엇인가? 어떤 요인과 상황에서 이 말씀이 생기게 되었는가? 3-4명이 그룹을 이루어 다음과 같은 질문에 대해 토의하라: 이 본문에 대해서 우리는 어떤 질문을 가지고 있는가? 우리는 본문을 어떻게 이해하는가? 하나님은 우리에게 무엇이라고 말씀하시는가? 이 말씀은 우리에게 무엇을 요구하는가? (*효과적인 성경 교수법* 41-47쪽을 보라.)

순종하는 공동체의 모습

(20분)

순종하는 믿음의 공동체는 그 지도자를 존경하고, 책임감을 갖게 하며, 격려하고, 양육한다.

"인간의 모습"을 교회의 지도자와 평신도가 같이 읽는다. 순종하는 공동체의 모습을 읽는다. 두 명씩 짝을 이루어 지도자들에 대한 성도들의 태도를 공부하라. "순종하는 공동체의 모습"에 있는 질문에 답하라.

폐회 기도

(5분)

31과를 열고 금주의 기도제목을 적어라. 기도로 폐회하라.

31 한 세대에서 다음 세대로

개회 기도

(5분)

토의 시작

(20분)

준비

발표자: 잰 W. 홈즈, Jr.

당신이 바울과 같은 노련한 선교사로부터 가르침과 충고를 받는 디모데나 디도라고 생각해 보라. 감정과 듣는 것에 초점을 맞추라.

믿음의 아들 디모데야, 네가 조상 때부터 내려오는 강인한 신앙을 가지고 살아가는 것을 볼 때 밤낮으로 하나님께 감사를 드린다.

주님을 증거하는 일을 부끄럽게 생각하거나 두려워하지 말아라. 지금 우리가 예수 그리스도를 통하여 아는 은혜의 하나님이 우리를 구원하시고, 부르시며, 강건하게 하실 것이다.

너는 올바른 가르침을 받았다. 너의 손에 쥐어진 보물을 잘 간수하고 그것을 다른 사람들에게 전해 주어 가르칠 수 있도록 해라.

나는 복음을 이렇게 이해한다: 다윗의 후손이신 예수 그리스도는 죽음에서 부활하셨다. 우리의 삶을 그에게 맡기고, 그에게 신실하면 우리가 살 것이다. 너는 고통을 당할 것이다. 그러나 담대하라. 예수 그리스도 안에 있는 은혜를 기억하라.

언제나 진리의 말씀을 설명하는데 열심을 다하고, 하나님을 위하여 최선을 다하라. 그러면 네가 한 일에 대해서 부끄럽게 생각할 필요가 없을 것이다.

네가 피해야 할 일들이 있다. 말싸움을 하지 말아라. 그것은 듣는 사람들에게 치명적일 수 있다. 의미 없는 논쟁이 싸움을 일으킬 수 있으니 그것을 멀리하라. 반면에 친절, 온유, 자상한 가르침은 주님을 섬기는 사람들의 표시이다. 언제나 의로움, 사랑, 믿음, 평화를 추구하라.

너는 사람들이 하나님을 제외한 다른 모든 것을 사랑한다는 것을 곧 알게 될 것이다. 그들은 자신과 돈 그리고 쾌락을 사랑한다. 그들은 선행을 하는 척하면서 자신들이 거룩한 것처럼 보이려고 노력하지만 그들에게는 하나님의 능력이 없다. 그들과 가까이 하지 말아라. 그러나 거룩한 삶을 추구하다 보면 핍박을 당할 것이라는 사실을 명심해라.

네가 배운 것과 확실히 믿는 것에서 떠나지 말아라. 네가 어릴 적부터 성경에서 예수 그리스도를 믿음으로 말미암아 구원을 얻을 수 있다는 것을 배웠다. 네가 가지고 있는 성경은 하나님의 감동을 받은 것이며, 네가 하는 일을 준비하도록 도와줄 것이다.

사람들이 언제나 복음을 좋아하는 것은 아니다. 그러나 시대의 흐름에 상관없이 인내심을 가지고 확신 있게 복음을 선포하라. 필요하다면 꾸중을 해도 좋다. 때때로 너는 사람들이 교사나 설교자들이 복음의 진리보다는 자신들이 듣기 원하는 것을 말해 주기를 바란다는 것을 알게 될 것이다. 그러나 담대하게 고통을 참고 사역을 하도록 해라. 하나님의 은혜가 너와 함께 할 것이다.

디도야, 내가 너를 택하여 각 성에서 질서를 바로잡고 지도자들을 임명하도록 한 것은 바로 우리가 같이 나누었던 신앙에 대한 너의 충실함 때문이었다.

성도들을 자녀로 둔 지도자를 찾도록 해라. 그들에 대해서 너에게 말해줄 것이 많이 있다. 다른 사람들을 어떻게 환영하는지 알고 자신의 믿음에 신실한 사람들을 임명하라. 자신만을 중요하게 생각하고 개인적인 이익을 얻기 위해서 일을 하는 사람들을 피하라.

너의 가르침이 건전한 교리와 일치하는가를 살펴 보라. 우리가 전하는 말씀은 신뢰할 수 있다. 그것을 굳게 붙들어라. 다른 사람들의 말이 그것과 모순될 때 네가 답변을 할 수 있도록 무장시켜 줄 것이다. 노인들에게 관심을 갖고 그들이 어떻게 살아야 하는지 알려 주라. 젊은 사람들을 가르치고, 용기를 주며, 네가 하는 선한 일을 할 수 있도록 그들의 본이 되라.

하나님의 은혜로 모든 사람들이 구원을 받을 수 있다. 사람들이 예수 그리스도의 영광스러운 재림을 소망 중에 기다리며, 기회가 있을 때마다 선을 행하며, 사람들을 언제나 예의와 겸손으로 대하고, 다른 사람들의 좋은 점을 말하도록 가르치라.

우리의 의로움 때문이 아니라 하나님이 자비하시기 때문에 우리를 구원하셨다. 우리는 예수 그리스도를 통하여 영생과 성령의 능력을 유산으로 받았다.

이 점을 분명히 하여 하나님을 믿는 사람들이 어떻게 하나님을 위한 일꾼이 될 수 있는지를 알게 하라. 너에게 하나님의 은혜가 함께 하기를 바란다.

디모데는 소아시아의 루스드라 출신이다. 그의 아버지는 희랍인이었고, 그의 어머니는 기독교인이며 유대인이었다 (사도행전 16:1). 그는 어릴 때부터 구약성경을 배웠다 (디모데후서 3:15). 어머니 유니게와 할머니 로이스의 신실한 믿음 때문에 디모데는 바울이 루스드라에 도착하여 그를 만나기 이전에 벌써 기독교인이 되어 있었다 (디모데후서 1:5). 그는 바울의 서신에서 여러 번 믿음의 아들이요 신실한 동역자로 언급이 된다 (로마서 16:21, 고린도전서 4:17). 우리가 디도에 대해서 아는 것은 그가 희랍인이었으며 (갈라디아서 2:1-3), 바울의 동역자요, 친구였다는 사실이다. 비록 사도행전에 그의 이름이 나오지는 않지만 그는 바울과 같이 에베소에서 사역을 했을 가능성이 있다. 사실은 디모데가 아니라 그가 고린도전서를 고린도에 전했을지도 모른다. 바울은 그를 신뢰하여 에베소에서 마게도냐로 떠나면서 (사도행전 20:1; 고린도후서 2:12-13)

고린도의 일을 그에게 부탁하였다. 후에 그는 마게도냐에서 바울을 다시 만났다 (7:6).

디모데와 디도가 성경에서 같이 언급된 적은 없다. 그들은 에베소에 있는 바울을 방문하러 가는 도중에, 또는 그를 대신하여 고린도 교회의 문제를 해결하러 갈 때 서로 길이 어긋났을 수도 있다. 이 편지들은 디모데와 디도에게 2천년 전에 쓴 것이지만 오늘날에도 그 메시지는 아주 분명하다. 우리도 우리를 위하여 일한 사람들에게 빚을 지고 있다. 우리는 그들의 수고의 열매를 먹고 있는 것이다.

우리가 켜지 않은 등불이 우리의 길을 밝혀 주었다.

우리가 심지 않은 나무가 뜨거운 정오의 햇살을 피할 수 있는 그늘이 되었다.

우리가 쓰지 않은 노래가 밤에 우리를 즐겁게 해주었다.

우리는 이런 아름다운 유산을 잘 간직하며 신실하게 살 수 있다. 우리 주님의 복음을 부끄러워 아니하며, 올바른 가르침을 지키며, 우리 뒤에 오는 사람들에게 그 교훈을 전수하는 것이다. 여러분 모두에게 하나님의 은혜가 함께 하시기를 기도드린다.
(Zan W. Holmes, Jr.)

정보 (내용 요약)

당신은 건전한 가르침을 받았다. 그것을 다른 사람들에게 전하여 그들이 가르칠 수 있도록 하라.

당신이 가지고 있는 성경은 하나님의 감동으로 된 것이다. 성경은 당신에게 맡겨진 일을 할 수 있도록 당신을 준비시켜 줄 것이다.

우리가 전하는 말씀을 신뢰할 수 있다.

사람들에게 기회가 있는 대로 선을 행해야 한다는 사실을 상기시켜라.

하나님이 우리를 구원하신 이유는 우리가 의롭기 때문이 아니라 하나님이 자비하시기 때문이다.

우리는 예수 그리스도와 성령의 능력을 통하여 영생을 얻었다.

대화

이제 당신은 개인적으로 또한 공동체의 일원으로 기독교의 유산을 전하는 사람이다. 당신이 들은 특별히 중요한 충고는 무엇인가? 당신을 신앙의 유산을 이어 받은 사람이라고 생각하라. 당신은 이 유산을 누구에게 빚지고 있는가? 신실함에 대해서 어떤 충고를 들었는가?

성경과 교재

(50분)

디모데후서와 디도서의 연대를 확인하기 위해서 *바울 서신 연대표*를 사용하라. 다음과 같은 질문에 대해 토의하라: 목회 서신이 바울의 다음 세대에 의해 쓰여졌다면, 이 편지들은 그 당시의 상황에 대해서 우리에게 어떤 단서를 제공하는가?

디모데후서와 디도서에 있는 가르침과 건전한 교리에 관한 연구와 토론의 배경으로 신명기 6:4-9와 시편 78:1-7을 큰 소리로 읽어라. 3-4명이 그룹을 이루어 디모데후서와 디도서를 읽으면서 교육과 교사, 복음의 내용, 교수방법에 대해서 교훈을 찾도록 하라. 복음의 내용을 확인하기 위해서 다음의 말씀들을 살펴보고, 앞뒤의 구절들도 읽어 보라: 디모데전서 1:15; 4:9; 디모데후서 2:11; 디도서 3:8. 이 편지들이 교사, 교육, 사도적인 신앙의 전수에 대해 말하는 바를 토의하라.

목회서신에서 오늘날 교회의 지도자들을 위한 교훈을 찾아 보라. 교회 지도자들에게 도움이 되는 8-10가지의 원칙들을 개인적으로 찾아 보라. 3-4명이 그룹을 이루어 사람들이 기록한 것을 들어 보라.

휴식

(10분)

말씀과의 만남

(40분)

성경 본문: 디모데후서 1:8-2:13

이 말씀을 큰 소리로 읽어라. 다음과 같은 질문을 생각하면서 이 말씀을 조용히 공부하게 하라: 이 말씀은 실제적으로 무엇을 말하는가? 저자가 독자들에게 의도하는 바가 무엇인가? 2-3명이 짝을 이루어 토의하라. 그리고 다같이 다음과 같은 질문을 다루어라: 이 구절의 목적은 무엇인가? 이 구절에서 우리는 무슨 의미를 찾을 수 있는가? 우리가 이 말씀을 신중하게 생각한다면 우리의 삶에 어떤 변화가 올 것인가? (*효과적인 성경 교수법* 24-28쪽을 보라.)

순종하는 공동체의 모습

(20분)

순종하는 믿음의 공동체는 복음의 보화를 간직하고 있으며, 그 복음을 자녀들과 후손들에게 가르친다.

"인간의 모습"과 순종하는 공동체의 모습을 읽어라. 3-4명씩 짝을 지어 다음의 질문에 답하라: 복음은 "인간의 모습"에 있는 질문에 대해서 무슨 해답을 주는가? "순종하는 공동체의 모습"에 있는 질문에 답하라.

폐회 기도

(5분)

32과를 열고 금주의 기도제목을 적어라. 기도로 폐회하라.

32 너희는 누구인가를 기억하라

인도자들에게 주는 주의 사항: 이 과는 내용과 순서, 그리고 시간 배정이 다르다. 이 점을 유의하라.

개회 기도

(5분)

성경과 교재

(50분)

선지자들을 회상하라. 세 그룹을 만든다. 선지자들에 대해서, 그리고 그들로부터 배운 것을 복습하기 위해서 첫 번째 그룹은 *역사적 배경 연대표를*, 두 번째 그룹은 *이스라엘과 유다의 통치자들과 선지자들 연대표를*, 세 번째 그룹은 선지자들과 연관된 지도를 사용한다.

바울을 회상하라. 세 그룹을 만든다. 바울에 관하여 배운 것을 복습하기 위하여 첫 번째 그룹은 *바울의 선교여행과 기독교의 성장 지도를*, 두 번째 그룹은 *바울 서신 연대표를*, 세 번째 그룹은 *바울이 인용한 구약성경 도표를* 사용한다.

선지자들과 바울을 회상한 후에 신앙공동체가 전수해 가야 할 그들로부터 배운 신앙의 메시지에 관해서 서로 이야기를 나눈다. 서로 돌아가면서 될 수 있는 대로 많이 말을 하게 한다.

우리가 복음을 증거할 때 가지는 확신에 대해서 말해 보라. "인간의 모습"을 조용히 읽는다. 그리고 다같이 학생용 교재 253페이지에 있는 요절과 순종하는 공동체의 모습을 읽는다. 두 명씩 짝을 지어 인간의 모습을 개인적으로 체험한 것과 하나님의 능력이 우리의 약함을 통하여 역사하신다는 것이 무슨 의미인지를 말해 본다. 순종하는 공동체의 모습이 어떤 확신을 주는가? 다른 한 그룹과 함께 사람들이 말하기 편안한 데까지 학생용 교재 253페이지에 있는 두 질문에 답하라.

학생용 교재 254페이지에 있는 "순종하는 공동체에로의 부름"을 읽는다. 낭독자를 선정하고 그룹을 동, 서, 남, 북, 넷으로 나눈다. 네 그룹이 중앙을 보고 원을 만든다. 그리고 낭독자는 원 밖에 있는다. 사람들에게 그들이 별표(*)가 하나 있는 곳에 오면 원의 중앙에서 멀어져야 한다는 것을 말해 준다. 별표가 두 개 나타나면 모든 그룹은 다시 원의 중앙에 모여야 한다. 낭독하기 전에 이런 지시사항을 다시 설명한다. 낭독한 후에 32개의 순종하는 공동체의 모습을 하나씩 살펴보고, 우리가 순종하는 공동체로서 계속해야 할 것이 무엇인지에 대해서 말해 본다.

휴식

(10분)

말씀과의 만남

(40분)

성경 본문: 이사야 52:7-10

이 말씀을 큰 소리로 읽어라. 이 말씀을 시가 아닌 산문형식으로 의역해서 다시 써 보라. 자신들이 쓴 것을 읽게 한다. (*효과적인 성경 교수법* 63-68쪽을 보라.)

토의 시작

(20분)

발표자: 리챠드 B. 윌키

우리는 자기 자녀들을 잃은 과부와 같이 잿더미 위에 앉아서 폐허가 된 예루살렘을 바라보며 울면서 이 공부를 시작하였다. 우리는 이스라엘의 애가를 부르며 하나님의 신실함에는 심판이 포함되어 있음을 배웠다.

우리 인간들은 언제나 벽이 삐뚤어진 우리 집이 폐허가 될 때 놀라움을 금치 못한다.

우리는 선지자들로부터 의로우신 하나님은 공의로운 사회를 바라신다는 것을 배웠다. 아모스는 하나님이 다림줄을 가지고 삐뚤어진 벽을 찾아낸다고 말한다. 하나님은 진리이시다. 모든 거짓말은 손가락에 난 상처와 같아서 우리를 다치게 하고, 밝은 곳으로 다니는 것을 어렵게 한다. 미가 선지자는 "너희 거민들이 입에 속임이 가득한 혀를 가지고 거짓을 말한다"고 비난하였다.

하나님은 자비로우시며 과부와 고아, 가난한 자들과 상처받은 자들을 돌보신다. 그래서 모세는 들판에 곡식을, 나무에 올리브 열매를 남겨 두어서 가난한 자들이 먹고 살 수 있게 하였다. 아모스 선지자는 말한다: "너희들이 가난한 자를 발로 밟으며 궁핍한 자를 신발 한 켤레를 받고 파는도다."

선지자들은 이스라엘 백성이 우상을 섬기기 위하여 공의로우신 하나님을 버렸을 때 그들이 부도덕하게 되고 결국은 파멸에 이르게 될 것이라는 사실을 알았다.

모세는 우리에게 경고한다: "너의 주 하나님을 잊지 않도록 주의하라."

우리는 하나님을 잊어버리면 거짓 신을 따르게 되고, 이것은 멸망의 길이라는 것을 비싼 대가를 치르고 배웠다. 모세는 다시 경고한다: "네가 만일 네 하나님 여호와를 잊어버리고 다른 신들을 따라 그들을 섬기며 그들에게 절하면 내가 너희에게 증거하노니 너희가 반드시 멸망할 것이라" (신명기 8:19).

우리는 때때로 마지막 순간에 정신을 차리고 넘어지는 것을 막아 보려고 한다. 우리는 흔히 기도를 하거나, "죄송합니다"라고 말하거나, 교회에 가거나, 헌금을 한다. 그러나 선지자들은 우리에게 이러한 외적인 종교적 경건함만으로는 충분하지 않다고 말한다. 우리는 돌아서려면 완전하게 돌아서서 의롭고 진실하게 자비로운 행동을 해야 한다. 왜 이 책의 표지가 보라색인 줄 아는가? 보라색은 회개, 즉 하나님께 돌아가는 것을 상징한다. "우리의 삶을 돌아보고 하나님께로 돌아가자."

하나님은 신실하시다. 예루살렘의 멸망을 예고하셨던 하나님, 그러나 아직 소망이 있다고 말씀하시며 선지자 이사야를 통하여 자신의 백성들을 위로하셨던 하나님, 에스겔에게 새 예루살렘의 비전을 주셨던 하나님은 같은 분이시다. 이제 그 하나님이 다시 일을 시작하신다.

우리가 아직 죄인 되었을 때에 그리스도는 우리를 위하여 죽으셨다. 의롭고 자비하신 하나님의 아들이 우리를 언약의 백성이 되게 하셨다. 우리 자신을 부정하고 그와 같이 죽으며, 순종하는 믿음을 가지고 그와 더불어 다시 사는 것은 아브라함과 사라가 다시 태어나는 것과 같다. 하박국의 약속이 성취되는 것이다: 의로운 자는 믿음과 하나님의 신실하심, 그리고 성도들의 신앙으로 살리라.

이것은 혼자 하는 것이 아니라 공동체 안에서 같이 이루는 것이다. 예수님의 영인 성령께서 성도들의 공동체인 교회에 계신다. 성령께서는 규칙을 지키기 위해서 갈등하며 율법에 대항하는 우리들을 하나님이 정의로우시기 때문에 정의를 사랑하며, 예수님을 통하여 자비를 체험했기 때문에 자비를 사랑하는 하나님의 자녀로 바꾸신다. 우리는 더 이상 뒷발질하지 않으며 사랑 받는 자녀로서 아버지의 뜻을 행하기 원한다.

이제 우리는 볼 수 있는 눈과 들을 수 있는 귀가 생긴 것이다. 우리는 더 이상 이사야가 설교했던 것과 같은 보지 못하고 듣지 못하는 사람들이 아니다. 이제 우리는 그리스도의 눈을 가지고 이 세상을 본다. 탐욕과 미움, 욕망과 교만은 우리의 마음속에서 제거되었다. 우리는 거짓 우상을 원하지 않는다. 우리는 하나님만을 원한다. "sin"(죄)이라는 단어 한가운데 바로 "I"(나)가 있지 아니한가? 우리는 성경을 통해서 우상 숭배란 자기 중심적이라는 것을 배웠다. 바울은 우리가 창조주보다 피조물을 섬긴다고 말한다. 우리를 탐욕과 욕망으로 몰고 가는 우상 숭배의 중심에는 무엇이 있는가? 그것은 자기를 숭배하는 것이 아닌가? 우리는 그리스도 안에서 자아를 포기하고 우리 자신을 하나님께 드려야 한다. 바울은 "성령이 아니고는 누구든지 예수님을 주라 고백할 수 없다"고 말한다. 예수님이 우리의 중심이 되신다.

이제 우리는 우리가 누구이며, 누구의 것이며, 무엇을 해야 하는가를 안다. 우리는 아브라함과 사라처럼 복의 근원이 되기 위해서 축복을 받았다. 우리는 그리스도 안에서 이사야가 말한 대로 모든 나라의 빛이 되어야 한다. 우리는 하나님의 백성으로서 동서남북에 있는 포로로 잡혀간 자들, 죄인들, 추방된 자들을 새로운 신앙의 공동체인 코이노니아로 불러와야 한다. 우리는 요나처럼 니느웨로 가야한다. 그러나 요나와는 달리 우리는 모든 니느웨 사람들이 회개하기를 바란다. 우리는 바울처럼 땅끝인 스페인까지 가기를 원하며, 이사야가 말한 고난받는 종

을 바라본다. 그가 맞음으로 우리가 나음을 얻었다. 우리는 그 언젠가 늑대가 어린 양과 같이 살 날을 인내를 가지고 기다린다. 우리는 칼을 가지고 쟁기를 만들 것이다. 왜냐하면 그것이 하나님의 꿈이기 때문이다. 우리는 하나님의 꿈에 동참한다. 우리는 성전의 제단으로부터 은혜와 자비가 무릎에서 허리를 거쳐 어깨에까지 흘러나오는 것을 안다.

우리는 선지자 하박국처럼 하나님이 말씀하시는 것을 듣는다: "비록 늦을지라도 기다리라. 반드시 그 날이 오리라." 우리는 예수 그리스도의 사역을 통하여 우리가 누구인가를 안다. 우리는 하나님의 자녀들이다. 이제 우리는 다시 원점으로 돌아왔다. 모세가 한 말을 다시 들어보자: "이스라엘아 들으라 우리 하나님 여호와는 오직 유일한 여호와시니 너는 마음을 다하고 성품을 다하고 힘을 다하여 네 하나님 여호와를 사랑하라" (신명기 6:4-5). 이 말씀을 기억하신 예수님은 "네 이웃을 네 몸과 같이 사랑하라"고 하셨다. 우리는 예수님의 제자로서 이것을 기억해야 한다. 하나님은 예수 그리스도를 통하여 우리를 잔치에 초대해 주셨다. 유대인과 이방인, 여자와 남자, 젊은이와 노인, 부유한 자와 가난한 자 모두가 함께 모여 우리가 누구의 것이며, 무엇을 해야하는가를 기억하며 같이 떡을 떼고 잔을 나누는 것이다. (Richard B. Wilke)

준비

과거의 기억에 의해서 형성되고 양육된 공동체의 이야기를 들어 보라. 성만찬을 준비하라.

정보 (내용 요약)

우리는 선지자들로부터 의로우신 하나님은 공의로운 사회를 기대하신다는 것을 배웠다.

하나님은 진리이시다.

하나님은 자비하시다.

사도 바울은 진리의 말씀을 전하도록 하나님의 부르심을 받았다.

예수님의 영인 성령은 규칙을 지키기 위해서 갈등하며 율법에 대항하는 우리들을 하나님이 공의로우시기 때문에 공의를 사랑하며, 예수님을 통하여 자비를 체험했기 때문에 자비를 사랑하는 하나님의 자녀로 바꾸신다.

우리는 그리스도 안에서 자신을 하나님께 복종시킨다.

우리는 그리스도 안에서 이 세상의 빛이 된다.

성만찬 예식

(25분)

목사와 성만찬을 도와줄 사람들과 함께 미리 성만찬을 준비한다. 찬송가를 준비하거나 예식에서 사용할 찬송을 미리 복사해 놓는다. 성만찬 후에 축도로 모든 공부를 마친다.

● 1과 비디오 내용 계속 ●

프리쉬만: 이제 이 기억을 통하여 우리는 화음의 꿈을 새롭게 합니다. 우리는 하나님이 거하신 곳, 우리 가운데의 중심을 회복하기 위하여, 소망의 부서진 부분을 고칩니다.

존스: 내 고초와 재난 곧 쑥과 담즙을 기억하소서 내 마음이 그것을 기억하고 낙심이 되오나 이것을 내가 내 마음에 담아 두었더니 그것이 오히려 나의 소망이 되었사옴은 여호와의 인자와 긍휼이 무궁하시므로 우리가 진멸되지 아니함이니이다 이것들이 아침마다 새로우니 주의 성실이 크시도소이다 내 심령에 이르기를 여호와는 나의 기업이시니 그러므로 내가 그를 바라리라 하도다 기다리는 자들에게나 구하는 영혼들에게, 여호와는 선하시도다 사람이 여호와의 구원을 바라고 잠잠히 기다림이 좋도다 (3:19-26).

프리쉬만: 기억함으로 우리는 고난의 슬픔과 고통에서 구출될 수 있습니다. 우리는 하나님께 나아갈 처소를 잊지 않기 위하여 기억합니다. 우리는 우리의 소망, 인간의 소망, 하나님의 소망을 새롭게 하기 위하여 기억합니다.

존스: 여호와여 우리를 주께서 돌이키소서 그리하시면 우리가 주께로 돌아가겠사오니 우리의 날을 다시 새롭게 하사 옛적 같게 하옵소서 (5:21).

프리쉬만: 오 하나님, 우리를 소망의 포로로 만드신 존재의 주재여, 우리가 당신을 찬양하나이다.

(Elyse D. Frishman and Cecil D. Jones, Jr.)

● 2과 비디오 내용 계속 ●

호세아의 경우에 이스라엘이 주님에 대한 그들의 서약을 파기하여 스스로 큰 손해와 아주 불미한 결과를 초래하게 되었다고 가르쳐 주는 말씀이 있다. 이는 구약의 히브리인들은 분명히 모든 행위에 결과가 있다고 이해하고 있기 때문이다. 사실, 우리가 "죄" "반역" "패역"이라는 말로 번역하는 모든 히브리 단어들은 "죄"와 "벌"이라는 의미를 담고 있다. 호세아가 볼 때 이스라엘 백성은 바알에게 그들의 영혼을 팔았다. 그리고 회개가 가능하지만, 호세아도 회개하라고 명하였지만, 그들의 배역은 그에 따른 열매를 맺게 될 것이다.

"이스라엘아 들으라 우리 하나님 여호와는 오직 유일한 여호와시니." 이것은 오늘날의 유대교에서와 마찬가지로 고대 이스라엘의 표어였다. 주님 한 분에게 충성하고 주님 한 분을 신뢰한다는 것을 증언할 주요한 책임이 아브라함의 후손에게 있다. 그들이 이러한 임무를 경히 여겼다는 것이 구약의 증언이다. 그들의 배역의 대가가 그들이 상상한 것보다 훨씬 더 높았다는 것 또한 구약성경의 증언이다. 그 모든 것에도 불구하고, 그들

을 애굽에서 불러내신 한 분이신 이는 그들에 대하여 계속 신실하게 대하였고, 오늘도 그들에게 신실하신 분이시다.

(William J. A. Power)

● 3과 비디오 내용 계속 ●

그러나 8세기 중반의 번영은 일시적인 것이었다. 8세기 말까지 사마리아는 폐허에 놓이게 되고 이전 왕국 이스라엘은 앗수르 제국에 예속된다. 유다는 그 수도 주위에 자그마한 나라로 전락하고, 예루살렘까지도 산헤립의 포위를 간신히 견뎌낸다.

그들의 권세와 번영에도 불구하고 8세기의 이스라엘과 유다 왕국은 앗수르 제국의 침략을 저지할 만큼 강하지 못하였다. 디글랏빌레셀 3세가 745년에 권력을 잡고 그 행정구조를 개편한 후에는 특히 그러하였다. 역사가들은 이것을 8세기 이스라엘의 몰락 원인으로 삼는데 전적으로 맞는 말이다. 그러나 그것은 아모스의 관점이 아니었다. 이사야와 같이, 그는 이스라엘의 군대를 파괴의 도구이지 원인으로 보지 않았다. 그는 다가오는 멸망을 이스라엘에 대한 하나님의 심판으로 이해하였다. 하나님의 진노는 "상아 침대에" 누워 있는 이스라엘의 부요한 지도층을 향한 것이었다. 아모스는 이스라엘의 지도자들이 "은으로 가난한 자를 사며 신 한 켤레로 궁핍한 자를 사며" "가난한 자의 머리에 있는 티끌을 탐내"었기 때문에 하나님이 이스라엘을 벌하실 것이라고 말하였다.

(P. Kyle McCarter, Jr.)

● 4과 비디오 내용 계속 ●

이 점은 호세아뿐만 아니라, 예를 들면, 이사야와 예레미야, 그리고 특별히 에스겔에게서도 볼 수 있는 선지자들의 상징적인 행위에서도 마찬가지다. 그 상징은 말씀에서부터 온 것이며, 둘 다 능케하는 힘으로 가득차 있다. 호세아의 세 자식을 하나님이 씨를 뿌리신다는 뜻의 이스르엘, 긍휼함을 입지 못한다는 로루하마, 내 백성이 아니라는 로암미 등 상징적으로 이름을 짓게 하는 것은 호세아에게 주신 말씀이다. 이스르엘은 에브라임의 비극의 최후에 이르게 하는, 수년 전에 행하여진 폭력을; 로루하마는 하나님의 구속의 보호의 끝남을; 그리고, 로암미는 하나님과 백성의 언약 관계가 비참한 결과로 곧 종결될 것이라는 것을 상징한다. 멸망을 예견한 호세아와 다른 선지자들은 그들이 하나님의 말씀을 전하고 마지막을 상징하는 행동을 함으로 그들 자신이 백성을 처형하는데 한 몫을 맡았다는 것을 알고 심히 고통스러워한다.

호세아, 이 놀라운 인물이요 선지자를 거듭하여, 그리고 가능할 때는 소리내어 읽어 보라. 다가오는 재난의 주제는 여기 아모스에서와 같이 단도직입적으로 선포되었다. 그러나, 호세

아 자신의 고멜과의 격동에 찬 아픈 삶과 그녀에 대한 그의 꺼지지 않는 사랑에서 나오는 주요 주제는 또한 에브라엠/이스라엘에 대한 하나님의 자비이며 성서의 백성을 통하여 세상의 모든 종족의 궁극적인 축복을 이루고자 하시는 하나님의 불굴의 목적이다.

"여호와께서 이르시되… 그날에… 내가 나를 위하여 그를 이 땅에 심고〔이스르엘=하나님이 심으시다〕. 긍휼히 여김을 받지 못하였던 자를〔로루하마=긍휼히 여김을 받지 못함〕 긍휼히 여기며 내 백성 아니었던 자에게 이르기를〔로암미=내 백성이 아님〕 너는 내 백성이라 하리니 그들은 이르기를 주는 내 하나님이시라 하리라!"(호세아 2:21-23).

(B.Davie Napier)

—————————◆—————————

●5과 비디오 내용 계속●

미가는 유다가 현재의 노선을 계속할 때 오게 될 멸망을 구상하였다. 그는 자기 동족 유대인들에게 만일 그들이 그들의 유일한 힘의 원천—곧 하나님의 계명에 대한 그들의 순종—을 계속 저버린다면 그들은 곧 자기들을 노리고 있는 강한 정치 세력에 멸망될 것이라고 말해 주려고 애썼다.

그러나 미가는 또한 보다 더 영광스러운 미래, 만일 백성들이 공의를 행하며, 인자를 사랑하며, 겸손히 하나님의 길로 행하는 것을 원하기만 한다면 그 대신 일어나게 될, 모든 사람을 위한 평화와 번영의 시대가 가능하다는 것을 구상하고 있다.

(Kathleen A. Farmer)

—————————◆—————————

●6과 비디오 내용 계속●

요약하면, 이사야 1-39장은 차츰차츰 그 뜻을 쌓아 가는 시로 되어 있는 말씀을 많이 담고 있다. 이 말씀은 어떻게 "이스라엘의 거룩한 자"가 거듭하여 시온을 위하여 중재하시어 구원하셨는가를 보여주는데, 시온은 한 세기 이상 뒤에 멸망과 포로가 될 운명에 놓여 있었다. 그리고 나서 40-66장은 계속하여 어떻게 겉으로 보기에는 돌이킬 수 없는 상황에서도 예루살렘이 궁극적으로는 승리하는가를 보여준다. 예루살렘은 승리한 페르시아의 왕 고레스의 칙령으로 재건된다.

후세에 다윗 성은 세계 유대교의 상징적 중심이 되었다. 또한 후에 예수의 십자가와 교회의 시작의 무대가 되었고, 이사야의 마지막 장에 이미 "새 하늘과 새 땅"을 이야기하며 증언된 저 창조계 전체의 회복이 시작되는 무대가 되었다.

(Wolfgang M .W. Roth)

●7과 비디오 내용 계속●

성경의 하나님은 무엇보다도 자비와 은혜와 용서의 하나님이시다. 그는 악인의 죽음을 기뻐하지 아니하신다. 그리고 "죄인 하나가 회개하면 하늘에서는 회개할 것이 없는 의인 아흔 아홉을 인하여 기뻐하는 것보다 더하리라." 그러나 성경의 하나님은 또한 그의 통치에 도전하는 이들을 결국 멸망시키실 하늘과 땅의 주이시다. 주의 날의 개념이 그것을 확실히 보여준다.

(Elizabeth Achtemeier)

—————————◆—————————

●8과 비디오 내용 계속●

이 "슈브"라는 동사는 예언서 전체에서, 때때로 치유를 받는다는 히브리어 동사 "라파"와 연결되어 있다. 너의 파괴의 길에서 돌아서라, 그래서 하나님의 사랑과 자비로 치유를 받으라. 그것이 예레미야 1-20장의 주제이다. 우리는 이제 명철하고, 괴로워하는, 구속의 선지자가 한 이 말을 들어 올려 보자. 하나님은 백성에게:

"…배역한 이스라엘아 돌아오라 나의 노한 얼굴을 너희에게로 향하지 아니하리라"(3:12).

"네가 만일 돌아오면〔슈브〕 내가 너를 다시 이끌어 내 앞에 세울 것이며"(15:19).

"보라 내가 너희에게 재앙을 내리며 계책을 세워 너희를 치려 하노니 너희는 각기 악한 길에서 돌이키며〔슈브〕 너희 길과 행위를 아름답게 하라"(18:11).

그리고 이제 마지막으로, 간단히 요약하여:

"배역한 자식들아 돌아오라〔슈브〕
내가 너희의 배역함을 고치리라〔라파〕."

그 반응은, 그리고 또한 우리의 반응은:

"보소서 우리가 주께 왔사오니 주는 우리 하나님 여호와이심이니이다"(3:22).

(B. Davie Napier)

—————————◆—————————

●9과 비디오 내용 계속●

플레밍: 그렇다. 그가 다메섹을 취하였는데, 후에 앗수르 왕들이 사마리아에 대한 저 무서운 3년간의 포위와 기근과 함락에 대한 공로로 인정받게 된다. 기억하는 대로 그것은 주전 724-721년이다.

윌키: 그것이 정말 북왕국의 종말이었는가?

플레밍: 북왕국이다. 그리고 이제 유다는 홀로 남았다. 히스기야 왕의 통치 기간 중에 유다는 앗수르에게 조공을 바치는 것을 중단하였다. 앗수르인들은 아주 간단한 "외교 정책"을

가지고 있었다: 가능한 한 많이 착취하고, 계속하여 속국들을 앗수르의 침입에 대한 두려움 가운데 있게 하였다. 그러나 701년에 산헤립과 그의 침입으로 물론 유다의—예루살렘이 아니라—인구가 격감하고, 이러한 충격적인 상황 때문에 아마도 히스기야왕 다음에 "악한" 왕 므낫세가 나오게 되는 것 같다. 기억하는 대로 그는 백성이 이스라엘의 하나님으로부터 돌아서도록 부추겼다. 그는 또한 두로에게 도움을 청하였는데 이는 그가 바알을 재도입하고 있는 것을 의미한다.

윌키: 바알이 므낫세 아래서 다시 돌아오는가?

플레밍: 그렇다. 그리고 그들이 산헤립에게 아주 많은 도성을 빼앗겼기 때문에, 그들은 다른 신을 따라가려고 하였던 것이다.

윌키: 고대의 전투는 다만 군대들 사이의 투쟁만이 아니지 않았는가?

플레밍: 그것은 또한 실상 각 백성의 신들 사이의 투쟁이기도 했다. 앗수르의 전쟁 신은 네르갈인데, 그는 열왕기하 17:30에 언급되어 있다. 이것은 앗수르인들이 사마리아를 점령한 후에 거기에 세운 신전 중에 하나이다. 가나안의 주요한 전쟁의 신은 레쉐프이다. 이 신은 전쟁과 질병—질병은 전쟁을 따라온다—의 이중 신이다. 므낫세가 "멸망산"이라고 불리는 감람산의 남쪽 지방에 이방 종교를 회복시킨 것을 기억하는가?

윌키: 감람산. 나는 감람산이 산당 때문에 "멸망산"이라고 불렸던 것을 잊고 있었다.

플레밍: 이러한 이방신 숭배지가 세워졌기 때문이다. 솔로몬이 그것들을 세웠을 때 이스라엘 사람들은 거기서 예배하고 있지 않았다. 그러나 이제 므낫세 시대에 모압과 암몬의 전쟁의 신이 거기서 숭배를 받았다. 이스라엘은 구원받기 위하여 누구를 믿어야 할까? 유다는 이방의 전쟁의 신을 달래야 할까 아닐까? 므낫세는 "그렇다, 그들을 달래라"고 말하였다. 요시야 왕은 아니다라고 말하고 그 신전들을 헐어 버렸다. 그러므로 선지자들에게, 전투에서 이기고 지는 것은 이스라엘의 하나님이 약하거나 강하다는 것을 의미하지 않았다. 하나님은 지극히 높으신 하나님이시며 하나님은 세상에서 하나님의 목적을 위하여 열국을 쓰신다는 것을 사람들이 이해할 수 있도록 선지자들이 노력하였다.

윌키: 예레미야는 가마가 북에서부터 끓고 있다는 것을 알았다. 그는 정치가들보다도 먼저 바벨론이 이제 등장할 것이라는 것을 알고 있었다. 그리고 그는 재활, 영적인 재검토를 회망하면서, 요시야 왕 때 잠시 사역을 중단하였으나, 그는 곧 개혁이 피상적이라는 것을 깨달았다. 그 후 요시야가 죽임을 당하고 애굽이 예루살렘에 막중한 조공을 부과하였을 때, 그 때 그는 그의 예언을 다시 시작하였고, 그 다음 바벨론인들이 왔다.

바벨론인들은 605년에 갈그미스에서 바로를 패배시켰고, 그 다음 느부갓네살은 블레셋과 수리아를 정복하였고, 그리고 마침내 예레미야가 예언한 대로, 예루살렘, 예루살렘 성전, 예루살렘 도시에 종말이 다가 왔다. 성전이 불에 타 무너졌고, 그 지도자들은 바벨론 포로로 끌려갔다. 예레미야는 신을 믿지 못하면서 모세의 언약을 잊은 나라에 평화가 없을 거라고 경고했었다. 고고학적인 발굴 가운데서 히브리인들이 이 경험에서 무언가 배웠다는 것을 찾아 볼 수 있는가? 이 경험에서 무언가 배운 것이 있는가?

플레밍: 그렇다. 성경의 본문은 백성들이 그들의 땅에서 떨어져서 울던 바벨론 강가에서 국가적인 성찰이 있었다고 말하고 있다. 예루살렘의 파괴가 백성들에게 어떤 것이었는지 상상할 수 없을 것이다. 포로가 이스라엘의 우상 숭배를 고쳐 놓았다. 이스라엘의 주위 나라들의 이방신의 상(象)은, 유다에서까지도, 포로시대 이전의 지층에서 널리 발굴되고 있다. 그러나 포로에서 돌아온 시대의 지층에서는 우상을 찾아 볼 수 없다.

윌키: 전혀 없는가?

플레밍: 이스라엘 사람들은 자기 땅에서 뿌리가 뽑히고 파괴되어 있는 동안 그들은 하나님은 아직 축복을 주실 수 있으며, 심지어 비극 동안에도 존재하실 수 있다는 것을 확인하는 "상황의 전환"의 영성이라고 부를 수 있는 것을 깨달았다. 우리는 이사야 40:29-31에서 이러한 영성을 찾을 수 있다: 기억하는 대로 거기에 보면, 하나님은 피곤한 자, 무능한 자에게 능력을 주시며, 걸어가도 피곤치 아니할 것이다. 이것이 포로에서 그들이 돌아오는 그 무렵부터 많은 유대인의 영성이다.

(Richard W. Wilke and James Fleming)

● 10과 비디오 내용 계속 ●

둘째, 에스겔은 유다의 처벌이 그 죄에 상응한 것이라고 주장한다. 적어도 네 번, 에스겔은 "주의 길이 바르지 아니하다"는 그의 동포 유다인들의 주장을 인용한다. 그러나 그는 흔들리지 않고 거룩한 정의에 대하여 변호한다. 에스겔은 백성의 과거와 현재의 죄가 큰 것을 강조하고, 그의 청중에게 그들의 정죄와 그들을 정죄하신 이가 공평하시다는 것을 확인시켜 줄 목적으로 이스라엘 역사 이야기를 구성한다. 에스겔이 하는 이야기는 사기를 저하시키는 희생이 따른다. 그러나 에스겔은 값싼 은혜를 절대로 용납하지 않으려 한다. 만일 이스라엘이 온전히 회개하고 용서와 회복의 선물을 이해하려면, 먼저 그 자신에 대한 진실에 직면해야 한다.

(Katheryn Pfisterer Darr)

●12과 비디오 내용 계속●

만일 의인이 죄인을 처벌하고 불의에 대한 복수를 추구하기보다 정말로 다른 사람의 죄에 대한 벌을 진다면, 의인과 죄인 사이에 화목의 기초가 놓인다는 것을 선지자는 깨달았다. 의인이 불의한 자의 고난과 처벌을 스스로 취할 때, 그때는 오랜 시절 계속된 좋은 편 나쁜 편의 경기가 끝나게 된다. 그러한 은혜로운 행위에는 악인의 마음을 변화시키고 복수와 처벌로 계속되는 폭력의 악순환을 종결짓는 약속이 담겨 있다.

더 나아가서, 이제 가장 의로운 이가 고난을 받는 것이 가능하다면, 어떤 사람의 외부의 조건을 보고 그가 하나님의 보시기에 의로운지 아닌지를 판단할 수는 없게 된다. 이제 가장 극심한 고난을 당하고 있는 사람이 가장 의로운 사람일 수도 있다. 주의 종이 우리에게 "하나님께 맞는" 사람으로 나타난다면, 그렇다면 비슷하게 고통 당하는 다른 이들을 통하여 하나님이 역사에 임재하신다는 것이 가능하다.

이와 같이 선지자는 이 세상에서 의인과 악인의 차이를 알기 쉽다는 통념을 흔들어 놓았다. 예수께서 양과 염소에 관한 가르침에서 지적하신 것과 같이, 의인으로 보인다고 의인인 것은 아니다 (마태복음 25:31-46). 예수를 "하나님께 맞는" 사람 가운데 있게 한 그의 십자가를 이해하기 위하여 초대 기독교 공동체가 종의 노래를 사용하였다는 것은 당연하다.

이 종의 노래는 벌에 관하여 우리 자신이 간혹 가지고 있는 개념들을 흔들어 놓는다. 이는 또한 하나님이 우리 삶에 베푸시는 은혜가 우리 자신의 번영과 성공으로 증명된다는 오늘날 널리 퍼진 교만한 개념을 뒤집어 놓기도 한다.

이사야에서 종의 구절은 역사의 피곤하고 피에 젖은 폭력의 악순환에서 빠져 나오는 길로서 과격한 자비와 화해의 길을 우리에게 제시하여 준다. 이것은 선지자 자신의 시대나 오늘날이나 똑같이 필요한 것이며, 똑같이 어려운 일이다.

(Hugh C. White)

* * *

●13과 비디오 내용 계속●

선지자가 영이 죽은 사람들에게 일어나서 하나님의 구원의 기쁜 소식에 응답하라고 명할 때에, 그는 얼마나 어려운 싸움을 앞에 두고 있는지 알고 있다. 그러나 그는 그 도전에 대하여 움츠려들지 않는다. 그가 복음은 하나님의 소식인 것을 알기 때문이다.

"주 여호와께서 공의와 찬송을 모든 나라 앞에 솟아나게 하시리라" (61:11).

하나님의 시온은 인간의 손만으로 지어지는 것이 아니다. 그것은 가난한 자들을 돌보고 정의를 이루는 회개하는 예배 공동체가 이루는 업적만도 아니다. 하나님의 시온은 새 하늘과 새 땅으로 하나님이 창조하는 것이다 (65:17-25)—그곳에는 우는 소리와 부르짖는 소리가 다시는 들리지 않을 것이며 (65:19), 모든 혈육이 주 하나님 앞에 이르러 경배할 것이다 (66:23). 하나님의 새 창조에는, 벽을 세우는 일은 하게 될지 모르지만, 문은 항상 넓게 열려 있는 것을 보게 될 것이다 (60:10-11).

(Jin Hee Han)

* * *

●14과 비디오 내용 계속●

스가랴 1-8장에서의 예언 말씀은 학개와 아주 비슷하게 들린다. 사실, 스가랴 6:9-15는 최초의 기금 모으기 운동이라고 말할 수 있다. 선지자는 바벨론에 포로로 갔다가 예루살렘으로 돌아오는 사람들에게서 은과 금을 구한다. 그러나 여기서도, 스가랴는 학개와 다르다. 학개는 백성들이 성전을 지으라고 말하는 반면, 스가랴는 하나님이 이스라엘을 돕기 위하여 하고 계신 일의 중요성을 강조하고 있다.

에스라서는 이와 같은 사건의 일부를 기술하고 있다. 에스라 3장은 제2성전의 건축 초기에 "나이 많은 족장들은 첫 성전을 보았으므로 이제 이 성전의 기초가 놓임을 보고 대성 통곡하였으나 여러 사람은 기쁨으로 크게 함성을 지르니"라고 하였다. 분명히 어떤 이들은 성전이 재건되고 있다는 데 기뻐하였다. 다른 이들은 이 제2성전이 솔로몬의 성전보다 훨씬 덜 웅장하다는 것을 알고 있었다. 우리는 스가랴와 학개가 기뻐하여 즐거이 부른 사람들 가운데 있었을 것을 상상할 수 있다. 그러나 그들은 아주 다른 경로로 그 기쁨에 이르렀을 것이다.

학개가 택한 길이든지 스가랴가 택한 길이든지, 사람들은 성전과 그와 연관되어 있는 종교 공동체를 재건하는 것을 도왔다. 이 성전과 그것이 위치한 도시는 에스라와 느헤미야 시대에 초기 유대교가 등장했던 장소였다. 더욱이, 예수께서 가르치셨던 제3성전, 즉 헤롯 성전은 제2의 성전이 지적하는 예배와 교육의 연속에 의존하고 있다. 과연 종종 잊혀지는 이 선지자 둘, 학개와 스가랴의 설교와 기금 모으기 운동에 오늘날 유대인들과 기독교인들이 의존하고 있는 것이다.

(David L. Petersen)

* * *

●16과 비디오 내용 계속●

그것이 책의 마지막이 아니다. 큰 물고기만큼 중요한 또 하나의 기적이 있다, 즉 하나님이 태양열에서부터 그에게 그늘을 주시기 위하여 요나 위에 자라게 하신 박 넝쿨이다. 그 후에 하나님은 요나를 놀려 보신다. 그 다음날 하나님은 그 뿌리를 썹어 먹어 버리는 벌레를 보내셔서, 그 박 넝쿨이 죽었다. 요나는

제자

슬픔과 분노로 완전히 실성하였다. 죽고 싶었다. 하나님은 아주 간단하게 두 절로만 대답하셨고, 그 두 절로 책이 끝이 난다. 하나님이 말씀하셨다. 네가 "이 박 넝쿨을 아꼈거든" 하나님이 말씀하셨다. "네가 수고도 아니하였고 재배도 아니하였고 하룻밤에 났다가 하룻밤에 망한 이 박 넝쿨을 아꼈거든…" 간단히 말해서, 하나님은 "박 넝쿨은 많은 가치가 없다. 그러나, 너 요나는, 그것 때문에 죽고 싶어한다. 만일 네게 힘이 있었다면, 요나, 너는 분명히 그 박 넝쿨을 살려 주었을 것이다!"고 말씀하셨다. 하나님은 이렇게 질문하셨다. "하물며 이 큰 성읍 니느웨에는 좌우를 분변하지 못하는 자가 십이만여 명이요 가축도 많이 있나니 내가 어찌 아끼지 아니하겠느냐?"

하나님이 뜻을 돌이키시는 것에 대하여 아무 말씀도 하시지 않는 것을 주의하여 보라. 대신에, 하나님은 그들의 좌우를 분변하지 못한다고 말씀하신다. 그 말은 어떤 연령까지는 도덕적 무지가 인정된다는 것이다. 어린아이들이 그 차이를 모르는 것과 같이 그들은 그들의 오른손과 왼손의 차이를 모른다. 그러므로 그들에게는 도덕적 책임이 없고, 처벌을 받지 않아야 한다. 그래서 하나님은 요나의 말, 곧 그들의 회개를 믿을 수 없다는 것을 인정하신다! 그러나 사실 하나님은 그래서 어쨌다는 것이냐고 말씀하신다. 네가 박 넝쿨을 불쌍히 여긴 것과 마찬가지로, 나는 그들을 불쌍히 여겼고, 그것이 진정으로 중요한 것이다.

하나님은 이 모든 배후에 무엇이 있는지를 요나에게 말씀하신다—곧 요나가 박 넝쿨에 대하여 느꼈던 것과 똑같이, 그의 자녀들에 대한 자비가 있다. 그것을 요나를 위하여 가르쳐 주셨으며, 이제 하나님은 그들의 회개의 표가 그들을 구원하기에 충분하다는 말씀을 하고 계신 것이다. 그러나 만일 그들이 회개하지 않았다 하더라도, 하나님은 그래도 그들을 구원하셨을지도 모른다. 왜? 하나님은 그의 창조와 그의 창조물들을 사랑하시며 그들이 조금 더 살아 있기를 원하셨기 때문이다. "그들도 사람이다"고 하나님이 말씀하신다. "이 사람들이 무서운 일을 저지르고 그들의 오른손과 왼손을 구별할 줄 몰라도 내가 이 사람들을 불쌍히 여길 권한이 없는가? 그리고 내가 그들을 불쌍히 여기고 구원하기를 원한다면, 나는 그대로 할 수도 있다." 저자는 문제를 이대로 남겨 놓고 있다. 이야기는 그 질문 자체로 끝이 난다.

(David Noel Freedman)

———————————◆———————————

●17과 비디오 내용 계속●

이제 우리는 세 가지를 기억해야 한다. 첫째, 바울의 편지는 회랍-로마 세계에 살면서 신앙과 삶의 실질적인 문제를 가지고 있던 사람들에게 쓰여진 구체적인 편지라는 사실이다. 바울은 문학작품을 쓰려고 한 것이 아니다. 그는 자신이 가서 교회의

문제를 직접 다룰 수 없기 때문에 편지를 쓴 것이다. 편지가 바울을 대변하며, 독자들의 문제가 편지에서 다루어지고 있다. 결과적으로 바울의 편지에 대한 해석은 고리로 연결되어 있는 모습이다: 우리는 편지 안에서 질문을 찾아내고, 그 편지를 질문에 대한 바울의 답변으로 읽을 수가 있다.

둘째, 각각의 편지는 특별한 상황에 대한 응답이기 때문에 바울은 자신이 생각하거나 믿는 모든 것을 한 편지에서 전부 말하지 않는다. 그는 필요하다고 생각되는 것만을 말한다. 따라서 우리가 바울의 모든 편지를 같이 읽는다고 해도—원래의 독자들은 그렇게 할 수 없었다—우리는 그의 사상을 완전히 파악할 수가 없다. 물론 편지에는 그의 사상이 나타나 있기는 하지만, 모든 것이 포함되어 있지는 않다. 더욱이 문제가 바뀜에 따라서 바울의 생각도 바뀌었다. 그래서 바울의 사상을 알고자 하는 사람은 움직이는 표적을 겨냥하는 것과 같다. 그는 비슷한 문제를 다룰 때에도 같은 말을 반복하지 않는다.

셋째, 그의 편지는 아주 개인적이지만 사생활에 관한 것은 아니다. 로마서를 제외하고 바울의 편지는 그를 알거나, 그에게 가르침을 받은 사람들에게 쓰여졌으며, 그들은 같이 모여서 그 편지들을 읽었을 것이다. 우리는 바울과 그의 사상을 알기 위해서 편지에 의존하고 있지만, 그들은 그렇지 않았다. 또한 바울은 그들에게 자신의 기본적인 생각을 알려 주기 위해서 편지를 쓴 것이 아니라 그들로 하여금 기억하게 하고, 나무라며, 교정하고, 강건하게 하며, 그들의 신앙을 양육하기 위해서 썼다.

바울은 최초의 기독교 신학자였지만, 신학체계를 정립하지는 않았다. 그는 선교를 하면서 자신을 인도해 줄 안내서도 없이 목회자의 입장에서 신학을 하였다. 그 당시에는 개인이 성경을 가지기에는 너무 비쌌고, 사본은 너무나 커서 가지고 다니기가 어려웠기 때문에 그가 성경을 가지고 있었는지조차 의심스럽다. 그는 회당을 방문할 때마다 성경을 보면서 자신의 기억을 새롭게 했을지 모르나 아마 성경을 대개 다 암송하고 있었을 것이다. 그는 히브리어를 알고 있었지만 언제나 회랍어로 성경을 인용하였다.

그의 편지를 통해서 많은 것을 알 수 있지만, 전혀 알 수 없는 부분도 많이 있다. 그는 대학 도시인 다소 출신이다. 그러나 그가 거기에서 강의를 들었는지 안 들었는지는 알 수 없다. 그는 바리새파에 속하는 경건한 유대인이었다. 그러나 우리는 그가 어떤 종류의 바리새인이었는지 알 수 없다. 그 이유는 그 당시에 어떤 종류의 바리새주의가 있었는지 모르기 때문이다. 바울은 한때 자신이 기독교를 없애 버리려고 했던 기억을 잊지 못하였다. 그러나 우리는 그가 무엇을 그토록 반대했는가는 알지 못한다. 그는 자신을 그리스도의 종이라고 생각했다. 그러나 우리는 그가 그리스도의 가르침과 목회에 대해서 얼마나 알고 있었는지 모른다. 왜냐하면 그는 그것에 대해서 거의 언급을 하지 않기 때문이다. 그는 자신을 그리스도의 제자가 아닌

사도로 생각했다. 그에게는 예수님의 십자가와 부활이 중심 사상이었다. 그러나 우리는 그가 그 당시에 예루살렘에 있었지만 예수님이 십자가에 달리신 것을 보았는지에 대해서는 알 수가 없다. 예루살렘 공의회에서 그는 그 곳에 있는 가난한 성도들을 위하여 헌금을 거두는 일에 동의하였고, 그것이 받아들여질지 아니면 거절될지 알지 못했지만 어쨌든 자신이 헌금을 전달하려 하였다. 우리는 이 일이 어떻게 되었는지 모른다. 사도행전을 통하여 우리는 그가 예루살렘에 갔을 때 어떤 일이 일어났으며, 그가 어떻게 로마에 가게 되었는지 알 수 있다. 그러나 우리는 그의 죽음의 상황에 대해서는 알지 못한다. 기독교 전통에 의하면, 64년 로마에 화재가 있은 후 기독교인들에 대한 네로 황제의 핍박이 있었는데, 바울은 그 때 목이 잘려 순교한 것으로 전해진다. 그래서 화가들은 바울의 초상화를 그릴 때 종종 그림에 칼을 집어넣는다. 우리는 그가 편지를 썼다는 것은 알지만, 누가 그것을 수집하여 그로 하여금 기독교의 발전에 있어서 중요한 역할을 하도록 만들었는지에 대해서는 알지 못한다. 그럼에도 불구하고 우리가 현재까지 알고 있는 바울과 그의 사상은 우리의 생각을 자극하며 강건한 신앙을 갖도록 인도하기에 충분하다.

(Leander E. Keck)

●18과 비디오 내용 계속●

각 수사학은 다음과 같은 네 부분으로 구성되어 있다: (1) 서론—주제가 부각됨, (2) 이야기 또는 사실의 언급, (3) 논쟁—가장 긴 부분, (4) 결론 또는 요약. 예를 들어, 갈라디아서에 나오는 논쟁은 주로 독자들의 미래의 행동을 설득하기 위한 의도적인 것이다. 바울이 갈라디아를 떠난 후에 유대계 기독교인들은 갈라디아인들로 하여금 유대인의 율법을 지키는 것이 구원에 필요하며, 바울은 거기에서 벗어난 사람이라고 설득하였다. 갈라디아서 1:6-10의 서론을 보면 바울은 자신이 그들에게 전한 복음이 아닌 다른 복음을 믿는 것은 잘못된 것이라고 말하여 그들을 놀라게 하였다. 갈라디아서 1:11-2:21에서 바울은 자신의 사도 직분과 그리스도를 믿는 것이 유일한 구원의 길임을 전파하고 있다. 편지의 가장 긴 부분인 3:3-5:12는 논쟁이 가장 많은 곳으로 성도들이 그리스도를 믿음으로 율법의 행위에서 벗어나 누릴 수 있는 자유를 강조하고 있다. 끝으로 5:13-6:10에서 전형적인 시위의 수사학으로 전환한 후에, 그는 편지 전체의 논쟁을 6:11-15에서 요약하여 중요한 것은 할례와 같은 율법의 행위가 아니라 예수 그리스도 안에서의 새로운 생명임을 강조한다. 그리고 그는 다음과 같이 자신의 특유한 방법으로 편지를 끝낸다: "형제들아 우리 주 예수 그리스도의 은혜가 너희 심령에 있을지어다 아멘."

(David E. Aune)

●19과 비디오 내용 계속●

이것을 통하여 우리는 소망을 갖게 된다. 불확실성, 역경, 고통, 손실은 우리의 삶의 일부이지만, 우리는 믿음을 통하여 언제나 하나님이 최종적인 해답을 갖고 계신다는 확신이 생기게 된다. 그리고 바울은 그 마지막 말이 첫 번째 말과 같이 하나님의 사랑에 대한 은혜로운 응답이라고 믿었다.

(Victor Paul Furnish)

●22과 비디오 내용 계속)●

부활의 교리는 중요하다. 왜냐하면 그것은 죽음을 신중하게 생각한다는 뜻이기 때문이다. 혼의 불멸을 믿는 사람들에게 죽음은 대수롭지 않다. 그들에게 죽음은 실제적인 적이 아니다. 어떤 사람에게는 오히려 죽음이 친구가 된다. 그러나 부활은 예수님이 진실로 죽었으며, 죽음은 우리에게 현실적인 문제이며 또한 적이라는 것을 뜻한다. 예수님의 부활로 인해서 죽음은 극복되었다.

바울이 부활의 가르침에 초점을 맞추는 가장 중요한 이유는 예수님이 죽은 자 가운데서 살아 나셨기 때문이다. 바울과 초대교인들에게 있어서 이것은 단순히 예수님이 죽음에서 살아 나셔서 우리에게 죽음 후의 삶이 있다고 말씀하셨다는 뜻이 아니다. 이것은 우리가 자주 듣는 거의 죽음을 체험했다거나, 사람이 죽어서 큰 빛을 보고 다시 살아났다는 이야기가 아니다. 이것은 오늘날 우리가 말하듯이 단순히 죽음 후의 삶이 있다는 것을 증명하는 것이 아니다.

바울이 고린도전서에서 말하는 것은 예수님이 죽은 자 가운데서 살아 나셨을 뿐 아니라, 죽음에서 다시 살아 나셔서 죽음을 이기시고 생명과 부활의 새로운 시대를 열었다는 것이다. 예수님은 죽은 자들의 첫 열매가 되셨다. 예수님과 그의 부활 때문에 우리는 "사망아 너의 승리가 어디 있느냐 네가 쏘는 것이 어디 있느냐"고 말할 수 있다.

(Justo L. Gonzales)

●23과 비디오 내용 계속●

기독교인들은 바울이 말한 대로 "현재의 이 악한 세대"에서는 고통을 당할 수밖에 없지만 그들은 또한 그리스도를 통하여 위로와 강건함을 체험한다. 그리스도는 자신의 영을 통하여 성도들이 슬픔과 고통을 당할 때 그들 속에 거하신다. 바울은 특별히 어려운 문제를 안고 있었다. 우리는 그것이 무엇인지를 자세히 알 수 없으나 그는 그것을 "육체의 가시"라고 부르고 있다. 고린도후서 12장에서 그는 자신의 육체의 가시를 제거해 달라고 하나님께 세 번 간구했다고 말한다. 그러나 그리스도는 그에게 "내 은혜가 네게 족하도다 이는 내 능력이 약한 데서 온전하여짐이라"고 말씀하셨다. 바울은 자신의 힘으로 그 가시를 제거할 수도 없었고, 그것을 제거해 달라고 주님을 설득할 수도 없었기 때문에, 그것을 감당할 힘을 얻기 위해서 주님을 의지해야만 했다. 바로 그것을 통하여 바울은 자기 안에서 역사하는 그리스도의 권능이 자신을 괴롭히는 힘보다 더 강하다는 것을 알았다. "내 능력이 약한 데서 온전하여짐이라."

고린도후서에서 바울은 자신이 아시아에서 고통을 당했다고 말한다. 그가 받은 고통은 아주 현실적이었고 극심하였다. 그는 다음과 같이 말한다: "힘에 겹도록 심한 고난을 받아 살 소망까지 끊어지고" (1:8). 육체의 가시와 마찬가지로 여기에서도 바울은 자신의 힘이 아니라 죽은 자를 살리신 하나님의 능력을 의지할 수밖에 없었다. 이제 그는 건짐을 받았고, 그로 인해 바울은 하나님께 영광을 돌리며, 자신의 고통을 통해서 고난 중에 있는 다른 사람들을 위로할 수 있게 되었다고 말한다.

이것은 바울 당시나 지금이나 기독교 공동체 안에서 일어나는 일이다. 때로는 우리가 당하는 고통이 너무나 심해서 우리가 그것을 감당할 수 있을지 모를 때가 있다. 만일 우리 보다 먼저 고통을 당한 사람들의 위로가 없고 또한 우리가 하나님의 크신 능력을 의지하지 않는다면 그런 고통을 감당할 수 없을 것이다.

(Susan R. Garrett)

──────────── ◆ ────────────

●24과 비디오 내용 계속●

3. 바울은 무엇보다도 성경을 선택과 약속의 이야기로 해석한다. 성경을 단지 율법조항으로 받아들이는 사람은 성경을 모르는 것이다. 성경은 이 세상을 구원하시기 위한 하나님의 강력한 의에 관한 이야기이다. (이사야서 후반부를 주의 깊게 공부한 사람은 이 예언서가 바울에게 왜 그렇게 중요했는가를 알 수 있을 것이다. 이사야는 이스라엘을 통한 하나님의 구원이 땅끝까지 이를 것이라고 예언하였다 [이사야 49:6]. 바울은 이사야가 말한 모든 민족을 위한 소망이 복음을 통하여 성취될 것을 알고 있었다.)

4. 바울은 성경을 교회에 직접 주시는 말씀으로 이해한다. 성경은 고대의 역사책이나 단순히 미래에 실현될 예언을 담은 책이 아니다. 성경은 그 당시 신앙의 공동체에 주시는 도전과 약속의 말씀이다. 그래서 바울은 로마서 15:4에서 다음과 같이 말한다: "무엇이든지 전에 기록된 바는 우리의 교훈을 위하여 기록된 것이니 우리로 하여금 인내로 또는 성경의 위로로 소망을 가지게 함이라."

5. 바울은 자신과 그의 독자들이 하나님의 구속사의 드라마에 있어서 종말론적인 절정에 도달해 있음을 알았다. 그들은

말세에 처한 사람들이다 (고린도전서 10:11). 예수님의 죽음과 부활은 옛 세계의 종말과 새로운 세계의 시작을 가져왔다. 그래서 바울은 성경과 다른 모든 것을 새로운 눈으로 읽는다. 고린도후서 6:2에서 바울은 이사야 49:8을 인용한다: "은혜의 때에 내가 네게 응답하였고 구원의 날에 내가 너를 도왔도다." 그리고 그는 "보라 지금은 은혜 받을 만한 때요 보라 지금은 구원의 날이로다"라고 말한다.

우리가 이것을 믿을 때 우리는 비로소 바울의 성경 해석을 이해하고, 하나님의 말씀이 살아 있으며, 하나님의 백성의 공동체 안에서 활동한다는 것을 알 수 있다.

(Richard B. Hays)

──────────── ◆ ────────────

●25과 비디오 내용 계속●

바울은 인간의 상태를 깊이 꿰뚫어 보며, 유대인들의 특수한 위치에도 불구하고 유대인과 이방인 사이에 아무런 구별이 없다는 것을 분명히 한다. 아담의 타락은 그들 모두에게 영향을 미쳤고, 모세도 아담이 시작한 일을 해결하지 못하였다. 모든 사람을 위한 복음은 하나밖에 없기 때문에 바울은 인간의 상태를 깊이 있게 탐구하였다. 그는 이 일을 하나님과의 잘못된 관계를 강조함으로써 시작한다. 이 문제는 복음을 믿고 관계를 올바로 함으로써 해결할 수가 있다. 왜냐하면 복음이 증거하는 대로 하나님을 신뢰함으로써 인간은 하나님과 올바른 관계를 가질 수가 있기 때문이다. 그리고 만일 복음이 그들에게 증거된다면 모든 사람들은 하나님을 신뢰할 수 있다.

인간은 죽음의 속박 아래 있는데, 이 문제는 죽음을 극복한 그리스도에게 동참함으로써 해결할 수가 있다. 그래서 바울은 그리스도의 죽음과 연합하는 세례를 강조한다. 죽음의 속박 아래 있는 것보다 더 나쁜 것은 죄의 노예가 되는 것이다. 이것은 단지 규칙을 깨뜨리는 것을 의미하지 않는다. 죄는 우리 안에 거하여 우리가 원하는 선한 일을 하지 못하게 하는 힘이다. 이러한 인간의 상태에 대한 해결책은 성령이다. 성령은 우리 안에 계셔서 죄의 세력을 물리치신다.

로마서에는 기본적인 기독교의 교리들이 많이 들어 있다. 그러나 로마서는 교리서는 아니다. 처음 11장은 로마에 있는 이방인 기독교인들에게 기독교, 지금 비록 유대인들보다 더 많은 이방인들이 복음을 믿고는 있지만, 아브라함에게 하신 하나님의 약속을 대체하려는 예수님에 관한 새로운 종교가 아니라는 것을 설득시키기 위한 것이다. 기독교는 하나님이 예수님 안에서 의로운 행동을 통하여 죄와 죽음으로부터 인간을 구원하시려는 하나님의 방법이다. 바울은 또한 이 편지를 통하여 로마에 있는 이방인 기독교인들에게 그리스도 안에서 그들과 유대인 형제자매를 구원하신 신실하시고 의로우신 하나님은 이스라엘과의 약속을 취소하지 않을 것임을 보여준다. 바울이 말

한 대로 은사와 하나님의 부르심은 취소할 수 없기 때문이다.

만일 당신이 이러한 흐름을 알고 있다면 로마서를 공부할 때 훨씬 더 도움이 되고 자극이 될 것이다. 바울이 우리 성도들에게 무엇을 생각하고 믿도록 설득하는지를 살펴 보라. 로마서는 모든 것을 다루지는 않는다. 우리는 아직도 많은 문제를 안고 있다. 그러나 우리는 바울이 말하는 것을 전체적으로 이해해야 한다. 바울이 말하고자 하는 것은 바로 복음이다. 하나님의 구원의 능력은 복음을 믿는 사람 모두에게 역사한다는 것이다. 이런 사실은 우리로 하여금 많은 것을 생각하게 하며 의로우신 하나님을 바라보게 한다. 하나님은 언제나 자신의 약속에 신실하시기 때문에 우리를 홀로 버려 두시지 않는다.

(Leander E. Keck)

---◆---

●26과 비디오 내용 계속●

반면에 바울이 말한 율법으로부터의 자유를 누리며, 고기를 먹고, 안식일을 지키지 않은 사람들도 로마 교회 안에 있었다. 율법을 지키는 사람들과 그렇지 않은 사람들은 서로를 정죄하고, 상대방을 부도덕하다고 판단하며, 교회 안에 큰 분란을 일으켰다. 그러나 바울은 하나님이 설계하시는 미래의 관점에서 고기를 먹느냐 안 먹느냐, 안식일을 지키느냐 안 지키느냐 하는 문제는 하나님의 의로우심과 연관하여 볼 때 중요한 것이 아니라고 주장하였다. 그들은 서로를 판단할 것이 아니라 사랑을 가지고 관용을 베풀어야 했다.

이런 새로운 마음을 가진 사람은 하나님의 뜻을 발견하려고 한다. 여기에서 사용된 회랍어는 아주 흥미롭다. 지금까지 이 단어는 하나님의 뜻이 무엇인가를 "분별한다"라고 번역되어 왔다. 그러나 회랍어 동사 "도키마제인"(dokimazein)은 "시험하다" 또는 "발견하다"라는 의미이다. 이 말은 가능성을 탐구하고, 보여주고, 분명히 하기 위해서 어떤 활동을 할 때 사용되는 말이다. 따라서 "분별하다"라는 말은 "정당화하다", "확실히 보여주다"라는 뜻이 아니고 "시험하다" 또는 "검사하다"라는 뜻이다.

바울은 그들에게 자신과 같이 신비에 쌓여있는 하나님의 뜻이 무엇인가를 분별하고 찾을 것을 간구하고 있다. 바울에게는 대적자들이 있었다. 그들은 자신들이 하나님의 뜻이 무엇이며, 어떤 것이 옳은가를 확실히 알고 있다고 주장하면서 자신들과 생각이 다른 사람들을 정죄하였다. 그러나 우리는 하나님의 뜻이 무엇인지를 알지 못하는 경우가 많으며, 우리의 올바른 행동에 의해서 의롭게 될 수도 없다. 모든 것은 하나님의 은혜로 되는 것이다. 분별력과 탐구를 필요로 하는 이 문제를 가지고 형제자매 앞에 걸림돌을 놓아서는 안 된다.

로마서 12-16장은 신앙의 공동체 안에서 하나님의 은혜를 과감히 받아들이고 관용할 것을 주장하고 있다. 바울은 우리가 하나님의 선하시고 기뻐하시고 온전하신 뜻의 신비를 분별하고 탐구함으로써 교회를 새롭게 할 수 있다고 권면한다.

(Thomas E. Boomershine)

---◆---

●30과 비디오 내용 계속●

이제 마지막으로 한 가지를 더 생각해 보자. 이 편지는 디모데에게 쓴 것이지만 초점은 교회이다. 그리스도의 표가 신앙의 공동체에 있어야 한다. 바울은 교회가 환대를 베푸는 곳이어야 한다고 말한다. 바울이 교회의 과부들에게 관심을 보이고 있다는 사실에 주목하라. 5장에 있는 25구절 중에 14구절이 교회의 과부를 돌보는 이야기이다. 이 말씀은 우리로 하여금 특별한 도움을 필요로 하는 모든 사람들에게 관심을 갖게 한다. 교회는 사람을 돌보는 곳이다. 그들이 누구이며 그들의 상황과 위치가 어떠하든지 간에 모든 사람들이 예수 그리스도의 사랑과 보호를 받을 수 있는 장소가 되어야 한다. 교회는 은혜의 집과 같은 곳이다. 만일 교회가 은혜의 집이라면, 그것은 모든 사람을 위한 집이다. 만일 교회가 모든 사람을 위한 것이 아니라면, 그것은 은혜의 집이 아니다.

바울에 의하면, 교회는 예수 그리스도에 의해서 형성된 공동체이며, 그 안에서 모든 사람들이 보호와 사랑을 받으며, 예수님의 모습으로 닮아 가도록 양육을 받는 곳이다. 당신의 교회가 그런 장소가 되도록 노력하고 있는가?

(Maxie D. Dunnam)

비고란

예언서와 바울 서신의

역사적 배경

(지도와 연대표)

학술 연구와 고고학에서 얻은 새로운 정보로 인하여 연도가 바뀌기 때문에 어느 역사 연대표이든지 항상 약간의 유동성을 가지고 있다. 문헌에 따라 연도가 다르기 때문에 여기 수록된 인물과 사건에 적힌 연도는 대략의 연도이다.

여기 내용은 천년씩, 백년씩, 십년씩 연차별로 수록되었으며, 내용의 양을 감안하여 공간이 설정되었다.

제자 성경공부반에서 본 역사적 배경에 나오는 지도와 연대표에 한하여 복사하는 것을 허용한다.

	주전 3000	주전 2000	주전 1900	주전 1800	주전 1700	주전 1600
애굽	• 3000-2500 피라밋 건축 • 2686-2180 고대 애굽 왕국 • 2133-1786 중대 애굽 왕국				• 1700-1570 힉소스 족속의 애굽 통치	
이스라엘·팔레스틴					1700-1270 이스라엘의 애굽 이주	

• 2000-1780 애굽 제12왕조 가나안 통치
• 2000-1700 족장 시대

주전 3000 이전

세계 최초의 도시 여리고 ....주전 8000
메소보다미아(수메르)에서 병거 발명 6000
가나안 족속, 셈 족속이 베니게 족속의 조상이 되다 4000
상형문자 개발 3200
설형문자 개발 3500

애굽

제18왕조 1550-1295
아모시스 1550-1525
아멘호텝 1세 1525-1504
톳모시스 1세 1504-1492
톳모시스 2세 1492-1497
핫셉수트 1479-1457
톳모시스 3세 1479-1425
아멘호텝 2세 1427-1400
톳모시스 4세 1400-1390
아멘호텝 3세 1390-1352
아멘호텝 4세 1352-1336
(아크나톤)
수멘하카르 1338-1336
투탄카멘 1336-1327
아야 1327-1323
하렘하브 1323-1295

제19왕조 1295-1186
라암셋 1세 1295-1294
세토스 1세 1294-1279
라암셋 2세 1279-1212
메르넵타 1212-1203
세토스 2세 1200-1194
십타 1194-1188
테워스레트 1188-1186

제20왕조 1186-1070
세트나크트 1186-1184
라암셋 3세 1184-1153
라암셋 4-9세 1153-1070

메소포타미아

• 3000 수메르에 건설한 메소보다미아의 전성기
• 2800-2000 수메르인 도시 건설
• 2600 갈그미스 설화
• 2350-2150 아카키안 왕국
• 1792-1750 하무라비
• 1784 하무라비 법전

소아시아·수리아

• 1800-1200 고대 헷 왕국

희랍·로마

• 주전 3000-1100 미노스 문명 그레데에서 번성함

초기 청동기 시대			중기 청동기 시대		
주전 3000	주전 2000	주전 1900	주전 1800	주전 1700	주전 1600

	주전 1500	주전 1400	주전 1300	주전 1200	주전 1100	주전 1000
애굽		• 1390-1352 아멘호텝 3세 • 1352-1336 아크나톤, 애굽에서 일신교의 태양 숭배 • 1336-1327 투탄카멘 • 1294-1279 세토스 1세 • 1279-1212 라암셋 2세		• 1170 라암셋 3세가 해적을 물리치다		
이스라엘·팔레스틴 메소포타미아 소아시아·수리아		광야 시절　1220-1020 사사 시대　　1020-922 통일 왕국				
		• 1350-1230 모세 • 1300-1190 여호수아 • 1270 출애굽 • 1230-1220 가나안 진입 • 1200 지중해 동해안 블레셋 정착		• 1050-1010 사무엘		• 1000 예루살렘 탈환 ■ 1020-1000 사울 • 1000-587 다윗 왕조 ■ 1000-961 다윗 ■ 961-922 솔로몬 • 958-951 예루살렘 성전 건축

선지자들

12세기 모세 미리암	9세기 예후 엘리야 마아가 엘리사	7세기 스바냐 예레미야 훌다 나훔 하박국	5세기 포로생활 이후의 이사야 요엘 말라기
11세기 드보라 사무엘	8세기 요나 아모스 호세아 예루살렘의 이사야 미가	6세기 에스겔 오바댜 바벨론의 이사야 학개 스가랴	
10세기 나단 갓 아히야			

• 1100 베니게 사람들이 문자 개발

• 979-900
두로(베니게)의 황금시대

• 969-935
두로의 히람 왕

희랍·로마						
			애굽			
	후기 청동기 시대			철기 시대		
	주전 1500	주전 1400	주전 1300	주전 1200	주전 1100	주전 1000

	주전 900
애굽	• 945-924 시삭 왕
	922-722/21 이스라엘 왕국

이스라엘·팔레스틴	■922-901 여로보암 1세 • 842-745 예후 왕조
	  ■901 나답 ■842-815 예후
	   ■900-877 바아사 • 841 예후가 앗수르에게 조공을 바침
	    ■877 엘라 ■815-801 여호아하스
	    ■876 시므리
	    디브니 (?)
	    • 876-842 오므리 왕조
	    ■876-869 오므리
	      • 870 이스라엘의 수도를 사마리아에 세움
	     ▲870-850 엘리야
	      ■869-850 아합 ■850-849 아하시야
	                           ▲850-800 엘리사
	                          ■849-842 여호람 (요람)
	
	★ **922/21 통일왕국의 분열**
	   922 – 587/86 유다 왕국
	■922-915 르호보암
	 ■915-913 아비얌
	  ■913-873 아사 ■873-849 여호사밧
	                                  ■849-842 여호람
	                                     ■842 아하시야
	                                    ■842-837 아달랴
	                                      ■837-800 여호아하스 (요아스)

메소포타미아	• 883-859 아수르나시르팔 2세 (앗수르 왕) • 858-824 살만에셀 3세 (앗수르 왕, 아수르나시르팔의 아들)

소아시아·수리아	• 853 카르카르 전투
	                            • 843-796 하사엘
	                            • 841 하사엘이
	                              살만에셀 3세에게 패전했기 때문에
	• 900-860 벤하닷 1세 (다메섹의 왕) 예후는 앗수르에게 조공을 바침
	                    • 860-843 벤하닷 2세

희랍·로마	• 850 호머가 일리아드와 오디세이를 지음
	앗수르
	철기시대
	주전 900

	주전 800
애굽	
	922-722/21 이스라엘 왕국
이스라엘·팔레스틴	■ 745-738 므나헴 ■ 738 브가히야 ■ 801-786 여호아하스 (요아스)　　　　　■ 737-732 베가 　　　　　　　　　　　　　　　　　　■ 732-722/21 호세아 　■ 786-746 여로보암 2세　　　　　　　• 722/21 사마리아의 　• 786-746 여로보암 2세 아래 이스라엘이 재기함　　　　포위와 함락 　　　　　　　　　　▲ 760 요나 　　　　　　　　　　▲ 760-750 아모스 　　　　　　　　　　　▲ 755-732 호세아 　　　　　　　　　　■ 746 스가랴 　　　　　　　　　　■ 745 여호아하스 2세 (살룸) 　■ 800-783 아마샤　　다림줄 　　　■ 783-742 웃시야　아모스 7:7-9　　　▲ 742-700 이사야 　　　　　　　　　　　　　　　　▲ 742-687 미가 　　　　　　　　　　　　　　　　■ 742-735 요담 　　　　　　　　　　　　　　　　　■ 735-715 아하스 (여호아하스) 　　　　　　　　　　　　　　　• 735 르신과 베가가 예루살렘을 포위함
메소포타미아	• 744-627 앗수르가 근동지역을 지배함 • 744-727 디글랏빌레셀 3세 　(앗수르 왕, 불) 　• 726-722 살만에셀 5세 　　(디글랏빌레셀 3세의 아들) 　　• 721-705 사르곤 2세
소아시아·수리아	• 740-732 르신 (다메섹 왕) 　• 734-732 수리아-에브라임 전쟁 　• 732 다메섹이 앗수르 왕 　　디글랏빌레셀 3세에게 함락됨 • 796-770 벤하닷 3세
희랍·로마	• 753 전설에 의한 로마 건설, 　(로마의 기원)
	앗수르
	철기 시대
	주전 800

	주전 700
애굽	• 671-652 앗수르가 애굽을 통치 • 663 아슈르바나팔에 의한 테베의 약탈
이스라엘·팔레스틴	■ 715-687 히스기야 　　　　　 ■ 642-640 아몬 • 701 앗수르가 유다를 침공하여 　 ■ 640-609 요시야 　 예루살렘을 포위함 • 701 히스기야가 산헤립에게 조공을 바침 • 640-609 유다가 요시야의 통치하에 재기함 　　 ■ 687-642 므낫세 　　　　　▲ 628-622 스바냐 　　　　　　　　　　　　　　　 ▲ 626-580 예레미야 　　　　　　　　　　　　　　　　 ▲ 612 이전 나훔 　　　　　　　　　　　　 • 622 성전 수리중에 신명기를 발견함 　　　　　　　　　　　　　 종교개혁 　　　　　　　　　　　　　　 • 609 요시야가 므깃도에서 전사 　　　　　　　　　　　　　　 ■ 609 여호아하스 2세 (살룸) 　　　　　　　　　　　　　　 ■ 609-598 여호야김 　　　　　　　　　　　　　　　 ▲ 605 하박국
메소포타미아	• 680-669 에살핫돈 　　　• 625-605 나보폴라살 (갈대아 왕조의 창시자) 　　　　　 (산헤립의 아들) 　　　• 612 니느웨가 바벨론인들에 의해 멸망됨 　　　　• 668-627 아스홀바니팔 　 • 609 하란이 바벨론인들에 의해 멸망됨 　　　　　　　　　　　　　　　 앗수르 제국의 종말 　　　　　　　　　　　　　　 • 605 갈그미스 전투 　　　　　　　　　　　　　　　 (바벨론 왕 느부갓네살이 　　　　　　　　　　　　　　　　 애굽의 느고를 격파) • 704-681 산헤립 (사르곤 2세의 아들) 　 • 605-562 느부갓네살 2세 　 • 701 라기스 침공 　　　　　　 • 605-550 바벨론이 근동지역을 지배함 　 산헤립에 의해 예루살렘 포위
소아시아·수리아	
희랍·로마	
	앗수르
	철기시대
	주전 700

	주전 600
애 굽	•610-595 느고 왕 2세 •609-605 애굽이 유다를 지배 <div align="right">•525-401 애굽이 바사의 지배를 받음</div>
	597-538 바벨론 포로생활
이 스 라 엘 · 팔 레 스 틴	■598 여호야긴 ■597-587 시드기야 •597 바벨론으로 제1차 유배됨 　　▲593-570 에스겔 　　　•589 시드기야의 반란, 예루살렘이 바벨론에 의해 포위됨 　　　•587/86 예루살렘 멸망, 바벨론으로 제2차 유배됨 　　　　▲587 이후 오바댜 　　　　•582-581 바벨론으로 제3차 유배됨 　　　　　•538 스룹바벨의 인도하에 제1차 포로들의 귀환 　　　　　　•521 스룹바벨의 인도하에 제2차 포로들의 귀환 　　　　　　　▲520 　학개 　　　　　　　▲520-515 스가랴 　　　　　　　•520-515 성전 재건
메 소 포 타 미 아	•562-560 에윌므로닥 (느부갓네살 2세의 아들, 여호야긴을 총애함) 　　　　•556-539 나보니두스 　　　　•556-539 벨사살 (나보니두스의 아들) 　　　　•550-530 고레스 2세 (바사 제국의 통치자) 　　　　•539-331 바사인들이 근동지역을 지배함 　　　　•539 고레스 2세 통치하에 바벨론이 바사인들에게 멸망됨 　　　　•538 고레스 칙령 　　　　　•529-522 캄비세스 　　　　　•522-486 다리오 1세
소 아 시 아 · 수 리 아	•539-333 바사인들이 소아시아와 수리아를 통치함
희 랍 · 로 마	
	<div align="center">바빌로니아</div>
	바벨론과 바사 시대
	주전 600

	주전 500
애굽	
이스라엘·팔레스틴	•458 에스라의 인도하에 포로들이 예루살렘으로 귀환함 •445-433 느헤미야가 유다로 와서 예루살렘을 재건함 •(?) 느헤미야가 유다의 총독이 되어 두 번째로 예루살렘을 방문함 ▲500 (?) 요엘 ▲500-450 말라기
메소포타미아	•486-465 크세륵세스 1세 (아하수에로) •465-424 아닥사스다 1세 (에스라서에 나옴) •423-405 다리오 2세
소아시아·수리아	
희랍·로마	•500 로마 공화국 •499-479 페르시아 전쟁 •484-425 헤로도투스, 역사의 아버지 •469-399 소크라테스 •427-347 플라토
	바사 (페르시아)
	바벨론과 바사 시대
	주전 500

	주전 400	
애굽		• 342-332 바사가 다시 애굽을 통치함 • 332 알렉산더가 애굽을 정복함 알렉산드리아 설립 • 323-31 돌레마이 왕국 (돌레마이 1세부터 클레오파트라 7세까지)
이 스 라 엘 · 팔 레 스 틴		• 332 팔레스틴이 알렉산더의 통치를 받음 • 332-63 헬레니즘 시대 • 332-320 희랍이 팔레스틴을 통치함 • 320-198 애굽의 돌레마이가 팔레스틴을 통치함
메 소 포 타 미 아	• 404-359 아닥사스다 2세	• 336-330 다리오 3세 (알렉산더 대왕에게 패함) • 333-63 희랍 (헬레니즘) 시대 • 331 알렉산더가 바사를 침공함
소 아 시 아 · 수 리 아		• 333 알렉산더가 이소스 전쟁에서 바사를 패배시킴 • 332 알렉산더가 두로를 장악, 베니게의 역사가 끝남
회 랍 · 로 마	• 384-322 아리스토텔레스	• 336-323 알렉산더 대왕 • 333-63 희랍 (헬레니즘) 시대
	바사 (페르시아)	희랍
	바벨론과 바사 시대	헬레니즘 시대
	주전 400	

	주전 300
애굽	• 275-250 알렉산드리아의 유대인들이 모세오경을 희랍어로 번역함
이스라엘·팔레스틴	**돌레마이 왕조** 돌레마이 1세 소테어..................주전 304-282 돌레마이 2세 빌라델부스..................285-246 돌레마이 3세 유에르게테스..................246-221 돌레마이 4세 빌로파토르..................221-204 돌레마이 5세 에피파네스..................204-180 돌레마이 6세 필로메테르..................180-145 돌레마이 7세 네오스 필로파토르......145-144 돌레마이 8세 유에르게테스 2세.......145-116 돌레마이 9세 소테어 2세..................116-107 돌레마이 10세 알렉산더 1세...........107-88 돌레마이 9세 소테어 2세(복위).........88-81 돌레마이 11세..................80 돌레마이 12세 네오스 디오니소스.....80-51 클레오파트라 7세..................51-30 • 주전 250-주후 68 사해사본
메소포타미아	
소아시아·수리아	• 301 입수스 전쟁 • 301-64 셀루커스가 소아시아와 수리아를 통치함 • 223-187 안티오커스 3세 (대왕)
희랍·로마	
	희랍
	헬레니즘 시대
	주전 300

	주전 200
애굽	

이스라엘·팔레스틴	• 198-63 셀루커스, 팔레스틴 통치
	
	실루기아 왕조
	
	셀루커스 1세 니카토르.........주전 311-280
	안티오커스 1세 소테어.................280-261
	안티오커스 2세 데오스.................261-246
	셀루커스 2세 카리니쿠스.............246-225
	셀루커스 3세 소테어.....................225-223
	안티오커스 3세(대왕).....................223-187
	셀루커스 4세 빌로파토르.............187-175
	안티오커스 4세 에피파네스.........175-164
	
	• 167 안티오커스 4세, 예루살렘 성전에 이교의 제단 건립
	• 167 마카비 반란 (마타디아)
	• 167-40 하스몬가, 팔레스틴을 지배
	• 166-160 유다 마카비
	 • 164 성전 재봉헌
	  • 160-142 요나단
	   • 142-134 시몬
	    • 134-104 요한 힐카누스
	
	• 주전 150-주후 68 쿰란 공동체
	
	하스몬가 시대
	
	요나단...주전 160-142
	시몬...142-134
	요한 힐카누스...134-104
	아리스토부루스 1세................................104-103
	알렉산더 야니우스...................................103-76
	살로매 알렉산드리아................................76-67
	아리스토부루스 2세.................................67-63
	힐카누스 2세...63-40
	마타디아 안티오커스................................40-37

메소포타미아	
소아시아·수리아	• 175-164 안티오커스 4세 (에피파네스)
희랍·로마	• 200-150 로마가 희랍을 정복함 • 148 마게도냐가 로마에 예속됨 • 146 에그나디아 대로 건축이 시작됨 • 146 로마가 고린도와 칼타고를 멸망시킴
	희랍
	헬레니즘 시대
	주전 200

	주전 100	주전 60
애굽		
이스라엘·팔레스틴	·104-103 아리스토불로 1세 ·103-76 알렉산더 야나이우스	·63-40 힐카누스 2세 ·63 로마의 폼페이, 예루살렘 점령 ·주전 63-주후 135 로마 시대
메소포타미아		
소아시아·수리아		·64 로마 제국이 소아시아와 수리아 통치 시작
희랍·로마	희랍	로마
	헬레니즘 시대	
	주전 100	주전 60

	주전 50	주전 40	주전 30	주전 20	주전 10
애굽			• 30 애굽이 로마에 예속됨		
이스라엘 · 팔레스틴		• 40-37 아구스도 2세 • 37-4 헤롯 대왕 (유대 왕) **헤롯 왕조** 헤롯 대왕.............................주전 37 - 4 아케라우스 ....주전 4 - 주후 6 헤롯 안디바 ....주전 4 - 39 빌립 ....주전 4 - 34 헤롯 아그립바 1세....................37 - 44 헤롯 아그립바 2세....................53-93(?)		• 20 헤롯 성전 건축 시작 • 주전 20-주후 50 필로 • 주전 4-주후 6 헤롯 아케라우스 (헤롯 대왕의 아들, 유대의 분봉왕) • 주전 4 예수 탄생	
메소포타미아					
소아시아 · 수리아			**로마의 황제들** 아구스도.............................주전 27 - 주후 14 디베료...................................14-37 가이오 (칼리굴라).....................37-41 글라우디오..............................41-54 네로.......................................54-68 갈바.......................................68-69 오더.......................................69 바이텔리우스............................69 베스파시안..............................69-79 디도.......................................79-81 도미시안.................................81-96 네르바....................................96-98 트라얀....................................98-117 헤드리안..................................117-138		
회랍 · 로마	• 48 줄리어스 시저가 폼페이 격파, 폼페이 사망 • 45 줄리어스 시저가 로마의 독재자가 됨 • 44 줄리어스 시저 사망		• 주전 27-주후 476 로마 제국 • 주전 27-주후 14 아구스도, 첫 황제가 됨 (옥타비아누스는 가이사 아구스도로 개명함) • 25 갈라디아가 로마에 예속됨		
	로마				
	헬레니즘 시대	로마 시대			
	주전 50	주전 40	주전 30	주전 20	주전 10

105

	주후 10	주후 20	주후 30	주후 40	주후 50
애굽					
이스라엘·팔레스틴	•주후 4-34 헤롯 빌립 (이두매 분봉왕) •주후 4-39 헤롯 안디바 (갈릴리 분봉왕)		•26-36 본디오 빌라도 •26-29(?) 세례 요한의 활동 •27 예수, 세례 받으시고 사역 시작하심 •29/30(?) 예수의 십자가 처형 •30 오순절	→34/35 사울의 회심 →37/38 바울의 예루살렘 첫 방문 •41-44 헤롯 아그립바 (유대의 왕) →47-49 바울의 제1차 선교여행 →49 예루살렘 공의회	
메소포타미아					
소아시아·수리아					
회랍·로마	•주후 14-37 디베료		•37-41 칼리굴라	•41-54 글라우디오 •49 글라우디오 칙령	
	로마				
	로마 시대				
	주후 10	주후 20	주후 30	주후 40	주후 50

로마의 통치자들

본디오 빌라도..................26-36
안토니우스 벨릭스..............52-59
폴시우스 베스도................60-62

	주후 60	주후 70	주후 80	주후 90	주후 100
애굽					
이스라엘·팔레스틴	→50-52 바울의 제2차 선교여행 →50-52 바울의 고린도 방문 •52-59 안토니우스 벨릭스 총독 (유대의 로마 통치자) •53-93 헤롯 아그립바 2세 (북부 지역의 분봉왕) →53-57 바울의 제3차 선교여행 →54-57 바울의 에베소 방문 　　→58 바울의 예루살렘 재방문 　　→58-60 바울이 가이사랴 감옥에 갇힘 　　　→60/61 바울이 로마로 보내어짐 　　　•60-62 베스도 (로마 통치자) 　　　•62 예수의 형제 야고보가 순교함 　　　→64(?) 바울과 베드로가 순교함 　　　　•66-70 로마에 대항하여 유대인의 반란이 일어남 　　　　•70 예루살렘 함락, 성전 파괴 　　　　•73 맛사다 함락			**주후 100년 이후** 바울 서신 수집.................100 - 125 (?) 로마 제국의 　세력이 확대됨............117 하드리안....................117-138 예루살렘이 하드리안에 의해 재건됨, 　엘리아 카피톨리나로 재명.........130 시몬 바아 코치바에 의해 제2차 유대인 반란이 일어남...132-135 알렉산드리아의 도서관이 　화재에 의해 파괴됨 ....391 •90 얌니아 유대인 공의회	
메소포타미아					
소아시아·수리아					
희랍·로마	•54-68 네로	•64 로마 대화재 •64 로마의 그리스도인들에 대한 네로의 박해가 시작됨 •64 수리아가 로마에 예속됨 　•69-79 베스파시안 　　•79-81 디도 　　•81-96 도미시안			•98-117 드라이안
	로마				
	로마 시대				
	주후 60	주후 70	주후 80	주후 90	주후 100

이스라엘과 유다의 통치자들과 선지자들

참고 문헌에 따라 연도의 차이가 있음. 모든 연도는 주전이며 추정 연도임.

통일 왕국

1020 – 1000 사울

1000 – 961 다윗

961 – 922 솔로몬

분단 왕국

이스라엘 (북왕국)		선지자	유다 (남왕국)		선지자
922 – 901	여로보암 1세		922 – 915	르호보암	
901	나답		915 – 913	아비얌	
900 – 877	바아사		913 – 873	아사	
877	엘라		873 – 849	여호사밧	
876	시므리 디브니(?)		849 – 842 842	여호람 아하시야	
876 – 869	오므리		842 – 837	아달랴	
869 – 850	아합	엘리야 (870 – 850)	837 – 800	요아스	
850 – 849	아하시야		800 – 783	아마샤	
849 – 842	여호람 (요람)	엘리사 (850 – 800)	783 – 742	웃시야	이사야 (742 – 700)
842 – 815	예후		742 – 735	요담	미가 (742 – 687)
815 – 801	여호아하스		735 – 715	아하스 (여호아하스)	
801 – 786	요아스		715 – 687	히스기야	
786 – 746	여로보암 2세	아모스 (760 – 750) 요나	687 – 642	므낫세	
746	스가랴	호세아 (755 – 732)	642 – 640	아몬	
745	살룸 (여호아하스 2세)		640 – 609	요시야	스바냐 (628 – 622)
745 – 738	므나헴		609	여호아하스 2세	예레미야 (626 – 580)
738	브가히야		609 – 598	여호야김	나훔 (612 이전)
737 – 732	베가		598	여호야긴	하박국 (605)
732 – 722/21	호세아		597 – 587	시드기야	
722/21	사마리아의 멸망		587/86	예루살렘의 멸망	

포로 시대와 포로 시대 이후 선지자들

에스겔 (593 – 570)   스가랴 (520 – 515)

오바댜 (587 이후)   요엘 (500?)

학개 (520 – 515)   말라기 (500 – 450)

바벨론의 이사야 (540)

주변 나라의 통치자들

참고 문헌에 다라 연도의 차이가 있음. 모든 연도는 주전이며 추정 연도임.

애굽		앗수르		바벨론	
시삭	945 – 924	아수르나시르팔 2세	883 – 859	나보폴라사르	625 – 605
소 (?)	730년경	살만에셀 3세	858 – 824	느부갓네살 2세	605 – 562
디르하가	690 – 664	삼시아닷 5세	823 – 811	에윌므로닥	562 – 560
느고	610 – 595	아닷니라리 3세	810 – 783	넬갈사레셀	560 – 556
호브라	589 – 570	살만에셀 4세	782 – 773	라바시마둑	556
		앗수르단 3세	772 – 755	나보니두스	556 – 539
		앗수르니라리 5세	754 – 745	벨사살 (섭정)	556 – 539
다메섹 (아람/수리아)		디글랏빌레셀 3세	744 – 727	바벨론의 멸망	539
벤하닷 1세	900 – 860	살만에셀 5세	726 – 722		
벤하닷 2세	860 – 843	사르곤 2세	721 – 705	**바사 (페르시아)**	
하사엘	843 – 796	산헤립	704 – 681		
벤하닷 3세	796 – 770	에살하돈	680 – 669	고레스 2세	539 – 530
르신	740 – 732	아슈르바나팔	668 – 627	캄비세스 2세	529 – 522
다메섹 멸망	732	신샤르아시킨	626 – 612	다리오 1세	522 – 486
		니느웨 멸망	612	크세륵세스 1세 (아하수에로)	486 – 465
		앗수르우발릿	612 – 609	아닥사스다 1세	465 – 424
				다리오 2세	423 – 405
				아닥사스다 2세	404-359
				알렉산더 대왕이 바사 (페르시아) 제국을 장악하다	331

Context DISCIPLE: REMEMBER WHO YOU ARE
Copyright © 1996 by Abingdon Press

바울 서신 연대표

참고 문헌에 따라 연도와 장소에 차이가 있음. 모든 연도는 추정 연도임.

서신	저작 연도	저작 장소
로마서	주후 55년과 주후 58년 사이 주후 56년이 가장 가능함	고린도
고린도전서	주후 52년과 주후 55년 사이 아마 주후 54년	에베소
고린도후서	주후 55—56년	마게도냐
갈라디아서	주후 50년과 주후 57년 사이 아마 50년대 중반 또는 주후 48년이나 주후 49년 이 연도는 서신의 수신처가 남갈라디아였다는 설에 부합됨	에베소 또는 마게도냐 수리아의 안디옥
에베소서	골로새서와 거의 같은 시기 주후 80년과 주후 95년 사이* 또는 주후 60년과 주후 62년 사이*	아마 에베소나 가이사랴 로마 감옥
빌립보서	주후 60년과 주후 63년 사이 또는 에베소나 가이사랴에서 썼다면 주후 53년과 주후 59년 사이	아마 로마 감옥 에베소나 가이사랴
골로새서	주후 70년과 주후 90년 사이* 또는 주후 57년과 주후 62년 사이**	소아시아 (?) 로마 감옥 또는 에베소나 가이사랴
데살로니가전서	주후 50–51년	고린도
데살로니가후서	1세기말 주후 75년과 주후 90년 사이* 또는 주후 50년과 주후 52년 사이* 데살로니가전서 직후	미정 고린도
디모데전서	주후 90년과 주후 110년 사이* 또는 주후 63년과 주후 68년 사이**	아마 마게도냐 로마 감옥
디모데후서	주후 90년과 주후 110년 사이* 또는 주후 63년과 주후 68년 사이**	미정 로마 감옥 아마 마게도냐
디도서	바울로부터 한 세대 후 주후 90년과 주후 110년 사이* 또는 주후 62년과 주후 67년 사이**	미정 로마 감옥
빌레몬서	골로새서와 거의 같은 시기 주후 60년경 또는 주후 53년과 주후 55년 사이	아마 로마 감옥 에베소의 감옥으로 추측됨

* 바울이 죽은 후 바울의 제자가 집필한 것으로 논의되는 편지
** 바울의 친서로 논의되는 편지

바울이 인용한 구약성경

바울 서신	바울이 인용한 성경구절	바울 서신	바울이 인용한 성경구절
로마서 1:17	하박국 2:4	고린도전서 6:16	창세기 2:24
로마서 2:6	시편 62:12	고린도전서 9:9	신명기 25:4
로마서 2:24	이사야 52:5	고린도전서 10:7	출애굽기 32:6
로마서 3:4	시편 51:4	고린도전서 10:20	신명기 32:17
로마서 3:10-12	시편 14:1-3; 53:1-3	고린도전서 10:22	신명기 32:21
로마서 3:13	시편 5:9; 140:3	고린도전서 10:26	시편 24:1; 50:12
로마서 3:14	시편 10:7	고린도전서 14:21	이사야 28:11-12
로마서 3:15-17	이사야 59:7-8	고린도전서 15:25	시편 110:1
로마서 3:18	시편 36:1	고린도전서 15:27	시편 8:6
로마서 3:20	시편 143:2	고린도전서 15:32	이사야 22:13
로마서 4:3, 9, 22	창세기 15:6	고린도전서 15:45	창세기 2:7
로마서 4:7-8	시편 32:1-2	고린도전서 15:54	이사야 25:8
로마서 4:17	창세기 17:5	고린도전서 15:55	호세아 13:14
로마서 4:18	창세기 15:5	고린도후서 3:7	출애굽기 34:30
로마서 7:7	출애굽기 20:17; 신명기 5:21	고린도후서 3:13	출애굽기 34:33, 35
로마서 8:36	시편 44:22	고린도후서 3:16	출애굽기 34:34
로마서 9:7	창세기 21:12	고린도후서 4:13	시편 116:10
로마서 9:9	창세기 18:10, 14	고린도후서 6:2	이사야 49:8
로마서 9:10-12	창세기 25:21, 23	고린도후서 6:16	레위기 26:11-12; 에스겔 37:27
로마서 9:13	말라기 1:2-3	고린도후서 6:17	이사야 52:11; 에스겔 20:34
로마서 9:15	출애굽기 33:19	고린도후서 6:18	사무엘하 7:14; 역대상 17:13
로마서 9:17	출애굽기 9:16	고린도후서 8:15	출애굽기 16:18
로마서 9:20	이사야 29:16; 45:9	고린도후서 8:21	잠언 3:4
로마서 9:21	예레미야 18:6	고린도후서 9:7	잠언 22:9
로마서 9:25	호세아 2:23	고린도후서 9:9	시편 112:9
로마서 9:26	호세아 1:10	고린도후서 9:10	이사야 55:10; 호세아 10:12
로마서 9:27-28	이사야 10:22-23; 호세아 1:10	고린도후서 10:17	예레미야 9:24
로마서 9:29	이사야 1:9	고린도후서 13:1	신명기 19:15
로마서 9:33	이사야 8:14-15; 28:16	갈라디아서 1:15	이사야 49:1
로마서 10:5	레위기 18:5	갈라디아서 1:15-16	예레미야 1:5
로마서 10:6-8	신명기 30:12-14; 9:4 시편 107:26	갈라디아서 2:16	시편 143:2
로마서 10:11	이사야 28:16	갈라디아서 3:6	창세기 15:6
로마서 10:13	요엘 2:32	갈라디아서 3:8, 16	창세기 12:3; 18:18; 22:18; 26:3-4; 28:13-14
로마서 10:15	이사야 52:7	갈라디아서 3:10	신명기 27:26

바울이 인용한 구약성경

바울 서신	바울이 인용한 성경구절	바울 서신	바울이 인용한 성경구절
로마서 10:16	이사야 53:1	갈라디아서 3:11	하박국 2:4
로마서 10:18	시편 19:4	갈라디아서 3:11	레위기 18:5
로마서 10:19	신명기 32:21	갈라디아서 3:13	신명기 21:23
로마서 10:20-21	이사야 65:1-2	갈라디아서 3:16	창세기 12:7; 13:15; 17:7-8; 22:18
로마서 11:2	시편 94:14	갈라디아서 3:17	출애굽기 12:40
로마서 11:3	열왕기상 19:10, 14	갈라디아서 4:27	이사야 54:1
로마서 11:4	열왕기상 19:18	갈라디아서 4:30	창세기 21:10
로마서 11:8	신명기 29:4; 이사야 29:10	갈라디아서 5:14	레위기 19:18
로마서 11:9-10	시편 69:22-23	에베소서 1:20	시편 110:1
로마서 11:26-27	이사야 59:20-21; 27:9	에베소서 1:22	시편 8:6
로마서 11:27	예레미야 31:33-34	에베소서 2:17	이사야 57:19
로마서 11:34	이사야 40:13	에베소서 4:8	시편 68:18
로마서 11:35	욥기 35:7; 41:11	에베소서 4:25	스가랴 8:16
로마서 12:16-17	잠언 3:7	에베소서 4:26	시편 4:4
로마서 12:19	신명기 32:35	에베소서 5:14	이사야 26:19
로마서 12:20	잠언 25:21-22	에베소서 5:31	창세기 2:24
로마서 13:9	출애굽기 20:13-17; 레위기 19:18; 신명기 5:17-21	에베소서 6:2-3	출애굽기 20:12; 신명기 5:16
로마서 14:11	이사야 45:23	에베소서 6:14	이사야 11:5
로마서 15:3	시편 69:9	에베소서 6:14-17	이사야 59:17
로마서 15:9	사무엘하 22:50; 시편 18:49	에베소서 6:15	이사야 52:7
로마서 15:10	신명기 32:43	에베소서 6:15	나훔 1:15
로마서 15:11	시편 117:1	빌립보서 2:10-11	이사야 45:23
로마서 15:12	이사야 11:10	골로새서 2:22	이사야 29:13
로마서 15:21	이사야 52:15	골로새서 3:1	시편 110:1
고린도전서 1:19	이사야 29:14	데살로니가전서 5:8	이사야 59:17
고린도전서 1:31	예레미야 9:24	데살로니가후서 1:8	이사야 66:15
고린도전서 2:9	이사야 64:4	데살로니가후서 2:4	다니엘 11:36
고린도전서 2:16	이사야 40:13	데살로니가후서 2:8	이사야 11:4
고린도전서 3:19	욥기 5:13	디모데전서 5:18	신명기 25:4
고린도전서 3:20	시편 94:11	디모데전서 5:19	신명기 19:15
고린도전서 5:13	신명기 17:7; 19:19; 22:21, 24; 24:7	디모데후서 2:19	민수기 16:5; 이사야 26:13

카스피 해

북 해

대서양

동 해

흑해

갈라디아

수리아

유다

비두니아

아프리카

마게도냐

아가야

아시아

트라키아

이달리야

사바나 (스페인)

지 중 해

아드리아 해

에게 해

그레데

두로 유로스

라인 강

다뉴브 강

나일 강

로마

두로 유로스
다메섹
가이사랴
예루살렘
안디옥
구레네
고린도
아덴
에베소
빌립보
데살로니가
버가
드로아

기독교의 성장
로마 제국
1세기 기독교
2세기 기독교
바울이 세운 교회
다른 도시들

Context Disciple: REMEMBER WHO YOU ARE
Produced by Mapping Specialists Limited, Madison, Wisconsin
Copyright © 1996 by Abingdon Press

0   100   200   300   400   500
Miles
0   100   200   300   400   500
Kilometers

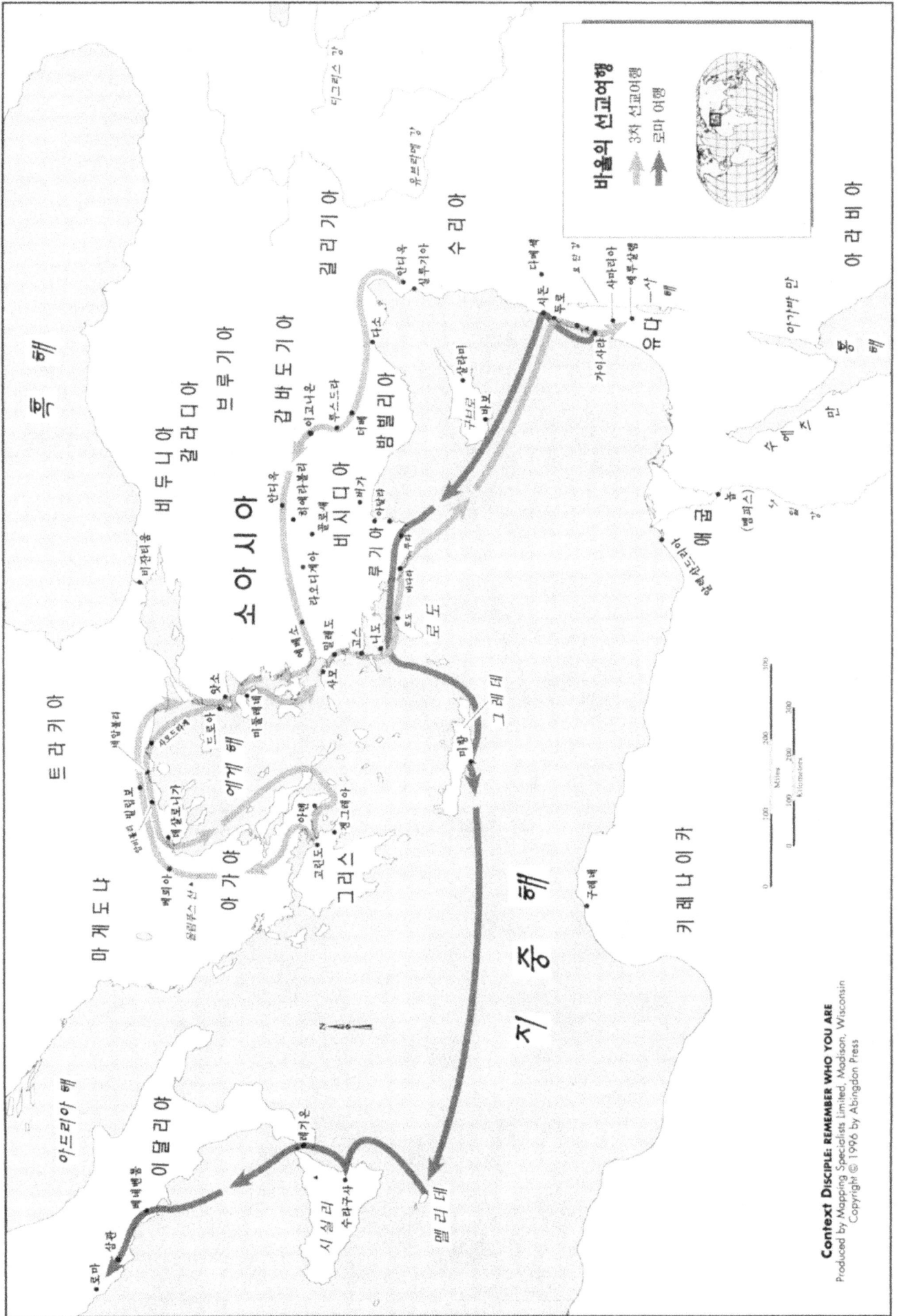

Context Disciple: REMEMBER WHO YOU ARE

Produced by Mapping Specialists Limited, Madison, Wisconsin
Copyright © 1996 by Abingdon Press

바울의 선교여행

3차 선교여행
로마 여행

흑 해

디그리스 강

유브라데 강

수리아

길리기아

갑바도기아

루가오니아

비시디아

밤빌리아

리기아

무시아

드로아

에게 해

그리스

아가야

마게도니아

드라기아

밀레도

에베소

무시아

아시아

굽 해

유대

지 중 해

아라비아

홍 해

구레네

키레나이카

애굽

이달리아

시실리

멜리데

아드리아 해

로마

아 피 아

N

0   100   200   300
Miles
0   100   200   300
Kilometers

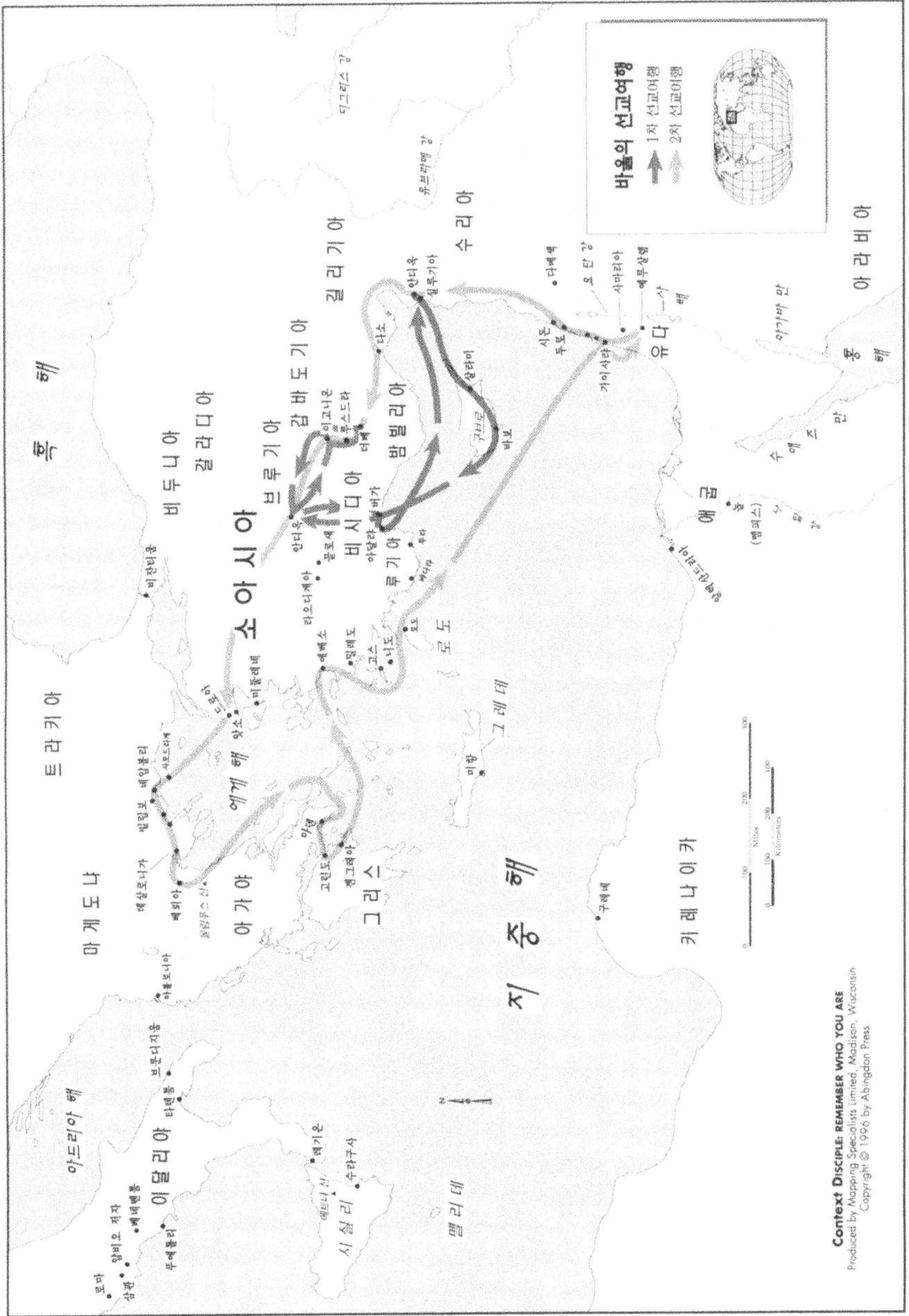

흑 해

트라키아

마케도나

비두니아

갈라디아

소 아 시 아

본도

갑바도기아

길리기아

수 리 아

아 라 비 아

디그리스 강

유브라데 강

다베네

욧단 강

사마리아

예루살렘

유 다

사 해

무시아

루기아

밤 빌 리 아

비 시 디 아

아 가 야

그 리 스

로 도

그 레 데

멜 리 대

시 실 리

이 달 리 아

에게 해 앗소

지 중 해

아드리아 해

카 베 나 움

비잔티움

네압볼리

빌립보

데살로니가

베뢰아

암비볼리

아볼로니아

아덴

고린도

겐그레아

이오

밀레도

고스

니도

에베소

라오디게아

골로새

안디옥

비시디아

이고니온

루스드라

더베

버가

앗달리아

다소

살라미

구브로

바보

살라미

안디옥

실루기아

드로아

시도

두로

돌레마이

사라리아

가이사랴

구레네

로마

압비오 저자

베벤롬

부룬디지움

타렘툼

레기오

수라구사

메가오

에트나 산

미항

바울의 선교여행

1차 선교여행

2차 선교여행

Context Disciple: REMEMBER WHO YOU ARE
Produced by Mapping Specialists Limited, Madison, Wisconsin
Copyright © 1996 by Abingdon Press

0   150   200   300 Miles
0   150   200   300 Kilometers

인도

바사

바다

페르시아 만

카스피 해

메대

앗수르

엘람

아르메니아

니느웨

앗수르

하란

갈그미스

바벨론

수산

악메다

디그리스 강

유브라데 강

아라비아

아그바 만

다소

시돈

예루살렘

다메섹

엘랏

수에즈 만

나일 강

애굽

홍해

지중해

흑해

루디아

브루기아

사데

N

Miles					
0	100	200	300	400	500

Kilometers

0 100 200 300 400 500

바사 제국

고레스 2세의 메대, 루디아, 바벨론 정복

고레스 2세의 바벨론의 여러 도(道) 정복

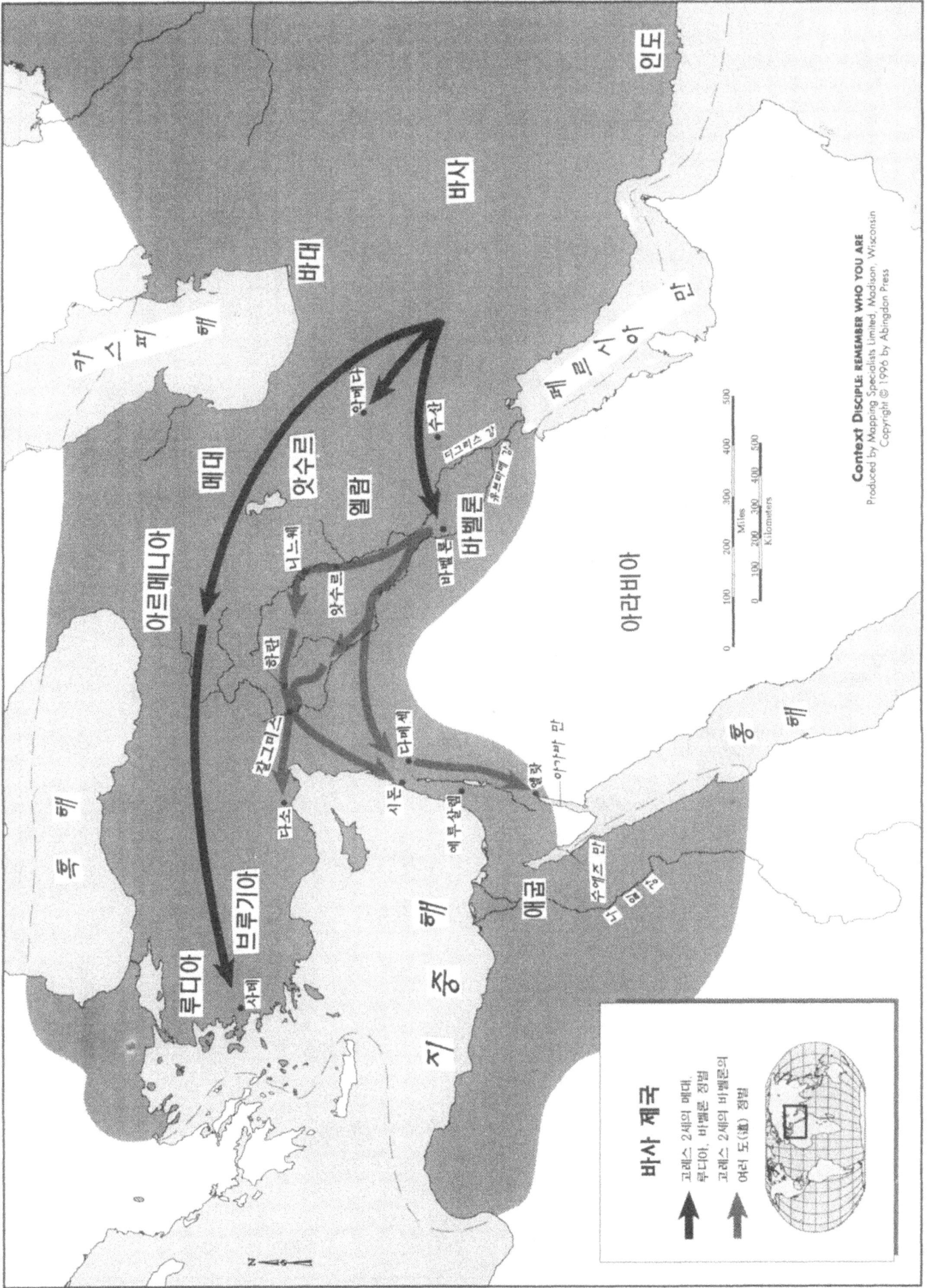

Context Disciple: REMEMBER WHO YOU ARE

Produced by Mapping Specialists Limited, Madison, Wisconsin
Copyright © 1996 by Abingdon Press

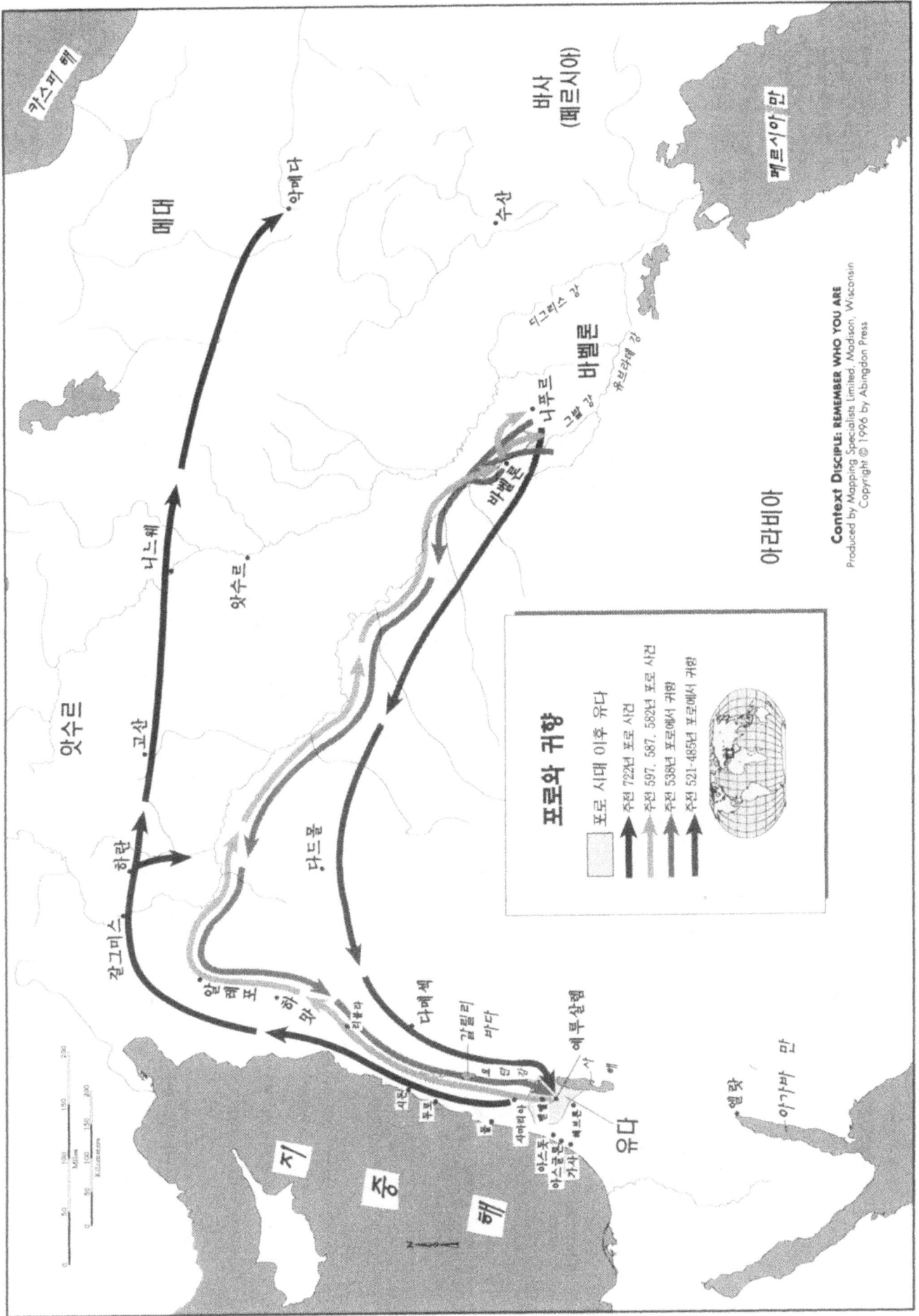

카스피 해

메대

메대

바사
(페르시아)

페르시아 만

수산

디그리스 강

나부르

그발 강

바벨론

유브라데 강

아라비아

앗수르

밧수르

니느웨

고산

하란

갈그미스

일
메
포

하
맛

다드몰

다메섹

하맛

포로와 귀향

포로 시대 이후 유다

주전 722년 포로 사건

주전 597, 587, 582년 포로 사건

주전 538년 포로에서 귀향

주전 521-485년 포로에서 귀향

갈릴리
바다

다베섹

엘랏

아가바 만

예루살렘

유다

지

중

해

아스돗·
아스글론·
가사·

게바

두로·

소

Context **DISCIPLE:** REMEMBER **WHO YOU ARE**
Produced by Mapping Specialists Limited, Madison, Wisconsin
Copyright © 1996 by Abingdon Press

바벨론 제국

바벨론 제국의 영토

바벨론 제국의 정벌

나보폴라살. 주전 612-605년
느부갓네살. 주전 597년
느부갓네살. 주전 587년

카스피 해

수산

엘람

메대

앗수르

니느웨

앗수르

바벨론

바벨론

갈그미스

하란

수리아

두로용

라블라

립나

얍네

타드몰

가르가로

하맛

아르왓

다메섹

동 해

동 해

지 중 해

지 중 해

지 중 해

나게브

디셉

아벨벧마아가
긴네렛
아벨므홀라
갈르앗 라못
하솔
아스다롯
길르앗

에돔

하솔

요단

강

세봄
아벧

시돈
두로
악고

사마리아

므깃도
아벡
돔바
아스돗

세겜
실로

벧엘
벤
기브아
예루살렘
베들레헴
가사
헤브론
드빌

유다

모압

사해

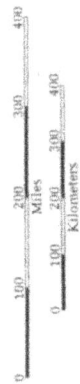

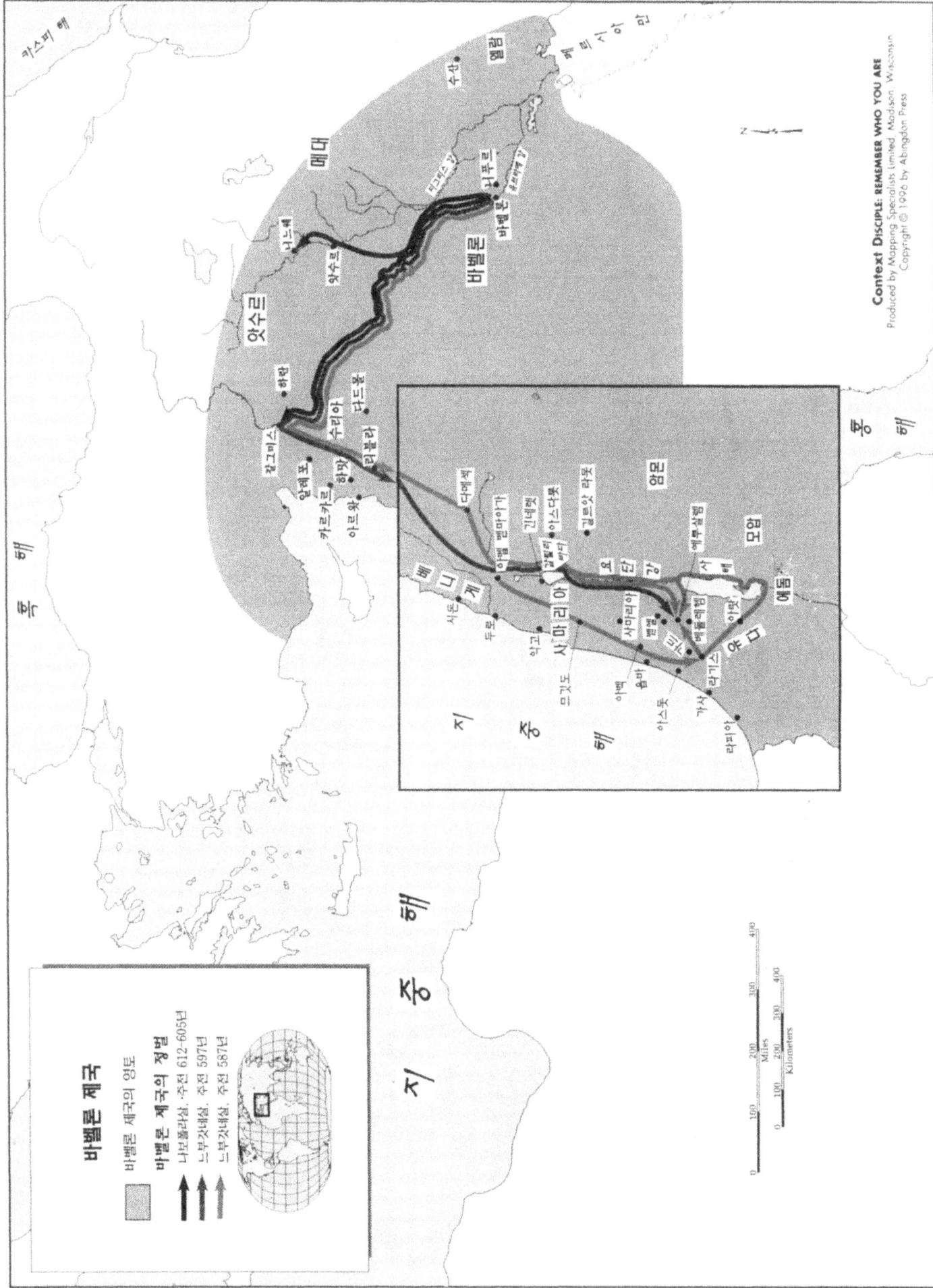

150   200   300   400
Miles

0   100   200   300   400
Kilometers

Context Disciple: REMEMBER WHO YOU ARE
Produced by Mapping Specialists Limited, Madison, Wisconsin
Copyright © 1996 by Abingdon Press

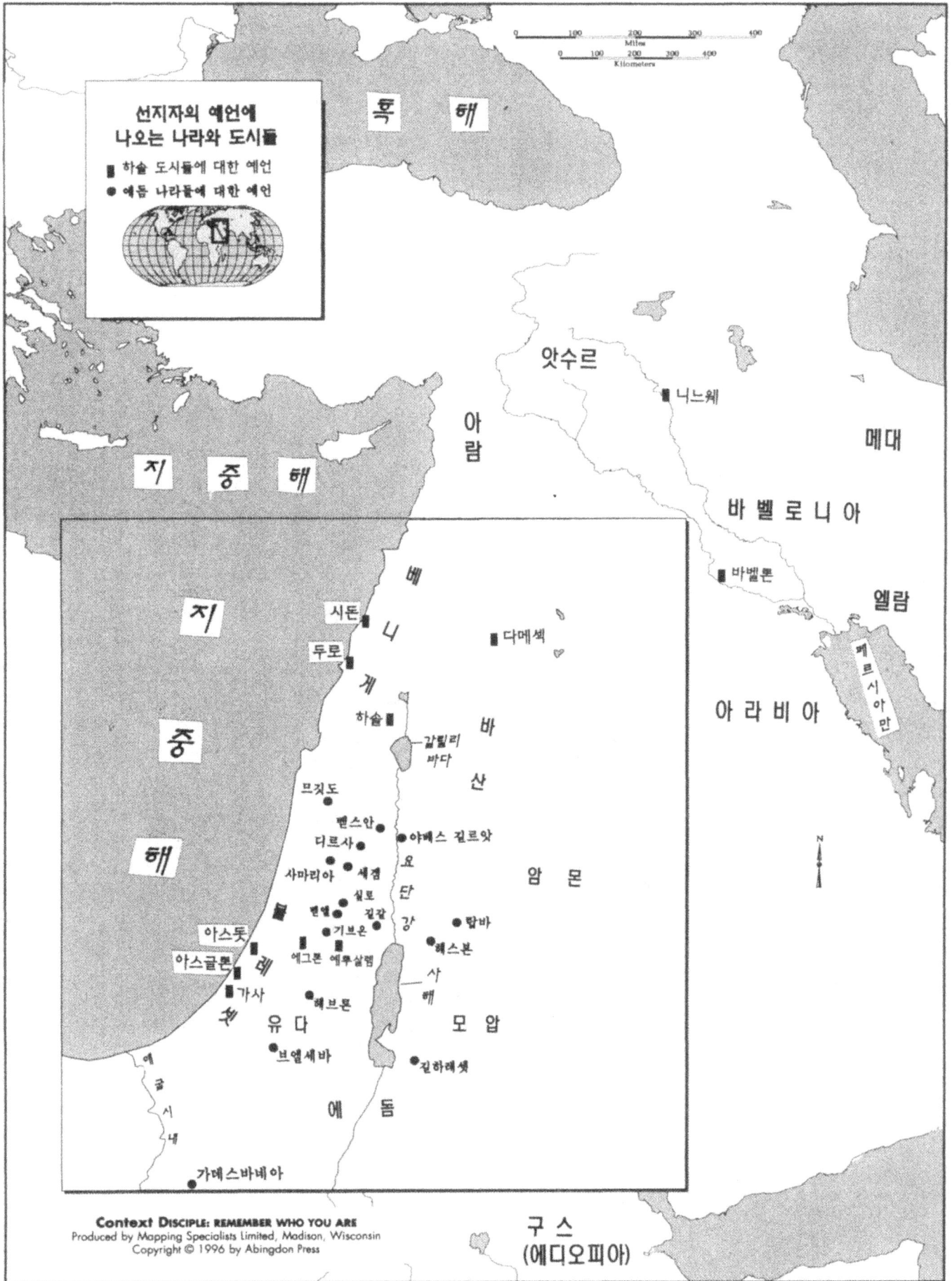

선지자의 예언에
나오는 나라와 도시들
■ 하솔 도시들에 대한 예언
● 에돔 나라들에 대한 예언

흑 해

앗수르

니느웨

메대

아
람

바벨로니아

지 중 해

바벨론

엘람

아 라 비 아

페
르
시
아
만

지

중

해

시돈

두로

베
니
게

다메섹

하솔

갈릴리
바다

바
산

므깃도

밴스안

디르사

야베스 길로앗

사마리아

세겜

실로

요
단
강

암 몬

밷엘

길갈

아스돗

기브온

랍바

아스글론

에그론 예루살렘

헤스본

가사

블
레
셋

헤브론

사
해

모 압

유 다

브엘세바

에
굴
시
내

길하래셋

에 돔

가데스바네아

Context DISCIPLE: REMEMBER WHO YOU ARE
Produced by Mapping Specialists Limited, Madison, Wisconsin
Copyright © 1996 by Abingdon Press

구 스
(에디오피아)

왕국들의 영토 범위
다윗
솔로몬
여로보암 2세
웃시야

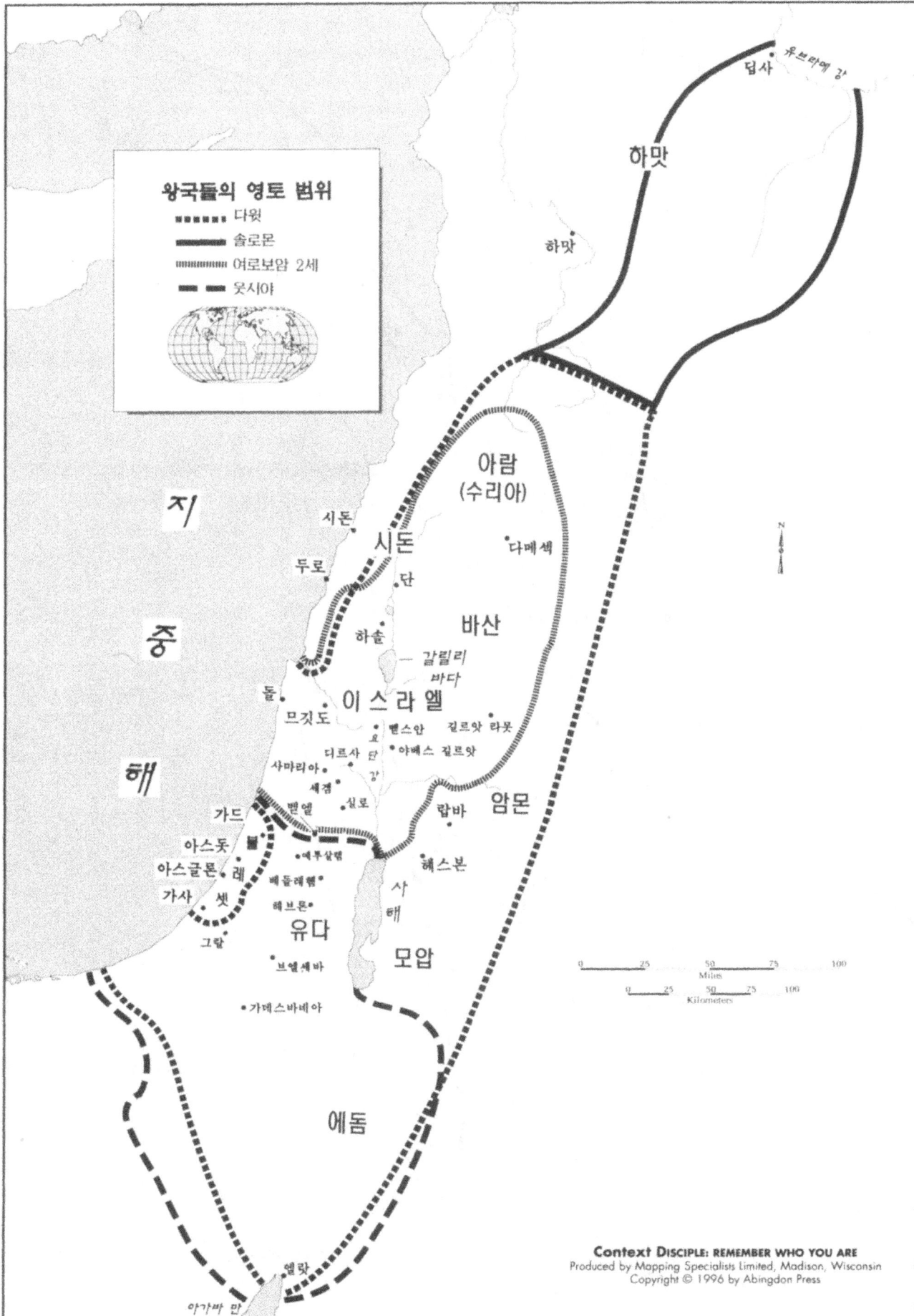

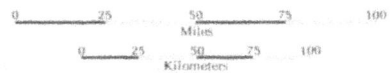

딥사 유브라데 강

하맛

하맛

아람
(수리아)

시돈
시돈
다메섹
두로
단
바산
하솔
갈릴리
바다
돌
이스라엘
므깃도
벧스안 길르앗 라못
디르사 야베스 길르앗
요단강
사마리아
세겜
실로
암몬
가드 벧엘 랍바
아스돗 불레셋 예루살렘 헤스본
아스글론 레셋 베들레헴 사해
가사 헤브론
그랄 유다 모압
브엘세바
가데스바네아
에돔
엘랏
아가바 만

지
중
해

N

0 25 50 75 100
Miles
0 25 50 75 100
Kilometers

Context DISCIPLE: REMEMBER WHO YOU ARE
Produced by Mapping Specialists Limited, Madison, Wisconsin
Copyright © 1996 by Abingdon Press

주요 교통로
보통 교통로

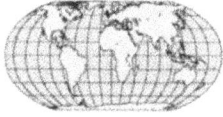

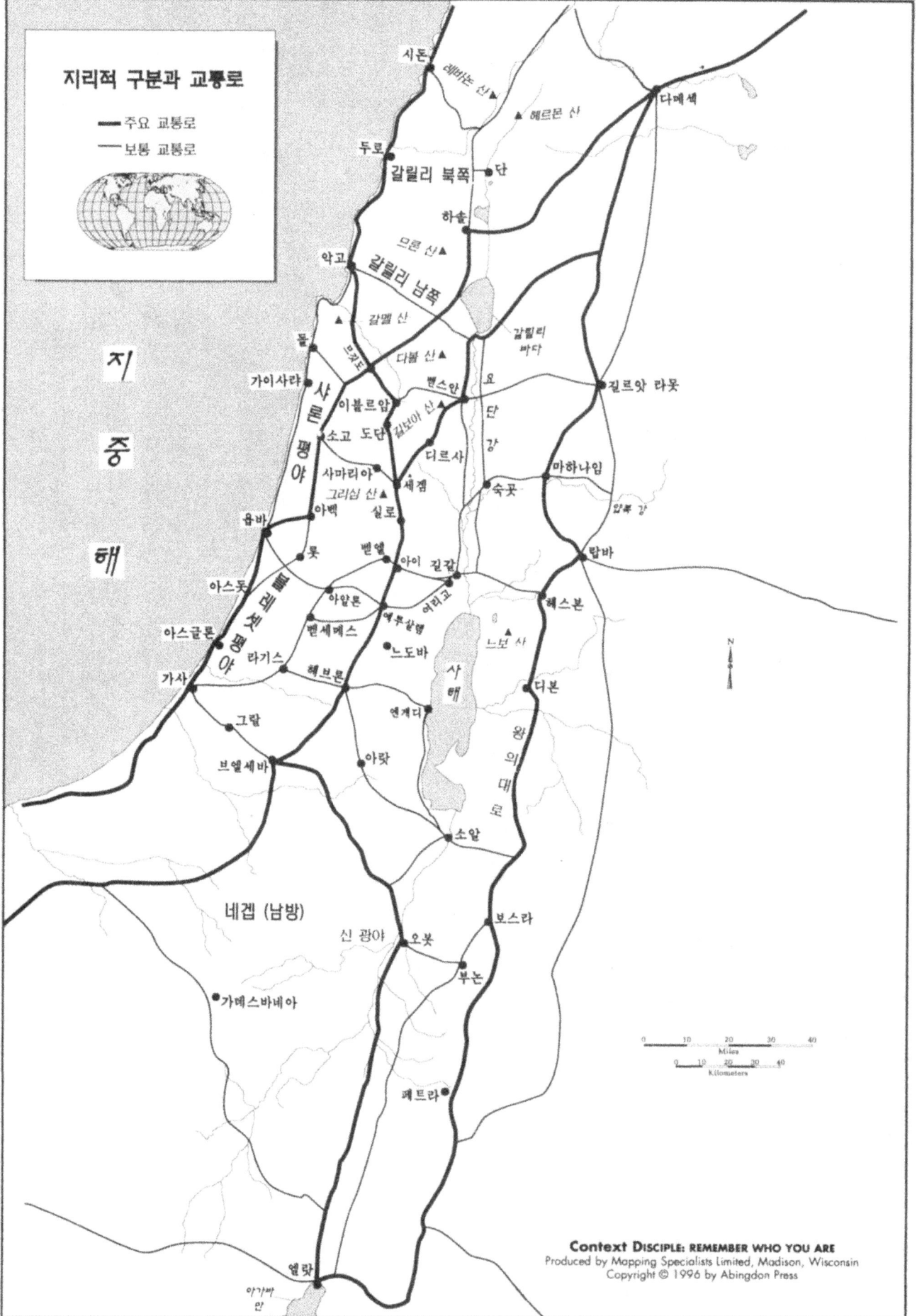

지 중 해

시돈
레바논 산 ▲
다메섹
헤르몬 산 ▲
두로
갈릴리 북쪽
단
하솔
악고
므론 산 ▲
갈릴리 남쪽
갈멜 산 ▲
돌
다볼 산 ▲
갈릴리 바다
가이사랴
벧스안
길르앗 라못
이블르암
요단강
소고 도단
길보아 산 ▲
사마리아
디르사
마하나임
그리심 산 ▲
세겜
얍복 강
아벡
실로
숙곳
욥바
벧엘
아이 길갈
랍바
못
아얄론
여리고
헤스본
아스돗
벧세메스
예루살렘
느보 산 ▲
아스글론
라기스
느도바
사해
디본
가사
헤브론
왕
의
대
로
그랄
엔게디
브엘세바
아랏
소알
네겝 (남방)
보스라
신 광야
오봇
부논
가데스바네아
샤론 평야
블레셋 평야
페트라
엘랏
아가바 만

Context Disciple: REMEMBER WHO YOU ARE
Produced by Mapping Specialists Limited, Madison, Wisconsin
Copyright © 1996 by Abingdon Press

0 10 20 30 40
Miles
0 10 20 30 40
Kilometers

선지자들:
주전 8, 7, 6세기

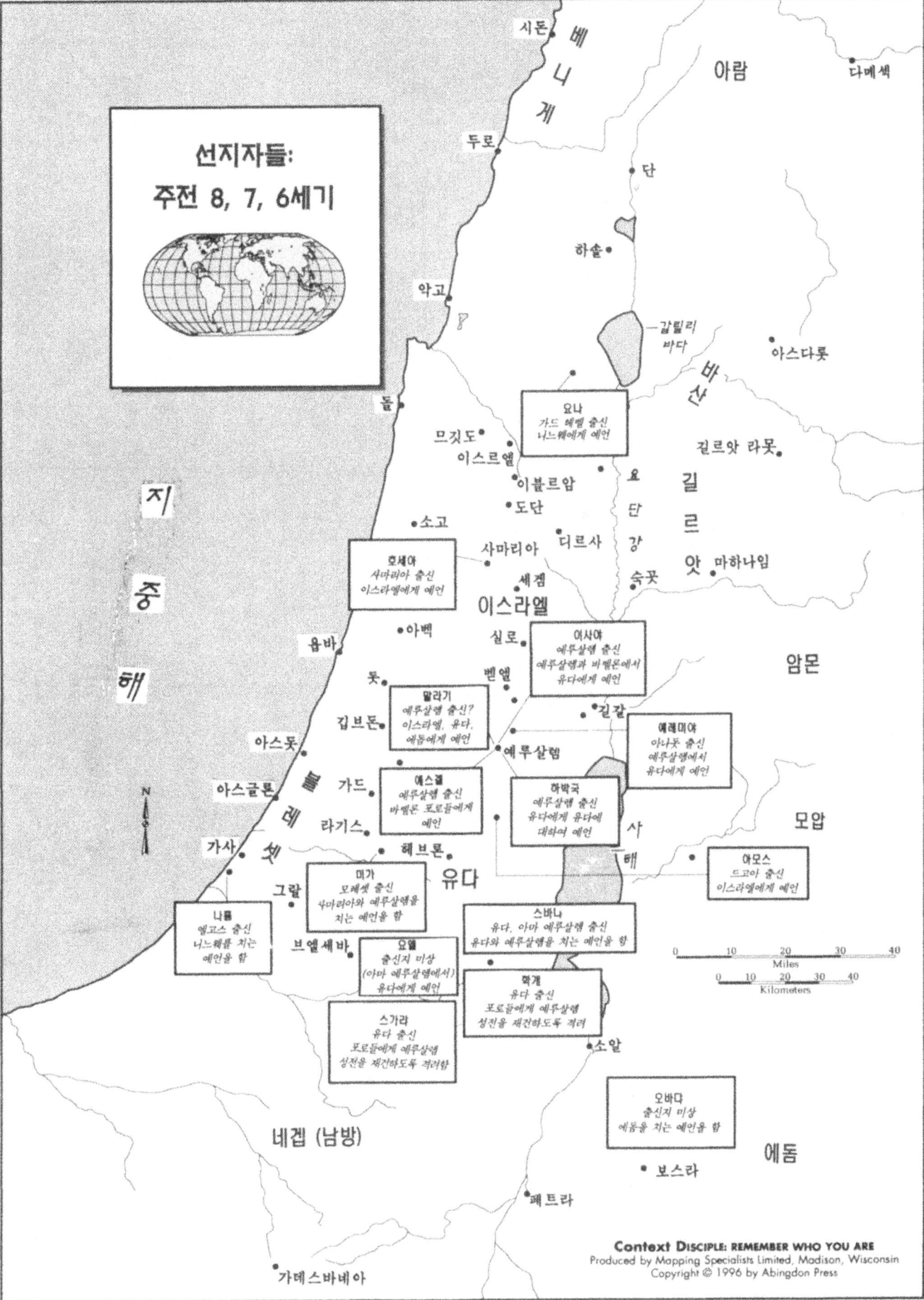

지중해

베니게

아람

시돈
다메섹

두로

단

하솔

악고

갈릴리
바다

아스다롯

돌

바산

요나
가드 헤벨 출신
니느웨에게 예언

므깃도
이스르엘

길르앗 라못

이블르암
도단

요단강

길르앗

소고
사마리아
디르사

마하나임

숙곳

호세아
사마리아 출신
이스라엘에게 예언

세겜
이스라엘

아벡
실로

욥바

이사야
예루살렘 출신
예루살렘과 바벨론에서
유다에게 예언

암몬

벧엘

말라기
예루살렘 출신?
이스라엘, 유다,
에돔에게 예언

길갈

예레미야
아나돗 출신
예루살렘에서
유다에게 예언

기브온

아스돗

에스겔
예루살렘 출신
바벨론 포로들에게
예언

예루살렘

하박국
예루살렘 출신
유다에게 유다에
대하여 예언

아스글론

가드

라기스

사해

모압

가사

그랄

헤브론

유다

미가
모레셋 출신
사마리아와 예루살렘을
치는 예언을 함

아모스
드고아 출신
이스라엘에게 예언

나훔
엘고스 출신
니느웨를 치는
예언을 함

브엘세바

스바냐
유다, 아마 예루살렘 출신
유다와 예루살렘을 치는 예언을 함

요엘
출신지 미상
(아마 예루살렘에서)
유다에게 예언

학개
유다 출신
포로들에게 예루살렘
성전을 재건하도록 격려

스가랴
유다 출신
포로들에게 예루살렘
성전을 재건하도록 격려함

소알

오바댜
출신지 미상
에돔을 치는 예언을 함

네겝 (남방)

에돔

보스라

페트라

가데스바네아

N

Context Disciple: REMEMBER WHO YOU ARE
Produced by Mapping Specialists Limited, Madison, Wisconsin
Copyright © 1996 by Abingdon Press

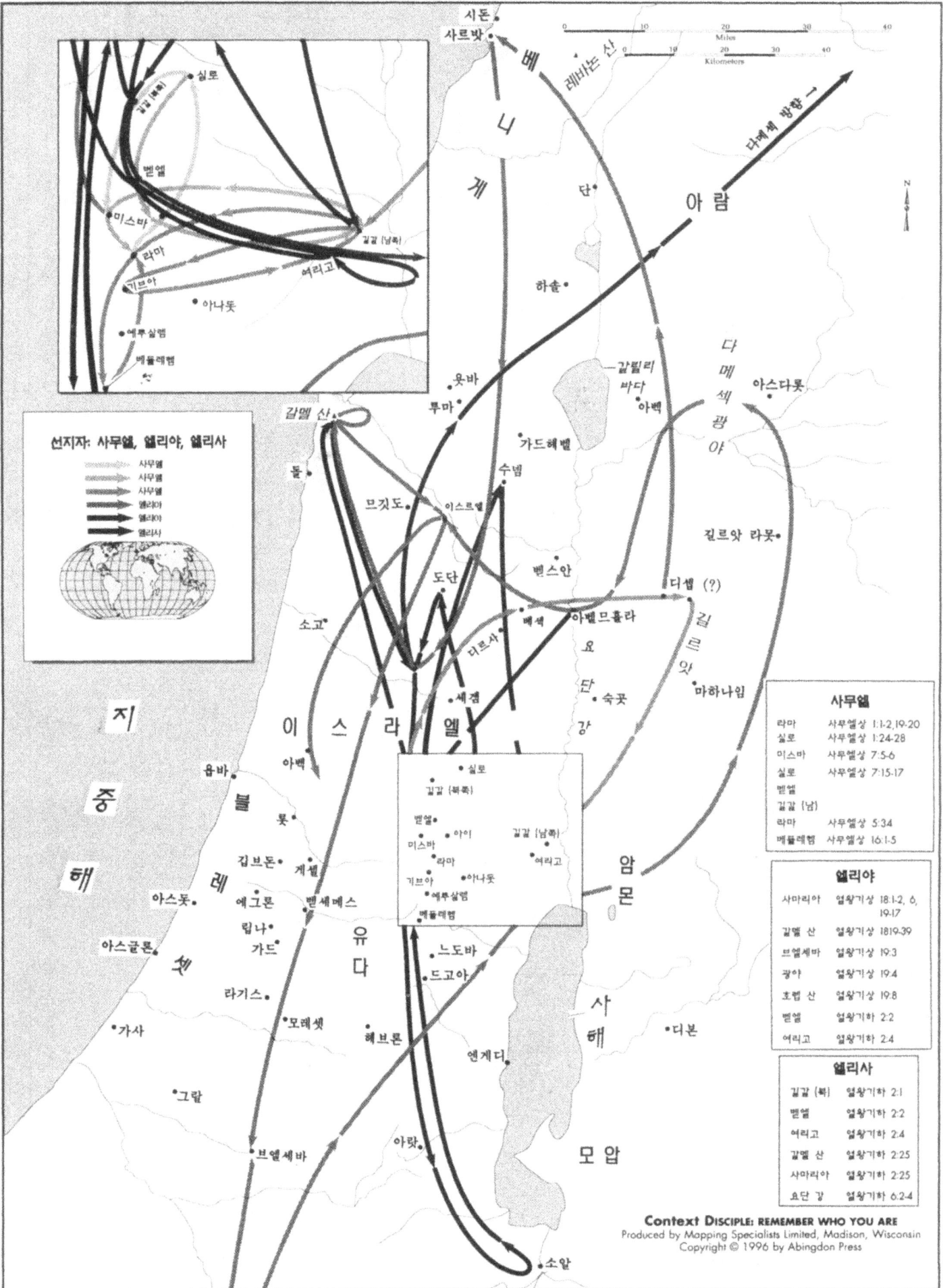

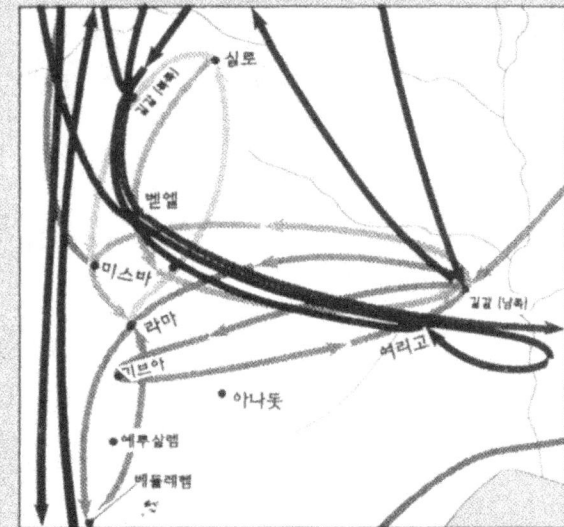

선지자: 사무엘, 엘리야, 엘리사

사무엘
사무엘
사무엘
엘리야
엘리야
엘리사

사무엘

라마	사무엘상 1:1-2,19-20
실로	사무엘상 1:24-28
미스바	사무엘상 7:5-6
실로	사무엘상 7:15-17
벧엘	
길갈 (남)	
라마	사무엘상 5:34
베들레헴	사무엘상 16:1-5

엘리야

사마리아	열왕기상 18:1-2, 6, 19-17
갈멜 산	열왕기상 18.19-39
브엘세바	열왕기상 19:3
광야	열왕기상 19:4
호렙 산	열왕기상 19:8
벧엘	열왕기하 2:2
여리고	열왕기하 2:4

엘리사

길갈 (북)	열왕기하 2:1
벧엘	열왕기하 2:2
여리고	열왕기하 2:4
갈멜 산	열왕기하 2:25
사마리아	열왕기하 2:25
요단 강	열왕기하 6:2-4

Context DISCIPLE: REMEMBER WHO YOU ARE
Produced by Mapping Specialists Limited, Madison, Wisconsin
Copyright © 1996 by Abingdon Press

www.ingramcontent.com/pod-product-compliance
Lightning Source LLC
Chambersburg PA
CBHW081331090426

42737CB00017B/3096